Ist Leben Anpassung ?

Ulrich Teichert

Ist Leben Anpassung ?

Von
Ulrich Teichert

Margit Linortner Verlag
AlcYone

1. Auflage Herbst 2002
Copyright by Margit Linortner Alcyone Verlag
Bad Trisslstrasse 61b, 83080 Oberaudorf
Telefon: 08033/2341, Fax: 08033/309132
email: ulrich-teichert@onlinehome.de
www.alcyone-verlag.de

Korrektur: Margit Linortner, Oberaudorf
Layout, Lithografie: Michael Fehring, Kiefersfelden
Lektorat: Karl Jopp, München

Printed in Italy
ISBN 3 – 935124 – 01 – 5

7

Inhaltsverzeichnis

Danksagung

Auf dieser Welt ist es so weise eingerichtet, dass jeder auf die Unterstützung anderer angewiesen ist. Allein ist der Mensch hilflos.
An dieser Stelle möchte ich mich bei all jenen herzlichst bedanken, die mich bei der Gestaltung dieses Buches unterstützt haben,
und ohne deren Hilfe es niemals zur Veröffentlichung gelangt
wäre.
Dies gilt besonders für Herrn Josef Bauer, denn durch seine Mit-
hilfe wurde es möglich, in diesem Werk einige Bilder von Prof.
Dr. Masaru Emoto zu veröffentlichen und Herrn Konrad Halbig,

Koha Verlag Burgrain, der mir freundlicherweise gestattete, Wasserkristallaufnahmen aus den Veröffentlichungen „Wasserkristalle" und die „Botschaft des Wassers" zu verwenden. Herr Prof. Dr. Dr. Hans Schadewaldt hat sich die Mühe gemacht, das Manuskript zu überprüfen und hat aufgrund dessen das Vorwort verfasst. Eine ganz große Freude hat mir Herr Karl Jopp bereitet, indem er das Lektorat für dieses Buch übernommen hat.

Frau Herta Ellmer führt gemeinsam mit ihrem Mann ein Ayurveda-Institut in Julbach-Buch. Während meines Aufenthaltes dort erfuhr ich vieles über die vedische Philosophie. Sie hat mir wertvolle Unterlagen über die vedische Ernährungsweise zukommen lassen, die ich verwenden durfte.

Herr Franz Xaver Saltner hat mir Anregungen für das Salzkapitel gegeben. Ohne meine liebe Frau Margit, die mir beim Formulieren, dem Ausfeilen der Texte und beim Korrekturlesen half, wäre das Buch um Monate später erschienen. Mein Freund Michael Fehring hat mir jedes Mal, wenn der Computer nicht mehr wollte, mit unendlicher Geduld den PC wieder eingerichtet. Ebenso hat Michael das Layout und die Grafiken gestaltet. Herr Roland Arnet hat mir freundlicherweise Teile seiner Forschungsergebnisse und Fotomaterial überlassen, die ich sehr gut in dieses Buch mit einfließen lassen konnte. Ohne die Rezepte der Köche und all derer, die sich spontan dazu bereit erklärten, Beiträge für den Rezeptteil zu erstellen, hätte es diesen Anhang in dieser Form nicht gegeben.

Vielen Dank an alle die mir Mut zugesprochen haben, dieses Werk zu beenden, und an jene die mir Unebenheiten in Zusammenhang mit diesem Buch aus dem Weg geräumt haben. Wenn Sie nun - lieber Leser - aus der Lektüre persönlichen Nutzen ziehen, erfreut es mich als Verfasser dieses Buches.

VORWORT

Lebensgestaltung, Philosophie und Diäthygiene - drei Grundprinzipien, so wird immer deutlicher, sind es, die für den heutigen Menschen eine wichtige Rolle spielen.

Der Gastronom und Schriftsteller Ulrich Teichert hat sich eingehend mit diesen drei Basisthemen des Lebens auseinander gesetzt. Aus dieser intensiven Beschäftigung resultiert vorliegendes Werk. Ich lernte den Autoren auf dem von Dr. Wighard Strehlow veranstalteten internationalen Hildegard von Bingen Kongress in Konstanz kennen.

Nachdem ich vor einiger Zeit als liberaler Medizinhistoriker in Zusammenhang mit der Hildegard-Medizin in der Pastor-Fliege-Sendung „Sanfte Medizin" auftrat, referierte ich in Konstanz über das Thema Viriditas, die Grün- und Erneuerungskraft der Natur. Im Zusammenhang mit der Frage, ob Leben Anpassung ist, greift der Autor Teichert das meiner Meinung nach topaktuelle Thema Viriditas mit neuen Aspekten auf. An interessanten Beispielen führt er dem Leser die Ehrfurcht gebietende Überlebenskraft der Natur vor Augen. Die Kapitel „Wasser" und „Salz" bieten außergewöhnliche Informationen und sind darüber hinaus von philosophischer Brillanz.
Im Hauptteil des in drei Teile gegliederten Werkes setzt sich der Autor mit dem Thema „Ist Leben Anpassung?" auseinander. Hier gibt er auf viele Fragen, die das Leben betreffen, Antworten.

Der Leser erfährt aber auch, dass er für sich selbst Verantwortung trägt und dass von ihm getroffene Entscheidungen die Abläufe seines Lebens in unterschiedliche Bahnen lenken. Bemerkenswert sind die Forschungsergebnisse bezüglich der Anpassungsfähigkeit von Pflanzen an die von Menschen verursachten Strahlenbelastungen. Ein großer, sachkundiger Abschnitt mit vielen Rezepten, deren Schwerpunkt der Energieaufbau im menschlichen Körper ist, macht deutlich, dass es U. Teichert viel mehr um prinzipielle Fragen des menschlichen Daseins geht als um einseitig kulinarische Hochgenüsse.

In diesem Zusammenhang erscheint mir die im Werk geschriebene Aufforderung des Dalai Lama: „Widme dich der Liebe und dem Kochen mit ganzem Herzen" wegweisend zu sein.

Universitätsprofessor Dr. med. Dr. h.c. Hans Schadewaldt

Vorwort des Autors

Ist Leben Anpassung?

In diesem Zusammenhang stellte sich mir die Frage: Was ist Leben, und was hat es mit Anpassung zu tun?

Aus übergeordneter Sicht entsteht Lebendigkeit aus dem Zusammenwirken von Elektrizität und Magnetismus. Aus der Wechselwirkung dieser polaren Naturkräfte entstehen Leben und Strahlung. Durch Vernetzung dieser Kräfte formen sich Felder differenzierter Bewusstseinsstufen. Die Kommunikation zwischen unterschiedlichen Frequenzen führt zu einem Strom von Bewusstseinsfunken, der sich in ständigem Wandel befindet.
Das heißt, Leben ist Bewegung und ständiger Veränderung, ständigem Wandel unterworfen.
Stillstand ist undenkbar.
Unaufhörlich bilden sich neu konditionierte elektromagnetische Felder. Diese vernetzen sich und kreieren in der Feinstofflichkeit die unterschiedlichsten Bewusstseinsformen.

Durch Willensimpulse bilden sich diese Bewusstseinsformen zu den Grundbausteinen der Materie. In dieser beginnt dann die Entwicklung der Grobstofflichkeit vom scheinbar unbelebten Mineral bis hinauf zum Menschen. Das ist der Grund dafür, dass im Menschen alle Bewusstseinsformen des gesamten Kosmos vorhanden sind, und er dadurch mit all diesen in Verbindung steht. Der Mensch als komplexes elektromagnetisches Wesen gibt unaufhörlich Impulse ab und nimmt ebensolche auf. Dieser Austausch erfolgt mit Lichtgeschwindigkeit.

Der Mensch, angeschlossen an den Strom des Leben gibt Impulse ab, an die sich andere Lebensformen anpassen müssen. Er nimmt aber auch Fremdimpulse auf und muss sich diesen ebenfalls anpassen. Fluss des Lebens - das drückte schon Aristoteles mit den Worten: Pantha rhei aus.

Warum ist in diesem Buch eines der Hauptthemen die Ernährung?

Zunächst möchte ich Ernährung aus meiner Sicht definieren:
Sie ist in erster Linie Aufnahme von grob- und feinstofflichen Partikeln, die in das körpereigene Gefüge integriert werden, wobei alles Unbrauchbare zur Ausscheidung kommt.
Das Leben in all seinen Formen ist gebunden an die Aufnahme und Assimilation von grob- und feinstofflicher Nahrung. Dies ist die Basis der Existenz in jeglicher Form. Die Quintessenz der Ernährung ist es, die dem Körper angepasste Menge an Licht-quanten zu integrieren und in den Zellen zu speichern. Denn: Je ausgewogener die Menge der Lichtquanten in uns ist, desto höher ist unsere Schwingungsfrequenz, desto höhere ist unser Bewusst-seinsstand, desto höher ist unsere Lebensqualität, desto höhere Erkenntnis für uns selbst, und desto höher der positive Einfluss auf das Umfeld.
In diesem Zusammenhang ist selbst die Betrachtung der Natur eine Form von feinstofflicher Ernährung. Es ist Nahrung für die Seele.
In allen Kapiteln des Buches steht das Thema „Anpassung" im Vordergrund. Die Bilder des Naturwissenschaftlers Prof. Dr. Masaru Emoto zeigen in beeindruckender Weise, wie sich Schwingungen auf Wasser verändernd auswirken.

Und was ist der Mensch anderes als ein Wasserwesen?

Es wird uns hier vor Augen geführt, wie wir mittels Nahrung, mentaler Vorgaben und kristalliner Schwingungen verändernd von außen beeinflusst werden, und uns selbst beeinflussen kön-nen. Um nicht zum Spielball unerwünschter äußerer Einflüsse zu werden, ist es von immenser Bedeutung, ein starkes Selbstbewusstsein und bedingungslose Liebe aufzubauen. Nur dadurch sind wir den propagierten Vorstellungen der Meinungsmacher nicht ausgeliefert. Wir wissen: Die Erkenntnisse von heute sind die Irrtümer von morgen.

Wichtig ist: Das sichere Gespür für eine vernünftige und naturgemäße, zu uns passende Lebensweise zu entwickeln. Jeder ist einmalig - deshalb ist es erforderlich auf den Körper zu hören, denn er sagt uns immer, was er benötigt. Patentrezepte gibt es nicht!

Diese werden in der Regel aus kommerziellen Gründen von selbst ernannten Gurus verbreitet. Heute ist es - untergeordnetes stromlinienförmiges Verhalten, gewinnorientiertes Handeln, positives Denken, Steinzeiternährung und Rohkost. Morgen ist es - modernes Zeitmanagement, „lean management", „low fat food", cholesterinfreie Ernährung, hochschwingendes Salz aus dem Himalaja und so weiter.

Immer neue Verhaltesmuster werden uns von außen aufoktroyiert.

Dieses Buch ist so gehalten, dass sich der Leser die zu ihm passende Information herausfiltern kann. Dadurch findet er einen möglichen Weg zu seiner persönlichen Weiterentwicklung. Dass das Leben ein Wechselspiel von Flexibilität und Stabilität ist und somit sich der Mensch an ständig wechselnde Lebensbedingungen anpassen muss, wird anhand von Beispielen, die sich auf Forschungsarbeiten und Aussagen bekannter Wissenschaftler beziehen, belegt.

Im Kapitel „Brennpunkt Zukunft" wird näher darauf eingegangen, wie die Natur - unsere große Lehrmeisterin - uns zeigt, wie wir mit dem Thema „Anpassung" umzugehen haben. Anhand der

Aussagen namhafter Zukunftsforscher und Visionäre sehen wir, dass in der heutigen Zeit der verstärkten Transformation besonders hohe Anforderungen an unsere Wandlungsfähigkeit gestellt werden.

Wie in den verschiedenen Kapiteln erwähnt, sagen sie uns eine menschenwürdige Zukunft - aufgrund des Bewusstseinswandels hin zu einem moralischen Denken eines Großteils der Menschheit - voraus.

Nun kommen wir dahin, was Platon schon vor 2400 Jahren so formulierte: **Nur durch ein moralisches Denken kann ein glückliches Leben erreicht werden. Da der Mensch nach Glück strebt, ist er bemüht, ein moralisches Leben zu führen.**

Warum dieses Buch geschrieben wurde

Ursprünglich wollte ich ein Buch mit dem Titel „Aufbruch zur naturnahen Ernährung" schreiben. Die jüngsten Ereignisse auf der Welt ließen mich jedoch aufhorchen, und ich kam immer mehr zu der Überzeugung, dass die Informationen allein über Ernährung nicht genügen, der Verwirrung im Weltgeschehen zu begegnen.

Ich erkannte, dass die Probleme, vor denen sich die meisten Menschen gestellt sehen, unter anderem im Denken ihre Ursache haben. Deshalb beschloss ich, umfangreichere Informationen zu einer Lebensbereicherung anzubieten. Vielen meiner Bekannten geht es genau so wie mir - sie fragen sich: „Gibt es Möglichkeiten, das zur Zeit vorherrschende Chaos zu überwinden?"

Aus unseren Diskussionen erwuchs die Erkenntnis: **Soll sich auf der Welt etwas ändern, muss sich zunächst unser Verhalten**

verändern. Also überlegte ich: Wie soll ein Verhalten aussehen, das mithilft unser Umfeld zu harmonisieren? Immer mehr vertiefte sich bei mir die Überzeugung: Die Einstellung ist es, die sich verändern muss. Ändert sich die Betrachtungsweise, dann kristallisiert sich eine neue Wirklichkeit heraus.

Wirklichkeiten sind subjektiv, deshalb gibt es davon mehrere.

Um zu einem befriedigenden Ergebnis zu gelangen, gehe ich in diesem Fall von zwei Wirklichkeiten aus: einerseits von der rein subjektiven und andererseits von der kollektiven Realität. Im Laufe der Zeit begriff ich, dass ich nur über meine subjektive Wirklichkeit bestimmen und berichten kann und somit nur über diese auf die kollektive Realität Einfluss nehme.

Während der Arbeit am Manuskript „Aufbruch......" lernte ich den Wissenschaftler Prof. Dr. Masaru Emoto kennen; die Theorien Rupert Sheldrakes kannte ich ebenso wie die Veröffentlichungen von Prof. Dr. Franz A. Popp. Andere Theorien namhafter Wissenschaftler, die alle in diesem Buch ihren Niederschlag finden, kamen hinzu.

Mir wurde zunehmend bewusster: **Wir werden einerseits über unser „tägliches Brot", andererseits über die Medien sehr stark beeinflusst.**

Auf dem Teller minderwertiges, billiges Essen, das uns körperlich und seelisch instabil werden lässt. In den Medien - Negatives - wie BSE, Dioxin, Antibiotika, Gentechnik, Elektrosmog, Mikrowellen, Terror und Katastrophen. Diese Meldungen rufen in uns Angst und Furcht hervor. Vornehmlich richten sie unsere Gedanken genau in jene Richtung, die für die zur Zeit vorherrschenden Zustände verantwortlich ist.
Um uns herum ein Szenario, das dem Weltuntergang nahe zu

stehen scheint. **Wie soll dem begegnet werden? Wie kommen wir da heraus?** Eines war mir klar: Dagegen anzukämpfen funktioniert nicht, Kampf verstärkt nur das Negative. Die heutige Lage liebevoll anzunehmen, so sagte ich mir, könnte der Weg aus dem Dilemma sein. **Aber wie?**

Ernährung - das war und ist die Basis unserer materiellen Existenz. Eine Bewusstseinsveränderung wird ideal kombiniert mit einer veränderten Ernährungsweise. Mentale Betätigungen (Bücher lesen, Seminare besuchen usw.) zeigen bei veränderten Ernährungsgewohnheiten größeren Erfolg. Das bedeutet: Eine Änderung im Denken kann eine Änderung der Nahrungsvorlieben auslösen und umgekehrt. Mir fiel in diesem Zusammenhang das Sprichwort: **„Liebe geht durch den Magen"** ein.

Liebe, dieses viel zitierte Wort. Was ist die Definition von Liebe? Liebevolle Beachtung, wird gesagt, sei identisch mit Liebe. Das erschien mir plausibel, denn eine Angelegenheit wächst, wenn ich ihr Liebe, aber auch wenn ich ihr Beachtung schenke. Somit stand für mich fest: Achte ich auf eine naturkonforme Ernährung, dann schenke ich der Natur meine Beachtung. Und weil alles gestärkt wird, auf das ich meine Liebe richte, war mir erstmals bewusst, dass es die Möglichkeit gibt, über das Essverhalten direkten Einfluss auf mein Umfeld auszuüben.
Nun gibt es pauschal betrachtet zwei Richtungen der Ernährung. Die eine besteht aus den so genannten konventionell erzeugten und industriell verarbeiteten Nahrungsmitteln, die allgemein gesagt oft gegen die Natur gerichtet sind. Andererseits die im Einklang mit der Natur erzeugten und mittels naturschonender Methoden weiterverarbeiteten Lebensmittel. Es heißt, die einen wären gut, die anderen nicht. Aber so einfach, wie es auf dem ersten Blick schien, war die Angelegenheit doch nicht. Es gibt nicht das krasse Positive und Negative - die Linien sind fließend. **Aber wo fängt das Eine an, und wo hält das Andere auf ?** Durch die

Lektüre über das Mittelalter und über die damals vorherrschenden Lebensumständen, mit der damit verbundenen groben Nahrung sowie den für uns unvorstellbaren Geruchsbelästigungen in den Städten kam ich zu der Überlegung, dass die damaligen Menschen ein vollkommen anderes Empfindungsvermögen gehabt haben mussten als wir heutzutage. Weshalb haben sie trotz allem überlebt? Sie hatten sich mental und physisch an diese Lebensumstände gewöhnt! Das bedeutet für uns: **So wie die damaligen Menschen an ihre Lebensbedingungen angepasst waren, so müssen wir es lernen uns nach den heutigen Bedingungen auszurichten.**

Die immer schneller voranschreitende Technik mit den damit verbundenen Belastungen, verlangt von unseren Körpern eine ständige Neuausrichtung und hohe Vitalität. Nun stand für mich fest: Ein Buch nur über naturgerechte Ernährung ist für die heutige Zeit zu wenig. Gerade jetzt benötigen wir ganzheitliche Informationen über die Zusammenhänge des Lebens und über die Anpassungsfähigkeit des Menschen.

Bei einem Referat in Konstanz lernte ich Prof. Dr. Hans Schadewaldt kennen, der einen Vortrag über die Erneuerungskraft der Natur hielt. Er nannte in diesem Zusammenhang den von der heiligen Hildegard von Bingen geprägten Begriff „Viriditas". Ein Synonym für die unzerstörbare Lebenskraft in der Natur. Auch hier kam ich mit dem Thema „Anpassung" erneut in Kontakt. Zur gleichen Zeit traf ich den Schweizer Strahlenforscher Roland Arnet. Seine Arbeiten über die Anpassungsfähigkeit der Natur ließen mich aufhorchen, und ich wusste sofort: **Anpassung** - das ist genau das Thema!

Das Hauptthema für die Jetztzeit, über das wir informiert sein müssen, wenn wir in Frieden und Freiheit weiterleben wollen. Bei genauer Betrachtung stellte ich fest: Alles in der Natur basiert auf Anpassung; wer und was sich anpassen kann, hat eine reelle

Chance zum Überleben. Anpassung bedeutet aber nicht Unterwerfung, nach dem Mund reden oder keine eigene Meinung haben. Genau das Gegenteil ist der Fall. Unterwürfigkeit hat etwas mit Angst, Unehrlichkeit, Unaufrichtigkeit und Unselbstständigkeit zu tun. Es ist ein Anpassen an die willkürlichen, sehr oft naturfeindlichen Bedingungen, die von Menschen gestellt werden.

Jenes „Anpassen", das hier gemeint ist, bedeutet ein Annehmen der Gegebenheiten der Natur. Dieses „Anpassen" basiert auf Gegenseitigkeit - Gegenseitigkeit deshalb, weil einer die Bedürfnisse des anderen akzeptiert und sich so ausrichtet, dass die sich ständig wandelnden Einflüsse integriert werden können. So ein Verhalten stärkt das Selbstbewusstsein und macht durch ständige Neuausrichtung frei, unabhängig und stark - es kann mit intelligenter Flexibilität umschrieben werden. Dies ist die uralte Überlebensstrategie, für die uns die Natur ein Vorbild ist.

Genau darüber möchte ich informieren, über das Freiwerden des Menschen, frei von vielen Zwängen, die wir uns selbst oder die uns andere auferlegen. Der erste Schritt in ein freies Leben ist die Information. Wird die Information durch Aktivität zur Erfahrung, nehmen wir Einfluss auf das kollektive Bewusstsein. Dadurch schaffen wir veränderte Umfeldbedingungen. Es entstand der Wunsch in mir, diese Informationen möglichst vielen Menschen zugänglich zu machen, damit diese durch neue Erfahrungen zu einer Potenzierung der Umweltveränderungen beitragen. Die Frage, „Ist Leben Anpassung?" beschäftigte mich unaufhörlich. Die Antworten, die ich fand - genauer gesagt - die mir gegeben wurden, teile ich Ihnen in meinem Buch **„Ist Leben Anpassung?"** mit.

Alle Kapitel dieses Buches sind Facetten einer Einheit - diese Einheit heißt: Der Weg zur Selbstbestimmung. Ganz deutlich wird dies in den Kapiteln über Salz und Wasser. Beide Themen sind zur Zeit aktueller denn je. **Gesundes, naturkonformes, biolo-**

gisch einwandfreies Essen (Salz und Wasser einbezogen) sind die Grundlagen für ein harmonisches Leben!

Mein Wunsch ist es, komplizierte Erkenntnisse für den Alltagsgebrauch nutzbar zu machen. Wenn das Niedergeschriebene einigen Lesern hilft, ihre Lebenseinstellung durch einen veränderten Blickwinkel zum Positiven hin, neu auszurichten, dann hat dieses Buch seinen Sinn erfüllt.

Oberaudorf, im Herbst 2002

Einführung

Liebe Leserinnen und Leser,
der Wechsel vom 20. in das 21. Jahrhundert ist vollzogen ohne dass die für diesen Zeitraum vorhergesagten großen Katastrophen sichtbar geworden sind. Abgestumpft durch die täglichen Horrormeldungen, hatten wir uns bereits so an die vorherrschenden Missstände gewöhnt, dass es schon einer größeren Irrsinnstat bedurfte, bis es vielen Menschen bewusst wurde, dass wir uns tatsächlich zur Zeit auf der Welt in einem „Irrenhaus" befinden.
Den Wahnsinn in fernen Ländern, der den Berichterstattern nur einige Kurzmeldungen wert war, den konnten wir noch mehr oder weniger wegstecken. Aber spätestens nach dem 11. September 2001 ist es jedem klar geworden, der Irrsinn kommt immer näher, nun ist er direkt vor unserer Haustür. Langsam stellen sich auch die Bürger in den „Wohlstandsländern" die Frage: „Kann es so weitergehen?" Warum kämpfen wir gegen alle Grundlagen unseres Lebens, das heißt: Gegen die Natur, gegen Pflanzen, gegen Tiere und vor allem warum kämpfen wir ständig gegen uns selbst? Warum werden täglich neue Kriege angezettelt? Benötigen große Volkswirtschaften wirklich den Kampf gegen Schwächere, um ihre Wirtschaft und somit ihren vermeintlichen Wohlstand erhalten zu können?

Betrachten wir die Angelegenheit aus der Historie:
Ausgestattet mit speziellem Bewusstsein, war der Mensch in der Lage, sich seine Nische in der Ökologie der Natur selber zu gestalten. Ganz im Gegensatz zu den Tieren, die seit Millionen von Jahren ihre ökologische Nische besetzt halten. Aufgrund des sich Selbst Bewusstseins, wurde das Gehirn gut trainiert, und entwickelte sich im Laufe der Evolution immer stärker. Die Ausrichtung hin zum Materiellen, ließ die intellektuelle Funktion der linken Hirnhälfte unverhältnismäßig stark in den Vordergrund treten. Die rechte Gehirnhälfte, für das intuitive Denken zuständig, ver-

kümmerte immer mehr. Über einen langen Zeitraum hinweg war dieses Denken die Trumpfkarte im Kampf der Arten. Jetzt beginnt eine andere Zeitqualität, nun wird zum Überleben verstärkt die Intuition benötigt, und was passiert? Unser Denken gerät außer Tritt, das menschliche Gehirn läuft mit einer unübersehbaren Dynamik Amok, und wir mit ihm. Für Menschen des 19. Jahrhunderts stand unumstößlich fest, die Wissenschaft löst all ihre Probleme. Im Laufe des 20. Jahrhunderts mussten wir nach und nach erkennen, die Rätsel der Natur können wir mit ihr nicht lösen. Der Mensch musste begreifen, jede neue Entdeckung, jede neue   Erkenntnis vertieft das Mysterium. Der Traum von der alle Probleme lösenden Technik herkömmlicher Art, war und ist ausgeträumt. Aller „Fortschritt", jede „soziale Revolution" im 20. Jahrhundert führte letztendlich immer zu mehr Leid, Folter, Chaos, Tod, Terror, Ausbeutung, Umweltvernichtung und Überbevölkerung.

Angst ist seit jeher die Emotion, mit der Menschen manipuliert und schwach gehalten werden.

Gerade auf dem Wassersektor wird zur Zeit viel Angst verbreitet, und die ersten kriegerischen Konflikte, die den langfristig befürchteten Wassermangel als Hintergrund haben, sind nicht zu übersehen. Nach Aussage des Amherster (USA, Bundesstaat Massachusetts) Wasserforschungsprojektes sollen die Lebensmittelvorräte aus Wassermangel um mehr als ein Zehntel zurückgehen. Weil wir zur Zeit einen hohen Wasserverbrauch haben, in den „zivilisierten" Ländern beträgt der jährliche Wasserverbrauch pro Kopf stolze 60 000 Liter (!), etablieren sich auch schon die ersten „Wasserbarone". Ob wir nun als Nachfolger von den Salzbaronen des Mittelalters und den heutigen Ölbaronen, von den Wasserbaronen „abgezockt" werden, bleibt abzuwarten. Jedenfalls sind alle in die Zukunft projizierten Voraussagen, egal ob von wissenschaftlicher oder esoterischer Seite, mit Vorsicht zu betrachten. Beispielsweise sagte eine wissenschaftliche Studie über London aus dem 19. Jahrhundert, dass aufgrund der vielen Pferdedroschken, und den dadurch bedingten Unmengen von Kot, in 50 bis 100 Jahren in dieser Stadt kein Verkehr mehr stattfinden könne. Was ist aus dieser Prognose geworden? Autos haben die Pferde abgelöst! Wasser ist die kostbarste Ressource unseres Planeten. Damit wir ein Gefühl für dessen Wert bekommen, ist in diesem Buch dem Wasser ein eigenes Kapitel gewidmet.

„Anpassung" ist das Hauptthema dieses Buches. Anpassen wie, warum, und vor allem an was? Um es vorwegnehmend, knapp zu umreißen: Vermutlich an eine neue Gesellschaftsform! Aus den Geschichtsbüchern wissen wir, dass es vor unserer Gesellschaftsordnung auch andere gegeben hat. Diese einst blühenden Mächte wurden durch neue abgelöst. Nehmen wir als Beispiel das Römische Reich. Es war mächtig und beherrschte die zum damaligem Zeitpunkt bekannte Welt. Der Untergang dieser „Weltmacht" ging einher mit dem Verfall der Sitten und der Dekadenz des Speisens. Gibt es da nicht Parallelen zu heute? Auch heute haben wir eine Macht, die uns alle beherrscht. Gibt es nicht auch heute einen Verfall der Sitten? Und wie sieht es mit dem Speiseverhalten aus? Junk-food und seine Begleiter lassen grüßen!

Ein anderes immer wiederkehrendes Thema ist die Nahrungsknappheit durch Überbevölkerung. Was die zur Verfügung stehende Nahrungsmenge betrifft, so lesen Sie im Kapitel „Im Fadenkreuz der Zeit", wie die Ernten um ein Vielfaches gesteigert werden können. Auf ganz natürlichem Weg, selbst ohne Genmanipulation! Zur nicht enden wollenden Diskussion über die Überbevölkerung, hier zwei Zitate des österreichischen Mystikers Jacob Lorber (1800 bis 1864): *„Die Erde ist groß genug, um noch tausendmal so viel Menschen zu ernähren, als jetzt auf der Erde leben; aber die Habsucht, der Geiz und die Spekulationssucht hat die Ländereien abgegrenzt und abgemarkt, und die am meisten*

Reichen, Geizigen und Mächtigen haben oft die größten und besten Ländereien zu ihrem Eigentum gemacht und jeden verfolgt, der sich da widersetzen wollte. Und so kam es, dass mancher Mensch um hunderttausendmal der besten Länderein mehr besitzt, als er zum Unterhalt seiner selbst und seines Hauses vonnöten hätte. "

(Großes Evangelium, Band 10, 182, 16)

Eine Rechnung Lorbers mit interessanter Aussage in Bezug auf die Ressourcen unserer Nahrung: „100 Quadratklafter (= 3600 m²) ernähren problemlos einen Menschen. Bei einer Durchschnittsfamilie von 4 Personen (Eltern und 2 Kinder) würde dies ca. 16 000 m² mittelmäßig ertragreichen Bodens entsprechen. Würde das Land gerecht verteilt und bebaut, so könnten heute auf der Erdoberfläche problemlos 7000 Millionen (= 7 Milliarden !!) Familien – nicht Personen – bestens leben. Bei einem Schnitt von 4 Personen pro Familie entspräche das 28 Milliarden Einzelpersonen ohne Hunger und Platzprobleme! Zur Zeit beträgt die Weltbevölkerung rund 6 Milliarden Menschen.
Auf 16 000 m² Land könnten beispielsweise 1500 kg Kirschen, 6000 kg Äpfel, 9000 kg Karotten, 13 500 kg Tomaten geerntet werden!"

Geistige Sonne II, Kapitel 90, 10.

Darüber sollten wir einmal nachdenken.

Genau betrachtet, und vernünftige Inanspruchnahme vorausgesetzt, haben wir genügend Ressourcen, genügend Wasser, wir schwimmen in Energie. Die riesigen Fleischberge, Wein- und Milchseen zeugen vom Überfluss an Nahrung. Auch haben wir der Natur bisher (noch) nicht den Todesstoß versetzt. **Und warum leben wir auf dieser Welt im Irrenhaus, wo wir doch im Paradies leben könnten?**
Das vorliegende Buch will auf die Fragen, wie wir unsere Ressourcen besser nutzen können Antworten geben. Weil sehr

viel davon abhängt, worauf wir unseren Focus werfen, werden wir uns zwangsläufig mit dem Denken befassen. Wir werden betrachten, was dabei herauskommen kann, wenn wir kleine Korrekturen in unserer Denkweise vornehmen, und in wie weit dadurch Veränderungen in der Umwelt geschehen können. Weil wir davon ausgehen, dass die Ernährung nicht nur die Basis unserer Existenz ist, sondern darüber hinaus eine wichtige, begleitende Rolle bei der Neuausrichtung des Denkens spielt, wird ihr in diesem Buch eine tragende Rolle zugeordnet.

Von der Tatsache ausgehend, dass die Ernährung maßgeblich auf unser Befinden und Verhalten Einfluss nimmt, wollen wir Ihre Freude und Kreativität am Kochen mit einem umfangreichen Rezeptteil, der von engagierten Fachleuten, Hausfrauen und Ernährungsberatern verfasst wurde, fördern.

Mysterium Wasser
Vom Leitungswasser zum Lebenselixier

Das Prinzip aller Dinge ist das Wasser.
Aus Wasser ist alles, und ins Wasser kehrt alles zurück.

Thales von Milet

Nichts auf der Welt ist nachgiebiger als Wasser.
Doch gibt es nichts Besseres, um das Feste und Starke anzugrei-
fen. In der Tat, es gibt nichts, das seinen Platz einnehmen könnte.
Das Schwache kann das Starke besiegen.
Das Zarte kann das Starke bezwingen.
Es gibt niemanden in der Welt, der das nicht weiss.
Doch niemand übt es aus.

Laotse

Historisch betrachtet sahen die Menschen im Wasser etwas Heiliges. Symbolisch steht es für Reinheit und Wandel. Wenn wir etwas tiefer nachdenken, erkennen wir, dass das Wasser die Wiege des Lebens hier auf der Erde ist. Alle früheren Zivilisationen vergötterten die Elemente. Wasser galt als Quelle des Lebens, als Samenflüssigkeit, als Saft des Erdenschosses, und es zieht sich als gemeinsames Motiv durch alle Schöpfungsmythen. Betrachten wir in diesem Zusammenhang die sprachlichen Wurzeln des Be-griffes Wasser - so spiegeln diese den Sinn für - Quelle des Lebens wider: Aqua, agua, apa, pana, eau, Voda, Vatten, Wato, vann, vand, vandu, watar, water, Wasser.

Den ältesten Religionssystemen die wir kennen - dem sumerisch-babylonischen und dem ägyptischen - zufolge, ist der Urgrund aller Dinge die unergründliche Mystik des Wassers. Die außerordentliche Bedeutung dieses Lebensstoffes für das bekannte Leben auf der Erde liegt aus biblischer Sicht in den Worten: „Und der Geist Gottes schwebte über den Wassern." Wasser wird aus dieser Sicht als absolut elementarer Bestandteil der Schöpfung betrachtet, so dass es sogar vor Gott existierend angenommen wurde. Interessanterweise steht der Buchstabe „Mem" geschrieben in Form einer Wasserwelle, im althebräischen „Alephbaiths" für Zeit und Wasser. Das heißt, über das Wasser gehen bedeutete demnach, die Zeit überwunden zu haben, im ewigen Jetzt zu leben.

Diese Zeitlosigkeit des Wassers wird von Hermann Hesse anschaulich im Gespräch zwischen dem Pilger Siddharta und dem Fährmann Vasudeva im folgenden Dialog dargestellt: „Hast auch du vom Flusse jenes Geheime gelernt, dass es keine Zeit gibt?" „Ja, Siddharta," sprach Vasudeva. „Es ist doch dieses, was du meinst, dass der Fluss überall zugleich ist, am Ursprung und an der Mündung, am Wasserfall, an der Fähre, an der Stromschnelle, im Meer, im Gebirge überall zugleich, und dass es für ihn nur Gegenwart gibt, nicht den Schatten Vergangenheit, nicht den Schatten Zukunft." Den Chinesen muss im Altertum die Clusterform des Wassers bekannt gewesen sein. In ihrer Mythologie wurde

Wasser als flüssiger Kristall betrachtet; das chinesische Schriftzeichen für Wasser ist identisch mit dessen kristalliner Form. Wasser war und ist nach Vorstellung der Chinesen das aufnehmende, weibliche Prinzip (YIN) im Gegensatz zum Feuer, dem abgebenden, männlichen Prinzip (YANG). Es ist dort immer noch das Symbol für Ausdauer und Anpassung. Es ist das Schwache, das durch Geduld und Ausdauer das Starke besiegt. In der chinesischen Naturphilosophie gilt das Wasser immer noch als das höchste Gut auf Erden.

Japanische Forscher, die während ihrer Arbeit Wasser in Flaschen füllten, diese u.a. mit Musik beschallten, um am nächsten Morgen die entstandenen Kristalle zu fotografieren, kamen nur dann zu einem Ergebnis, wenn sie sofort nach beendigter Beschallung an die Flaschen klopften. Überraschenderweise befindet sich in der Mitte des japanischen Schriftzeichens für Leben das Zeichen für Klopfen. Und warum klopften die Forscher? Sie wollten, dass die Kristalle entstehen und wachsen - also haben sie mit ihrem Klopfen die Kristalle zum Leben erweckt. Kennen wir in der christlichen Mythologie nicht Ähnliches? Heißt es nicht: „Klopfet an, so wird euch aufgetan?" Klopfen ist eine andere Form für Bitten. Und wer bittet, dem wird nach seinem Bedürfnis gegeben.

Damals mussten die Menschen mehr über die tiefen Zusammenhänge in der Natur gewusst haben als wir heute. Wahrscheinlich erkannten sie intuitiv, dass Wasser durch die drei Grundlebensprinzipien Elektrizität, Magnetismus und Strahlkraft verändert werden kann und dadurch informativ und beeinflussend auf das gesamte Leben wirkt.

Rainer Berchthold entdeckte, dass diese Resonanzfelder die elektromagnetischen Energien und Lebensinformationen für alle zellularen Strukturen - also für alle Pflanzen, Tiere und Menschen - beinhalten. Hieraus geht eindeutig hervor, wie gefährlich Wasserverschmutzung für unser Lebensprinzip ist. Die chemischen Stoffe, die sich in homöopathischer Verdünnung in den Meeren befinden, wirken sich einerseits negativ auf das Leben aus, andererseits können sich Chemikalien und atomare Abfälle mit Hilfe des Sonnenlichtes zu neuen, unbekannten Verbindungen zusammenschließen, deren Wirkung unabsehbar ist. Wer meint, es sei auf Grund der Größe unserer Weltmeere unerheblich, Gifte und Abfall in sie einzuleiten, den belehren die Erkenntnisse von Samuel Hahnemann eines besseren. Wer kennt nicht die Wirkung hochpotenzierter Homöopathika? Und werden nicht die eingeleiteten Substanzen stark verdünnt und durch den Wellenschlag potenziert? Wasser ist Bewegung, und Leben entsteht durch Bewegung. Alles besteht aus Kreisläufen.

Wasser weiblich - Mond / Feuer männlich - Sonne.

Die Sonne (männlich) gilt als Motor der Kreisläufe, denn Feuer lässt Wasser verdampfen, es kühlt ab und kommt als Regen (Wasser - weiblich) auf die Erde zurück. Der Kreislauf des Wassers kennt keinen Anfang und kein Ende. Es gibt nur ein Ineinandergreifen vieler Wandlungsphasen. In jeder dieser Phasen nimmt das Wasser unterschiedlichste Informationen auf, die es an anderer Stelle wieder abgibt. Genauso wie in der äußeren Natur sind die Wasserkreisläufe auch in uns. Alles ausgesandte Wasser kommt demnach irgendwann zu uns zurück. Die Kreisläufe finden ihren symbolischen Ausdruck in der Taufe wieder, indem das Taufwasser mit folgenden Worten gesegnet wird: „Die Wasser der Sintflut machst Du zu einem Zeichen der Wasser der Taufe, die der Sünde ein Ende setzen und einen neuen Beginn des Guten ermöglichen". Hier wird die reinigende Aufgabe des Wassers deutlich. Heute allerdings ist die Selbstreinigung, die hier so starke symbolische Bedeutung hat, nicht mehr gewährleistet. Durch Verdampfen und Niederschlag erlebt das Wasser keine Reinigung mehr, sondern führt selbst eine Reinigung der Luft durch und fällt, belastet durch Chemikalien, Säuren und Schwermetalle auf die Erde zurück. In Bezug auf Anpassung an sich verändernde Verhältnisse wird uns hier offenbart, dass die Natur, um das Überleben zu gewährleisten, Prioritäten setzt. In diesem Fall nimmt das Wasser die Verunreinigungen auf, um das Element Luft, das wir zum Atmen benötigen zu entlasten. Auch die Wertschätzung, die Johann Wolfgang von Goethe dem Wasser entgegenbrachte, kam durch den Ausspruch: **„Alles wird durch Wasser geboren, alles wird durch Wasser erhalten"** zum Ausdruck.

Hippokrates (bekannt als Vater der modernen Medizin) therapierte im 4. Jahrhundert vor Christus auf der Insel Kos vorwiegend mit den heilenden Kräften des Wassers. Die Quellen, die er dort benutzte, gelten heute noch als heilig und heilkräftig. Obwohl der Stellenwert des Wassers hoch war, und Wasser überall höchste Verehrung fand, verlor es bereits in der griechischen Antike viel von seiner Heiligkeit im Bewusstsein der Menschen. Die ersten radikalen Abholzungen der Wälder, die sich negativ auf den Wasserhaushalt auswirkten, waren der Beginn der menschen- und naturverachtenden Verhaltensweisen, die in der heutigen Zeit ihren Höhepunkt finden. Die römische Kultur folgte der griechischen. In dieser Zeit wusste man noch um die Heilkraft (heilige, heilende Kraft) des Wassers. Viele Bäder, die an Quellen erbaut wurden, aus denen Heilwasser quoll, zeugen noch heute davon. Der Untergang des Römischen Reiches war das Ende der hohen Badekulturen des Altertums.
Im Mittelalter lebten sie kurz wieder auf. Der Verfall der Sitten (Badehäuser wurden zu Bordellen) und die allgemeine Armut als Folge des 30jährigen Krieges sowie der Einzug von Syphilis und Pest bedeuteten das totale Ende. Wasser verlor zusehends an Wertschätzung, es wurde immer mehr zu einem banalen Gebrauchsmittel. In der heutigen Zeit ist es vorwiegend für den technischen Gebrauch bestimmt. Der berühmte Wasserdoktor Pfarrer Kneipp aus Bad Wörrishofen, hatte großartige Therapieerfolge mit Wasserbehandlungen, die auch heute noch mit Erfolg angewendet werden. Weder Pfarrer Kneip noch der deutsche Arzt Christoph Wilhelm Hufeland (Professor der inneren Medizin an

der Charitè in Berlin), von dem folgender Ausspruch über die Heilkraft des Wassers stammt: *„Das beste Getränk ist Wasser, dieses gewöhnlich so verachtete, ja von manchen sogar als schädlich gehaltene Getränk! Ich trage keine Bedenken, es für ein großes Mittel zur Verlängerung des Lebens zu erklären"* - konnten den Niedergang der Bedeutung des Wassers verhindern.

Das Wissen um die einstmalige Heiligkeit des Wassers ist so weit in Vergessenheit geraten, dass, wenn wir heute Wasser betrachten, wir nichts weiter als eine klare Flüssigkeit darin sehen. Wir denken an so banale Dinge wie Waschen, Putzen, Baden und Schwimmen. Selbst das Trinken des klaren, reinen Wassers haben wir verlernt. Wir fügen dem Wasser alle möglichen und unmöglichen Stoffe hinzu, um es für uns zu einem „trinkbaren Genuss" werden zu lassen. Oft handelt es sich bei den Stoffen, die wir dem an sich kostbaren Trinkwasser beimischen, um künstlich hergestellte Aromen, Farb- und Süßstoffe.

In der Schule lernen wir, dass Wasser in allem enthalten ist und wir Menschen bis zu 70 % aus Wasser bestehen. Wir wissen, dass zwei Drittel der Erdoberfläche von Wasser bedeckt sind und unsere Erde deshalb auch der blaue Planet genannt wird. Betrachten wir Satellitenaufnahmen, so erscheint die Erde als eine wunderschöne azurblaue Kugel.

Aus den Medien erfahren wir, dass unser Wasser stark verunreinigt ist. Das ist der Grund dafür, weshalb vor einer Trinkwasserkatastrophe gewarnt wird. Weiter lesen und hören wir, dass die Meere als gigantische Müllkippen verkommen. Mit Sorge nehmen wir zur Kenntnis, dass unsere Regierungen beabsichtigen, Gesetze zu verabschieden, die die Nutzung und vor allem den Verkauf des Wassers großen Konzernen überlassen wollen. Weil bisher die industrielle Vermarktung von Lebensmittel egal welcher Art dem Verbraucher nichts Positives brachte, befürchten die Kritiker auch hier - und ich glaube zu Recht - ein Verkommen des wichtigsten aller Lebensmittel zu einer lebensfeindlichen Flüssigkeit durch die am vordergründigen Gewinn orientierten Konzerne.

- Wasser wird als etwas Gewöhnliches und Alltägliches betrachtet.
- Wasser ist ein unabdingbares Element für uns und ähnliche Lebensformen.

Dies sind zwei Eigenschaften, die vermuten lassen, dass Wasser wissenschaftlich restlos erklärt werden könnte, und daß die Menschen es hoch verehrten. Dies trifft aber nicht zu! Verehrt wurde es in der Vergangenheit. Die Erklärungen (Erkenntnisse) schreiten langsam voran. Künftige Generationen werden staunen über die Intelligenz der neu entdeckten Naturgesetze sowie der wirklichen Abläufe des Lebens. Das heutige Bild des Wassers basiert lediglich auf einer einseitigen Sichtweise, die Wasser auf das Molekül H_2O reduziert. Diese Sichtweise übersieht das Wichtigste, das Wesen des Wassers.

Bei Reinhold D. Will lesen wir: Nach wie vor ist Wasser für die Wissenschaft ein ungelöstes Rätsel - Mysterium. Nach deren Gesetzen müsste H_2O gasförmig sein und nicht flüssig. Der elektrische Dipol mit Plus- und Minusladung des H_2O Moleküls, charakterisiert durch die Polarität von Form (Struktur des Wassers) und Inhalt (Energie und Information). Diese beiden Eigenschaften (Form und Inhalt) sind jene Eigenschaften, die es nach den zur Zeit bekannten physikalischen und chemischen Gesetzen gar nicht geben dürfte. Diese Eigenschaften sind aber gerade erst die Voraussetzungen für das Leben auf der Erde.

Nach naturwissenschaftlichen Gesetzen müsste Wasser bei 0°C ein Gas sein, der Gefrierpunkt dürfte erst bei minus 120°C liegen. Auf Grund seines Molekulargewichtes müsste der Siedepunkt bei minus 75°C liegen. Die Differenz zwischen Gefrier- und Siedepunkt des Wassers beträgt bei der Celsiusskala 100°C, bei der Molekülgröße müsste sie etwa bei 25°C bis 30°C liegen. Die in folgender Tabelle aufgeführten Abweichungen von den zur Zeit bekannten Naturgesetzen zeigen, wie wenig wir letztendlich über die wirklichen Zusammenhänge des Lebens wissen. Warum tut sich die klassische Wissenschaft ausgerechnet mit dem Erforschen des Wassers so schwer?

Die klassische Forschung verlangt von ihren Versuchsobjekten Reproduzierbarkeit. Auf Wasser wirken subtile Einflüsse, die mit herkömmlichen Methoden nicht festgestellt werden können und der Reproduzierbarkeit im Wege stehen. Selbst zwei Schneeflocken, die unter vermeintlich gleichen Bedingungen entstanden sind, weisen erhebliche Unterschiede auf.

Zustand	Anomalie (Ist-Zustand)	Theoretischer Wert
Kritischer Punkt	374 °C	statt 50 °C
Siedepunkt	100 °C	statt -100 °C
Gefrierpunkt	0 °C	statt -120 °C
Verdampfungswärme	9,7 kcal/mol	statt 4 kcal/mol
Schmelzwärme	1,4 kcal/mol	statt 0,5 kcal/mol
Spezifische Wärme	18 kcal/grad mol	statt 9 kcal/grad mol
Verdampf. Entropie	26 kcal/grad mol	statt 19 kcal/grad mol
Dichte	$1 \text{ g/m}^3 = 1000 \text{ kg/m}^3$	statt $0,5\text{g/m}^3$
Molvolumen	$18 \text{ cm}^3/\text{mol}$	statt $40 \text{ cm}^3/\text{mol}$
Volumenänderung beim Gefrieren	Vergrösserung	statt Verkleinerung
Viskosität	1,7 c-Poise	statt 0,2 c-Poise
Oberflächenspannung	75 dyn/cm	statt 7 dyn/cm

Quelle: Anomalien des Wassers nach Mecke

Hier stellt sich zwangsläufig die Frage, ob natürliche Versuchsobjekte - unter natürlichen Bedingungen untersucht - wirklich reproduzierbare Resultate liefern können. Ist es nicht vielmehr die Ebene, auf der sich die Kriterien der Ergebnisse erfüllen sollen? Demzufolge könnten wir jeweils eine Ebene wählen, welche die

Resultate als reproduzierbar erscheinen lässt. Dies ist für die Wissenschaft wichtig. Daraus folgert: **Was nicht reproduzierbar ist, ist nicht wissenschaftlich.** Trotzdem ist und bleibt die Einmaligkeit die wahre Eigenschaft des Lebens.

Die Tatsache, dass Eis sich nicht „normal" verhält und eine niedrigere Dichte ausweist als Wasser, bestimmt über Leben und Tod mancher Lebensformen. Eis ist leichter als Wasser, schwimmt deshalb auf ihm. Würde Eis sich entsprechend uns bekannter physikalischer Gesetzmäßigkeiten bilden, müsste es schwerer sein als Wasser. Seen würden von unten nach oben zufrieren und ein Überleben darin wäre für Wassertiere in unseren Breiten im Winter nicht möglich. Da alles Leben vermutlich aus dem Wasser geboren wurde, wäre unsere Umwelt, wie wir sie heute kennen, wohl kaum entstanden.

Eine weitere wichtige Rolle für das Überleben spielt die Ausdehnung beim Gefrieren. Die Bildung von Eiskristallen in den Ritzen der Steinoberflächen führt zu Mikro-Sprengungen des Gesteins und demzufolge zur Freisetzung von Mineralien. Diese mechanische Erosion trägt zum Mineralkreislauf bei. Das Wasser transportiert diese Mineralien in die Seen, Flüsse und Meere, wo sie als Nachschub für aussedimentierte Mineralien benötigt werden. Die Farblosigkeit des gefrorenen Wassers ermöglicht die Lichtreflektion und sorgt damit für das „Überleben" des Eises. Wären Eis und Schnee farbig, würden sie durch Sonnenlicht- und Wärmeaufnahme schneller schmelzen. Betrachten wir vor diesem Hintergrund das Abschmelzen der Gletscher und Polkappen der letzten 100 Jahre. Vermutlich besteht hier ein Zusammenhang mit der Luftverschmutzung.

Es ist bis heute unerklärlich, dass Wasser alle Materie durchzieht und unseren Vorstellungen nach selbst Materie ist.

Genau genommen muss Wasser viel mehr sein als Materie, denn es ist gleichzeitig Energie- und Informationsträger sowie das vielseitigste Medium, das wir kennen. Es ist Transport-, Binde- und Lösungsmittel. Wir finden es überall, in der saftigsten Frucht und im funkelnden Kristall. Warum schlägt das Bestreben, Wasser künstlich herzustellen, immer wieder fehl? Weil wir die Zusammensetzung und Wirkung des Wassers mit gängigen naturwissenschaftlichen Erkenntnissen und Gesetzen erklären, und versuchen, die gemachten Beobachtungen in ein mechanistisches Bild der menschlichen Leiblichkeit unterzubringen. Wie bereits gesagt, ergibt ein Gemisch aus Wasserstoff und Sauerstoff ein Gas (Knallgas). Also, H_2O + Wärme.

Karl Triacher sagt: *„Das Geheimnis des Lebens liegt im Wasser, im Ordnung bewahrenden Wasser."*

Viktor Schauberger berichtete bereits 1933:
„In jedem Tropfen guten Quellwassers sind mehr Kräfte vorhanden, als ein mittleres Kraftwerk der Gegenwart zu erzeugen vermag. Diese Energien sind mühelos und nahezu kostenlos zu gewinnen, wenn wir die Wege gehen, die die Natur uns ständig weist, und die Irrwege verlassen, die unsere heutige Technik verfolgt".

Eine weitere Arbeit Schaubergers erwähnt den Einfluss der Lunarperiodizität auf die „Tragfähigkeit" des Wassers, wenn es darum ging Baumstämme auf Wasser zu transportieren. Das Wissen um diese Einflüsse wird auch benutzt, wenn Holz für bestimmte Zwecke zu fällen ist. Der Zeitpunkt des Fällens spielt für die Beschaffenheit des Holzes eine nicht unerhebliche Rolle. Er beeinflusst zum Beispiel die Biegsamkeit, Rutschfestigkeit und Brandresistenz. Wasser wird als Vermittler dieses Einflusses vermutet. Interessanterweise werden diese Aspekte der kosmischen Beeinflussung zunehmend von Hochschulen aufgegriffen.

Eine weitere Erkenntnis Schaubergers: Je nach Art des Wassers werden die Wasserleitungsrohre inkrustiert oder sie lösen sich gänzlich auf. Wenn das Wasser in langen metallischen Leitungen zugeführt wird, gehen unter Umständen bedenkliche stoffliche Umwandlungsprozesse vor sich, die mit unseren heutigen Instrumenten unmöglich erfasst werden können, die aber für den Charakter beziehungsweise die Psyche des Wassers von ausschlaggebender Bedeutung sind.

Nun ist es soweit: Das Wasser kann die immensen Verunreinigungen nicht mehr verkraften. Die Fische in den Meeren werden krank, und das Plankton stirbt. Unser Trinkwasser, das zum Teil den Flüssen entnommen wird, ist nach mehrmaligem Aufbereiten ein bedenkliches Nahrungsmittel geworden. Aufbereiten heißt: Der Teil des Wassers, der nach dem Trinken ausgeschieden wird, wird erneut gefiltert, kommt in den Wasserkreislauf zurück und wird wieder von Menschen getrunken. Dieser Vorgang wiederholt sich in Teilen Europas bis zu fünfmal. Stellen Sie sich vor, Sie trinken ein Wasser, das Ihre Nachbarn bereits in ihren Körpern hatten. Wenn wir wissen, dass jeder Konsument in dem von ihm ausgeschiedenen Wasser Informationen (Prägungen) hinterlässt, können wir uns vorstellen, wie abträglich so eine Flüssigkeit für unser Wohlbefinden sein muss. Von einem lebensspendenden Element, gar einer Medizin, ist es weit entfernt.

Wie sich eine negative Beeinflussung auf die Kristallstruktur des Wassers auswirkt, sehen wir an dem zerrissenen Cluster der Aufnahme des Berliner Leitungswassers (s. Seite 39).
Wie berichtet, verändern die unterschiedlichsten technischen Beeinträchtigungen und der Druck, den unser Leitungswasser durch den Transport in Rohren unterliegt, die Lebendigkeit des Trinkwassers nachhaltig. Wasser aus dem natürlichen Gebirgsbach, das über Steine, Erde und vieles mehr fließt, nimmt deren Informationen auf. Durch die Verwirblungen kommen Sauerstoff und vor allem kosmische Prägungen hinzu. Dieses Wasser ist das für alle Lebewesen gesündeste Getränk - vorausgesetzt, wir entwerten es nicht durch Zusätze. Die Wirkung des Wassers in unserem Körper

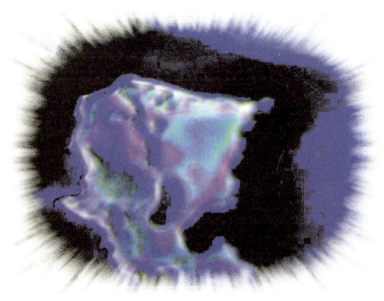

„Leitungswasser Berlin" aus „Wasserkristalle" von Dr. Masaru Emoto

in Bezug auf die Stimmungslage, unser Wohlbefinden und letztlich auf unsere Gesundheit erkennen wir an den Forschungsergeb-
nissen, die nachdenkende Menschen fanden, die das mechanistische Weltbild verließen, die sich auch den seelischen und geistigen Seiten, also der Ganzheit zuwandten und deshalb zu neuen,
fast unglaublichen Erkenntnissen gelangten. Wer konnte sich vorstellen, dass die Beeinflussung ganz simpel und einfach schlichtweg über das Medium Wasser abläuft? Dem japanischen Forscher
Prof. Dr. Masaru Emoto ist es gelungen, die kristalline Form des
Wassers zu fotografieren. Mit dieser Methode können erstmalig
Veränderungen im Wasser, die unter anderem auch unser Wohlergehen stark beeinflussen, nachgewiesen werden. In seinem Buch
„Die Botschaft des Wassers" hat Dr. Masaru Emoto seine Forschungsergebnisse im Hinblick auf die Veränderung der Kristallstruktur des Wassers veröffentlicht. Indem er Wasser mit ver-

schiedenen Musikstücken z.B. von Mozart, Beethoven, Elvis Presley und Heavy Metal bespielte und die Veränderungen der Kristallstrukturen bildlich festhielt, konnte er die unglaubliche Wirkung der Beeinflussung des Wassers durch Schwingungen aller Art dokumentieren und somit den unumstößlichen Beweis der vermittelnden Eigenschaft des Wassers erbringen.

„Goldberg-Variationen von Bach"
entnommen „Die Botschaft des Wassers I" von Dr. Masaru Emoto

Dieser archaische Kristall formte sich heraus, nachdem das Wasser mit den Klängen der Goldberg-Variationen von Bach beschallt wurde. Masaru Emoto ließ Wasser nicht nur mit Musik bespielen, sondern er versah auch Gläser mit Wortinformationen wie Liebe,

Engel, Dankbarkeit, Dummkopf, Teufel, Hitler oder Dämon. Er stellte ebenfalls unter Beweis, dass sich Gebete auf den Zustand des Wassers auswirken. Die Differenzierung und Harmonie des Kristalls lässt auf die Qualität des Wassers schließen. Je deutlicher und schöner die Konturen eines Sechsecks ausgeprägt sind, desto besser ist die Wasserqualität.

An dem rechts abgebildeten Kristall, der von Dr. Masaru Emoto am Oberlauf des Rheins aufgenommen wurde, erkennen wir an den wohlgeformten Strukturen, dass es sich hier um qualitativ hochwertiges Wasser handelt. Betrachten wir die Erkenntnisse Dr. Emotos eingehender, dann sieht es so aus,

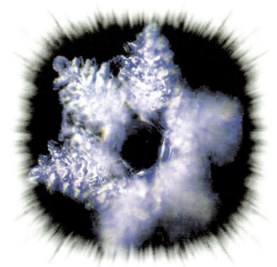

„Rhein Oberlauf"
aus „Wasserkristalle" von Dr. Masaru Emoto

dass die gesamte Kommunikation der Wesenheiten auf der Erde über das Medium Wasser ablaufen muss. Denn auf körperlicher Ebene sind wir als Wasserwesen mit allen Wasserwesen und Wasserkörpern der stofflichen Schöpfung verbunden. Das heißt mit dem Wasserorganismus Erde sowie allen Mineralien, Pflanzen und Tieren, die darauf leben. Das bedeutet aber auch: Wir sind verbunden mit den entsprechenden Planeten sowie ihren Bewohnern im gesamten Kosmos, sofern sie Wasserwesen sind. Die verändernde Wirkung von Wort, Bild, Ton und Emotionen auf die kristalline Form des Wassers, die nun sichtbar gemacht werden

41

kann, zeigt uns, welch große Verantwortung wir - die mit Bewusstsein ausgestatteten Wesen - gegenüber der gesamten Schöpfung haben. Um harmonische Verbindungen herstellen und exakte Informationen aufnehmen zu können, müssen unsere verschiedenen Flüssigkeitskreisläufe einigermaßen vernünftig fließen. Das gilt für die Kreisläufe in unserem Körper genauso wie für die Flüssigkeitskreisläufe in und auf der Erde. Auch die substanziellen Zusammensetzungen (Mineralien) müssen stimmen, damit eine harmonische Kommunikation über die „wohlgestimmten" elektromagnetischen Felder unseres Wassers möglich ist. Die chaotischen Zustände, die zur Zeit noch auf der Erde herrschen, prägen dieses Chaos in das Wasser ein, und über das Wasser geben wir die von uns verursachten Störungen weiter.

Die Erkenntnisse Emotos belegen eindeutig, dass es möglich ist, über Gedanken, Klang und Worte das Wasser zu beeinflussen - dadurch wird uns die Wirksamkeit von Gebet und Meditation erstmals sichtbar vor Augen geführt.

Danke ist die Emotion, die diesem klar und harmonisch strukturierten Sechseck zugrunde liegt.

„Danke"
aus „Die Botschaft des Wassers I" von Dr. Masaru Emoto

42

Der amerikanische Biochemiker Dr. Lee H. Lorenzen erhielt im Jahre 1998 in den USA ein Patent für ein Wasser, in welches eine Information geprägt wurde. Es heißt Mikrocluster-Wasser.

Dr. Lorenzen beschreibt es wie folgt: Wasser besteht in der Regel nicht aus unabhängigen Molekülen, sondern diese sind vielmehr durch Wasserstoff zu kleinen Partikeln verbunden, die man Cluster nennt. Werden diese Wasserstoffmoleküle ausgerichtet und verkleinert, nennt man dies Clustering. Mikrocluster-Wasser kann leichte, spitze Wendungen machen, es dringt deshalb in die entferntesten Winkel des Körpers ein. Seine Absorptionskraft in der Zelle ist sehr groß. Lorenzen entwickelte eine Methode, mit Hilfe des Laserstrahls Bioresonanzinformationen in Wasser zu überschreiben. Die in das Wasser geprägte Information kann also in unserem Körper überallhin transportiert werden, um dort tätig zu sein. Wie kam er auf diese Idee? Als die Frau von Lee H. Lorenzen sehr krank war und kein Arzt ihr helfen konnte, verließ er den Weg der klassischen Wissenschaft.

Um seiner geliebten Frau zu helfen, forschte er auf einem Gebiet, das von der orthodoxen Naturwissenschaft sogar heute noch als „Scharlatanerie" abgetan wird. Er sagte sich: „Wenn es stimmt, dass Wasser Informationen aufnimmt und an den menschlichen Körper weitergibt, dann muss ich herausfinden, wo es die gesündesten Menschen gibt und was diese essen oder welche Medizin diese kennen."

Lorenzen besorgte sich Kefir (von Schafen) aus dem Kaukasus. Auch wir kennen wohl noch die Reklame mit dem angeblich 128 Jahre alten Mann aus dem Kaukasus, mit dem für Kefir (allerdings aus Kuhmilch) geworben wurde. Lorenzen erfuhr weiter, dass die Indios in den Anden bei Krankheiten aller Art das Harz eines Baumes namens Cats Claw (Katzenkralle) einnehmen und gesund werden. Er besorgte sich etwas Harz dieser Pflanze. Die Information beider Produkte überschrieb er ins Wasser, verdünnte dieses Wasser noch um den Faktor 200 beziehungsweise 400 und reichte das Getränk seiner todkranken Frau als Medizin.

Seine Frau erholte sich unerwartet schnell. Auf Grund des großen Erfolges dieser homöopathischen Arznei therapieren heute in den Vereinigten Staaten und Mexiko unzählige Ärzte, Zahnärzte und Krankenhäuser mit diesem natürlich wirksamen Heilmittel.

Der geniale österreichische Physiker und Forscher, Erich Körbler (1939 bis 1994) ist der Entdecker der „neuen Homöopathie". Unter anderem publizierte er eine Methode, mit der es möglich ist, ohne Hilfsmittel Informationen auf das Wasser zu übertragen. Körbler sagte sich: „Wenn die linke Körperseite die aufnehmende und die rechte Körperseite die abgebende ist, dann muss es möglich sein, in das aufnehmende, weibliche Prinzip Wasser, Informationen nur mittels der Hände, mental zu übertragen."
Die Vorgehensweise nach dem Körbler`schen Prinzip ist wie folgt: In die linke Hand nehmen wir die zu übertragende Information - dies kann ein Medikament sein, es genügt nach Körbler aber auch das aufgeschriebene Wort. In die rechte Hand nehmen wir ein mit Wasser gefülltes Glas. Beides - die zu übertragende Information und das Glas Wasser - halten wir nun vier Minuten in unseren Händen. Wir sind locker, verhalten uns still und konzentriert. Nach Ablauf der vier Minuten ist die Botschaft auf mentalem Weg in das Wasser geschrieben. Wir können jetzt dieses Wasser z. B. als Medizin nutzen.
Beide Forscher bedienten sich des gleichen physikalischen Gesetzes. Der Unterschied: Lorenzen benutzt einen Laserstrahl, er setzt also auf Technik. Körbler lässt das Naturgesetz durch den Menschen wirksam werden. Dadurch begreift der Mensch langsam seine Unabhängigkeit und lernt, selbstständig zu handeln und für sich selbst und andere Verantwortung zu tragen.

Der iranische Arzt Dr. Faridun Batmanghelidj war in seiner Heimat ein geachteter Mann. Dafür und auch deshalb, weil er dem Schahregime nahe stand, wurde er von den Revolutionären ins Gefängnis gesteckt. Unglaubliche Zustände, vor allem Elend und

Krankheit, herrschten hier. Medizinische Versorgung und Medikamente gab es für die Insassen nicht, statt dessen Schikanen aller Art. Die Schikane, die Batmanghelidj zu erleiden hatte: Es wurde von ihm verlangt, dass er seine Notdurft innerhalb von 60 Sekunden erledigte. Das veranlasste ihn, auf feste Nahrung zu verzichten. Stattdessen trank er ausschließlich Wasser. Dadurch wurde er innerlich immer ruhiger, seine Ängste wichen mit der Zeit. Das anfängliche Sodbrennen und der Hungerschmerz gingen allmählich weg. Batmanghelidj spürte, dass Wasser mehr sein musste als nur eine simple Flüssigkeit. Er begann über das Wasser und seine Eigenschaften tiefer nachzudenken. Eines Tages brachte man einen neuen Gefangenen. Dieser presste seine Hände auf seinen Bauch und krümmte sich vor Schmerzen. Wie gesagt, Medikamente gab es keine. Als Arzt wollte Batmanghelidj helfen. Er brachte dem Gefangenen zwei Glas Wasser und hieß diesem das Wasser zu trinken. Sicherlich können Sie sich vorstellen, wie der Patient sein Gesicht in die Länge zog. Nach ca. drei Minuten ließ der Schmerz nach und nach ca. zehn Minuten strahlte der Behandelte über beide Ohren, - er war nämlich vollkommen schmerzfrei und fühlte sich gesund. In den folgenden Jahren behandelte Dr. Batmanghelidj noch über dreitausend Mithäftlinge, die an unterschiedlichsten Krankheiten litten, auf gleiche Weise. Nach einigen Jahren Inhaftierung sollte er wieder freigelassen werden. Auf seine Bitte, ihn noch einige Zeit im Gefängnis zu lassen, damit er seine Wasserforschung beenden könne, ging man ein. Die wichtigsten Forschungsergebnisse des Dr. med. Faridun Batmanghelidj, der an den bekanntesten medizinischen Fakultäten der Welt ausgebildet wurde:

- Wir Mediziner haben die Anzeichen für die Austrocknung des menschlichen Körpers falsch interpretiert und sie als Krankheit missverstanden. Wir haben den Menschen Chemikalien verabreicht und wussten nicht, dass wir damit mehr Schaden anrichten als Gutes tun.

- Der Mediziner muss alles vergessen, was er über Medizin gelernt hatt, denn die Medizin der Zukunft hat nichts mit dem zu tun, was wir Mediziner den Menschen bis jetzt gegeben haben.
- Die ständige, unbeabsichtigte Austrocknung ist die Hauptursache für Schmerzen und Krankheiten.
- Wasser in seiner reinen Form ohne irgendwelche Zusätze ist die wirksamste Medizin.
- Wasser ist die wichtigste Energiequelle für den menschlichen Körper. An der Zellmembran erzeugt der osmotische Fluss des Wassers durch die Membran hydroelektrische Energie, die umgewandelt wird und in den Energiespeichern in Form von Adenosintriphosphat (ATP), einem lebenden Zellbatteriesystem, gespeichert wird.
- ATP kann nur dann als Hauptenergiespeicher fungieren, wenn es Wasser zugeführt bekommt.
- In allen Bereichen des Stoffwechsels, bei denen chemische Reaktionen Wasser benötigen (Hydrolyse), hat Wasser eine wichtige regulatorische Funktion.
- Wasser und Salz sind die eigentlichen Überlebensmittel für den Menschen. Salz reguliert die extrazelluläre Flüssigkeit. Der pH-Wert der Gehirnzellen wird durch die Salzkonzentration reguliert und daher hat die Gehirn–Rückenmark–Flüssigkeit eine höhere Salzkonzentration als die Zelle selbst.
- Natürliches Salz reguliert den Blutzuckergehalt.
- Wasser und Salzmangel sind die Ursachen von Diabetes mellitus.
- Der Stoffwechsel des Wassers ist die Hydrolyse.
- Durch Beimischungen verliert Wasser seine Heilwirkung. Denn jede Beimischung führt zu einer anderen Verstoffwechselung.
- Der Mensch besteht aus rund hundert Billionen Zellen.

Jede Körperzelle ist eine Welt für sich. Diese winzigen, schwimmenden Welten kommunizieren miteinander. Als Vermittler fungiert das Wasser, indem es die in ihm gelösten Informationen an die Empfänger, die Rezeptoren in den Zellen, abgibt.

- Der gesamte Stoffaustausch, jede Informationsübermittlung, jede zelluläre Aktivität geschieht durch Wasser.
- Bis zum Alter von 18 Jahren sorgen die Histaminaktivität und die Wachstumshormone für die Regulation des Wasserhaushaltes. Deren Konzentration nimmt bis zum 25. Lebensjahr langsam ab und vermindert sich dann alle 7 Jahre um 40 %. Das bedeutet: Der Hormonspiegel sinkt drastisch ab, und das Histamin wird ab dem 25. Lebensjahr zum Neurotransmitter, der in der Hauptsache die Wasseraufnahme des Körpers reguliert. Trinken wir statt Wasser Tee, Kaffee, Limonade und alkoholische Getränke, trocknen wir unseren Körper sehr schnell aus. Wir werden anfällig für alle Krankheiten bis hin zum Krebs.
- Bei ausreichender Wasserzufuhr - ungefähr 31 ml Wasser pro Kilogramm Körpergewicht, das sind bei einem 75 Kilo schweren Mann ca. 2,3 Liter pro Tag - haben wir als Menschen eine Lebenserwartung von ungefähr 120 Jahren.
- Hohe Cholesterinwerte, Herzversagen, chronische Müdigkeit, Krebs, Multiple Sklerose, Alzheimer- Krankheit, Schlaganfall, Bandscheiben-Schmerzen, Arthritis, rheumatische Beschwerden, Gelenkschmerzen, Sodbrennen, Alters-Diabetes, Rückenschmerzen, Migräne, Angina Pectoris und viele andere Beschwerden führt Dr. Batmanghelidj auf die Austrocknung des Körpers, der so genannten Dehydrierung zurück.

Heutzutage ist vielen zivilisationsgeschädigten Menschen das normale Durstgefühl abhanden gekommen. Durst wird häufig mit Alkohol, Kaffee, Tee, Kakao, Milch usw. gelöscht. Dabei wird vergessen, dass vor allem schwarzer Tee, Kaffee und Alkohohl den Körper austrocknen. Das bedeutet nicht, dass wir auf diese Dinge ganz verzichten sollen. Als Genussmittel, hin und wieder getrunken, tragen sie zur Lebensqualität bei. Ein Mensch, der aus falsch verstandenem Gesundheitsbewusstsein alles fürchtet, in allem ein Übel entdeckt, wird genauso krank wie einer, der alles wahllos in sich hinein schüttet. Auch hier ist wie überall das Mittelmaß das Richtige.

Der Physiker Wilfried Hacheney schreibt im Bezug auf das Wasser: *„Schauen wir nun auf Ereignisse, die dem Bereich des Glaubens und der Religion überlassen werden. Zu dieser Überlegung ist grundsätzlich anzumerken, dass das Christliche keine Religion ist, sondern es ist eine Metamorphose aller großen Religionen. Es ist etwas Neues, und dieses Neue ist gleichzeitig auch etwas Künftiges. Schauen wir hierzu als Levitationsphysiker, als organischer Physiker auf das Johannisevangelium - und so können wir hier etwas in einer viel größeren Deutlichkeit herauslesen, als was wir je von diesem Evangelium gehört haben. Nicht umsonst wird dieses Schriftgut von den wirklichen Kennern als Wasserevangelium bezeichnet, und es ist gleichzeitig auch das Zukunftsevangelium. Bezüglich der Wesenhaftigkeit des Wassers findet Nikodemus im Johannisevangelium deutliche Worte: **„Nichts ist hier, ohne dass es durch Geist und Wasser ging.“** Im Zusammenhang mit dem Wasser schauen wir nun noch auf ein weiteres wichtiges Ereignis im Johannisevangelium, nämlich auf die Hochzeit von Kanaan. Bei dieser Betrachtung verlassen wir als Physiker die Glaubensebene und treten in den Bereich der Forschung ein. Die Hochzeit von Kanaan führt uns etwas ganz Bedeutsames in seiner ganzen Deutlichkeit vor Augen. Sie zeigt uns die große Weltenwende der Menschheit an, die zentralste Weltenwende seit dem Eintritt in das Leibliche und in das Irdische. Dieses so aufschlussreiche Ereignis ist insbesondere darin zu erkennen, dass das Wasser zu Wein wird. Damit soll zum Ausdruck gebracht werden, dass nicht mehr* *das Äußere die Hauptrolle spielt, sondern die innere Essenz nach außen dringen muss."* Anders ausgedrückt: Wir wurden bisher von außen gelenkt (weltliche und kirchliche Obrigkeiten). Die große Wende bedeutet: Immer mehr Menschen leben jetzt aus ihrem Inneren heraus und werden von äußeren Einwirkungen unabhängig. Wir haben nun erfahren, wie wichtig das Wasser für uns ist. Wasser spiegelt, es nimmt vor allem auf und gibt das Aufgenommene wieder ab. Wasser ist ein Mittler zwischen Fein- und Grobstofflichkeit. Es ist immer bestrebt, auflösend und ausgleichend zu wirken.

Viele Menschen fragen sich: Wie lange wird uns sauberes, trinkbares Wasser noch zur Verfügung stehen? Schon 1977 schrieb der Naturwissenschaftler Emil-Heinz-Schmitz in seinem Buch „Unsterblichkeit im All", dass wir auf Grund der verheerenden Umweltverschmutzung, hervorgerufen durch die Gewinnsucht und Unvernunft des Menschen, diesen Planeten bald so verseucht haben, dass wir ihn verlassen müssen. Die meisten Zukunftsforscher sehen seit längerer Zeit vor allem die Bedrohung des irdischen Lebens durch die Verseuchung des Trinkwassers.

Die überraschende Antwort liefert uns die NASA. In einem Pressebericht von 1997, der in dem Buch „Die Botschaft des Wassers" von Masaru Emoto nachzulesen ist, wird folgendes bekannt gegeben: **Wasser kam aus den Tiefen des All hergeflogen.** Es konnte eine große Anzahl von schneeballförmigen Himmelskörpern aus dem All beobachtet werden. Diese Schneebälle werden als kleine Kometen ähnliche Himmelskörper eingestuft. Der Durchmesser dieser Schneekörper beträgt in etwa zwölf Meter. Täglich kommen einige Tausend auf uns zu. Sobald sie in Erdnähe gelangen, verdampfen sie und werden Teil einer Wolke. Das bedeutet: Täglich fällt Regen aus dem All auf die Erde. Mag dies auch nur ein kleiner Teil des Regens sein, der auf sie fällt, so bedeutet die Menge, die seit der Entstehung des Planeten (man geht heute von ca. 4,6 Milliarden Jahre aus) niedergegangen ist, mehr Wasser als sich in den Ozeanen befindet. Außerdem enthält dieser „Regen aus dem All" organische Substanzen. Diese haben vermutlich unter anderem mit dem Ursprung des Lebens zu tun.

Wenn dem so ist, können wir die Frage der mysteriösen und einmaligen Natur des Wassers mit dem, was die Forscher bisher darüber herausgefunden haben, gut verstehen. Weil das Wasser ursprünglich aus dem All kam und immer noch kommt, ist es sicherlich uns noch unbekannten Naturgesetzen unterworfen, und wir begreifen, dass mit den technischen Geräten und dem Wissen, das uns zur Zeit auf der Erde zur Verfügung steht, das Rätsel Wasser nicht gelöst werden kann. Das bedeutet aber auch: Je mehr wir über das Wasser erfahren, desto mehr lernen wir die Gesetzmäßigkeiten des Weltalls kennen. Eines können wir aber jetzt schon begreifen: Durch die tägliche Gabe unverbrauchten, mit Lebensenergien durchsetzten Wassers aus dem All wird unserem Wasser auf der Erde immer wieder vitales Wasser hinzugefügt. Und hierin ist wohl der Grund dafür zu suchen, dass wir trotz der ständigen Verschmutzung immer noch genügend trinkbares Wasser haben. Sollte dieser Bericht der NASA den Tatsachen entsprechen, dann darf dieser Umstand nicht als Freibrief für ungehemmte, fortlaufende Wasserverschmutzung verstanden werden

Wir haben in diesem Kapitel viel über die große Bedeutung des Wassers gelesen. Ich bin der Überzeugung, dass jeder von uns, der um diese Wichtigkeit für die Gesundheit und sogar für unser Überleben hier auf dieser Erde erfahren hat, zukünftig mit dem „Rohstoff" Wasser, den uns die Natur geschenkt hat, und der für unseren Fortbestand von immenser Bedeutung ist, bewusster umgehen wird. Ebenso sollten uns die geschilderten Entdeckungen der genannten Forscher zum Nachdenken bringen. Die Botschaften, die uns das Wasser mitteilt, sind die gelüfteten Geheimnisse für ein Weiterleben, wahrscheinlich sogar für ein Überleben für uns auf der Erde. Wir müssen nur das Übermittelte annehmen und praktizieren.

Tipps zum praktischen Gebrauch des Wassers: Es kommt immer wieder die Frage auf: „Soll ich Mineralwasser aus Flaschen oder Leitungswasser trinken"? Pauschal, also mit Ja und Nein, kann die Antwort nicht gegeben werden, denn zu unterschiedlich sind die Bedürfnisse. Mineralwasser wird in vier Hauptgruppen eingeteilt:

Natürliches Mineralwasser - Quellwasser
Tafelwasser - Heilwasser

Generell ist zu sagen, dass Getränke immer in Glasflaschen abgefüllt sein sollten. Das gilt insbesondere für Wasser (Plastik besteht aus verschiedenen künstlichen, chemischen Verbindungen - es beeinflusst die Struktur des Wassers negativ). Den meisten Menschen ist anzuraten, kohlensäurehaltiges Wasser zu meiden. Bei der Verbrennung in der Zelle wird Kohlensäure frei. Wir haben es also mit einem Abbauprodukt des Körpers zu tun, das ausgeschieden wird. Dieses geschieht hauptsächlich über die Lungen, weshalb Bewegung in frischer Luft so gesund ist. Außerdem trägt Kohlensäure zur Übersäuerung des Körpers bei. Kohlensäurehaltiges Wasser (so genannte Säuerlinge) sollten Sie möglichst immer vermeiden, auch wenn dieses Wasser von Natur aus mit ihr angereichert ist.

Unserem Trinkwasser wird in vielen Gebieten Chlor zur Desinfektion zugesetzt. Chlor zerstört Vitamine. Forschungsergebnisse zeigen, dass vor allem Vitamin A angegriffen wird. Auch die Forschungen von Dr. Emoto beweisen ganz klar, dass Chlor lebenszerstörend wirkt.

In Verbindung mit Kohlensäure schädigt Chlor sogar unseren Darm. Tafelwasser ist mit Kohlensäure versetztes Leitungswasser. Also Vorsicht mit selbst hergestelltem Tafelwasser aus Stadtwasser, denken Sie an das zugesetzte Chlor! Mit Fluor angereichertes Wasser sollte ebenfalls gemieden werden, es schwächt die Immunabwehr.

Quellwasser ist ein natürlich aus der Erde kommendes Wasser. Die Wertigkeit hängt einerseits von seinem Gehalt an Mineralien (je weniger, desto besser) und von seiner Schwingungsfrequenz ab. Andererseits davon, ob es als so genannte Arteserquelle (reifes Wasser) zutage tritt. Das bedeutet: Sie fließt mit eigenem Druck, wird also nicht durch Pumpen und andere Eingriffe in der naturgesetzlichen Fließbewegung gehindert. Weitere Kriterien sind die natürliche Keimfreiheit. Jede unnatürliche Behandlung des Wassers - ob mit Ozon oder anderen negativen Methoden - zerstört die Molekularstruktur des natürlichen Wassers, nimmt ihm die Lebenskraft, macht es tot. Somit ist verständlich, dass nicht jedes Wasser, das aus der Erde kommt, unserem Wohlbefinden dient.

Mineralwasser: Wer an Mineralstoffmangel leidet, dem sind spezielle mineralreiche Wässer zu empfehlen (Mineralstoffaufnahme über Pflanzen ist allerdings die bessere Alternative). Sie dürfen nur solange getrunken werden, bis der Mineralstoffmangel ausgeglichen ist (Mineralstoffmangel kann nur durch eine Haarmineralanalyse exakt festgestellt werden). In den Mineralwässern befinden sich so genannte anorganische Mineralien, deren Überschuss der Körper nur schwer wieder ausscheiden kann. In der Regel werden überschüssige Mineralien vorwiegend in den Gelenken abgelagert. Bei vorliegender Nierenschwäche können die Mineralien grundsätzlich nicht ausgeschieden werden - somit kommt es schneller zu den bekannten Ablagerungen.

Bei der Beurteilung von Wässern lassen wir uns meistens durch das „Zauberwort" Mineralien täuschen. Wir gehen fälschlicherweise von der Annahme aus, dass im Wasser die Chemie wirkt. Mit Ausnahme der Salze wirkt hier aber die Physik, also die vom Wasser aus dem Gestein und dem Erdreich ausgelösten Mineralien. Diese wie gesagt vom Körper nicht verwertbaren anorganischen Mineralien und Spurenelemente dienen dazu, Schwingungsfrequenzen im Wasser aufzubauen.

Paul Schmidt hat festgestellt, dass der gesamte menschliche Körper mit all seinen Organen in Schwingungsfrequenzen eingeteilt und messbar ist. So schwingt die Milz beispielsweise auf der Frequenz 11,5 Htz., die Lendenwirbelsäule auf der Frequenz von 76 Htz. usw. Wenn die positiven Frequenzen des Wassers mit den körpereigenen Frequenzen in Resonanz treten, stellen sich die Selbstheilungskräfte unseres Körpers ein (die so genannte Homöostase).

Der Hypothalamus (hormonabgebende Drüse) und das Limbische Zentrum (Sinnesorgane) sind Steuerorgane und wirken auf mehrere Systeme im Körper; sie sprechen daher auf verschiedene Frequenzen im Körper an. Das Gehirn besteht zu 95 % aus Wasser. Dieses Wasser ist aufgrund seiner etwas niedrigeren Temperatur und seines höheren Salzgehaltes von leicht gallertartiger Konsistenz. Das erhöht die Speicherkapazität, denn im Gehirnwasser ist unser ganzes erlerntes Wissen gespeichert.

Was sagt uns das Geschilderte? Wenn wir unseren Körper gesund und leistungsfähig halten wollen, müssen wir auf lebendige und heilende Wässer zurückgreifen;

- die mineralarm sind,
- die nicht mit Ozon haltbar gemacht wurden,
- denen nicht der natürliche Sauerstoff entzogen wurde, damit die künstlich zugesetzte Kohlensäure feiner prickelt,
- die aufgrund des niederenergetischen Bioinformationsgehaltes nicht nur stabilisierend auf die Homöostase (Aufrechterhaltung des biologischen Regulationsmechanismus im Organismus), sondern darüber hinaus auch unterstützend auf die Immunfunktion einwirken

Wer seinen Arbeitsplatz an einem Computer hat, oft mit dem Handy telefoniert, Elektrosmog ausgesetzt ist, wer sich also häufig müde und abgeschlagen fühlt, verspannt ist, an Immunschwäche, Allergien, Schlafstörungen, Konzentrationsschwäche und anderen „modernen" Zuständen leidet, dem ist ein gutes, lebendiges, kohlensäurefreies, reifes Heilwasser anzuraten.

Im Gegensatz zu den anorganischen Mineralien stehen die so genannten organischen Mineralien. Organisch deshalb, weil sie vom pflanzlichen Organismus aufgenommen wurden und in deren Organsysteme eingebaut worden sind. Durch Pflanzen aufbereitete Mineralien können vom menschlichen Organismus verwertet werden. Das ist auch der Grund dafür, dass wir unseren Bedarf an Mineralien über den Verzehr von pflanzlicher Nahrung decken sollen. Tun wir dies nicht und nehmen statt dessen zuviel anorganische Mineralien, auch durch übermäßigen Mineralwasserkonsum zu uns, kann dies zu folgendem Problem führen.

Beispiel: Ein Bekannter von mir hatte über Jahre hinweg ständige Rückenschmerzen. Diese wurden unerträglich, sodass ihm von ärztlicher Seite eine Rückgratversteifung angeraten wurde. Kurze Zeit vor dem Operationstermin kam er „zufällig" an eine Heilquelle. Er trank von dem Wasser. Kurze Zeit darauf „rührte" sich etwas in seinem Rücken. Dieses „Rühren" mündete in einem angenehmeren Gefühl. Der Bekannte trank immer mehr von dem Wasser über viele Tage hinweg. Irgendwann ließen die Schmerzen nach, er vergaß seinen Krankenhaustermin, der Rücken wurde immer besser, schmerzfreier. Heute kann er wieder genauso gut gehen wie jeder andere. Weil ihm das Wasser so gut bekam und er wohl etwas Geld hatte, kaufte er kurzentschlossen die Quelle. Was war geschehen? Das Wasser dieser Quelle ist ein so genanntes reifes Wasser, d.h., es kommt von allein aus der Erde (artesischer Brunnen). Dieses in der Regel sehr alte, reine, keimfreie Wasser muss nicht wie viele andere Wässer mit Ozon haltbar gemacht werden und ist aus diesem Grund ein so genanntes lebendes Wasser, ein Leben spendendes Wasser. Mineralarme Heilwässer haben die Fähigkeit, krankhafte Mineralablagerungen - verursacht durch zu hohen anorganischen Mineralienverzehr - und Giftdepots aus dem Körper auszuschleusen. Genau dies geschah bei meinem Bekannten. Er hatte in der Vergangenheit der „Gesundheit wegen" reichlich Mineralwässer getrunken, obwohl er eine schwache Niere hatte. Kürzlich besuchten meine Frau und ich die Quelle. Während der Unterhaltung tranken wir einige Gläser der „Vollmondabfüllung". Plötzlich fing mein Zeigefinger, den ich mir vor 41 Jahren ziemlich stark verletzt hatte, zu kribbeln und zu jucken an. Wie kam das? Der Finger wurde damals genäht, und es entstand eine Narbe, die zum Störfeld wurde. Die auflösende Kraft des Heilwassers beseitigte die Blockade.

Zur Reinigung des Leitungswassers gibt es unterschiedliche Filtersysteme. Informationen darüber finden Sie im Fachhandel. Alle Filtersysteme filtern ausschließlich die grobstofflichen Teile aus dem Wasser. Aber wie wir wissen, geht es in erster Linie um die Schwingungen, die Frequenzen. Das bedeutet, dass ein, einmal mit Chemikalien u.a. verseuchtes Wasser auch nach dem Filtervorgang deren Information weiterhin in sich trägt. Neuerdings befinden sich Filtersysteme auf dem Markt, die dem Wasser eine körperharmonisierende Schwingung vermitteln sollen. Nach dem Filtervorgang, so heißt es, werden positive Frequenzen mit Hilfe eines natürlichen Kokosfasergewebes aufgebaut. Ich habe mit diesem Gerät noch keine Erfahrungen sammeln können, aber die Sache klingt nicht uninteressant, denn viele Menschen, die von diesem Wasser tranken, waren von dessen guter Qualität überzeugt.

Auf umseitiger Grafik wird sichtbar, dass man in den USA bereits vor über 100 Jahren um die Wertigkeit guten Wassers wusste.
Die Klassifizierung unseres Trinkwassers erfolgt ausschließlich nach grobstofflichen Kriterien. Die Aussage der Wasserämter sagt also nichts über die wirkliche Qualität im Hinblick auf die Gesunderhaltung unseres Körpers aus. Die Frage, ob Wasser Information speichern kann ist ebenso positiv beantwortet, wie die Frage der Einflussnahme der Gedanken auf dessen kristalline Form. Somit steht fest, wir können mental auf die Qualität des Wassers

einwirken. In der Praxis kann dies folgendermaßen genutzt werden: Wasser, das einem Brunnen oder direkt der Quelle entnommen wird oder dem Druck der Wasserleitung ausgesetzt war, zusätzlich noch mit Chlor und Fluor belastet ist, kann von uns teilweise wieder harmonisiert werden.

1) Auf physikalische Weise; Sie benötigen eine Glaskaraffe, in diese geben Sie etwas Bergkristallbruch und füllen mit Leitungswasser auf. Das Wasser ist spürbar besser.

Foto: Roland Arnet

Wasser ohne Bergkristall

Foto: Roland Arnet

Wasser mit Bergkristall

Obige Abbildungen zeigen die physikalische Wirkung von Bergkristall. Links sehen wir wie der Kalk ausfällt, wenn Wasser erhitzt wird. Rechts das gleiche Wasser mit Bergkristallzusatz.

2) Auf mentale Weise; Sie benötigen zwei Glasgefäße. Einen Krug füllen Sie voll Wasser. Dann gießen Sie das Wasser mehrmals von dem Einen in den Anderen. Je höher sie den Krug mit dem Wasser halten, desto tiefer muss das Wasser fließen. Je tiefer es fällt, desto mehr kosmische Energie und Sauerstoff nimmt es auf. Nun stellen Sie das Gefäß mit dem Wasser für etwa ein bis zwei Stunden in die Sonne. Gleiches gilt auch für trübe Tage - das Licht und die kosmische Strahlung sind wichtig.

Wie Sie in dem Buch „Ernährungsgeheimnisse" nachlesen können, sind die Farbschwingungen von äußerster Wichtigkeit für unser Wohlbefinden und unsere Gesundheit. Wir berücksichtigen dieses Wissen beim Harmonisieren unseres Wassers und nehmen deshalb violettfarbene Glasgefäße. Die violette Farbe hat die höchste Farbschwingung, sie wird über das Wasser unserem Körper vermittelt. Das so behandelte Wasser geben Sie in hellgelbe Tassen. Hellgelb steht für Heiterkeit und Gelassenheit. Beides benötigen wir in der heutigen Zeit. Nun nehmen Sie die Tasse mit dem Wasser in beide Hände und bitten um den Segen: **„Allerhöchster, segne mir dieses Getränk, damit es mich reinigt, heilt und schützt".**
Die Worte ruhig, locker und konzentriert dreimal hintereinander sprechen oder denken. Dieses „Elixier" in kleinen Schlucken getrunken, wird Ihnen Lebenskraft vermitteln. Ich bin der festen Überzeugung, dass sich in diesem Wasser ein wunderschöner Kristall herausgebildet hat. Vielleicht wird es einmal möglich sein, so etwas zu fotografieren. Nach ungefähr ein bis zwei Stunden sind die Informationen wieder dem Wasser entwichen, deshalb das Wasser innerhalb dieses Zeitraums trinken!
Wer im Einklang mit der Natur lebt, geht generell mit dem Rohstoff Wasser sparsam um. Er vermeidet die Verunreinigung des Wassers durch Chemie, wird ausschließlich rein biologische Körperreinigungs-, Wasch-, Pflege- und Putzmittel verwenden. Klares Wasser ist ohne Zusätze das gesündeste Pflege- und Reinigungs-

mittel für unsere Haut. Als Lösemittel hat es eine große Reinigungskraft. Dies wurde mir bewusst, als ich mit einem Tuch in Berührung kam, das ganz ohne Chemikalien Verunreinigungen von allen abwaschbaren Flächen nimmt. Wie ist dies möglich? Das Tuch ist aus zwei unterschiedlichen Zellulosefaserarten (Holz) hergestellt. Die eine Faser ist so ausgerichtet, dass sie das Wasser entspannt (sogar noch stärker als herkömmliche Putzmittel). Die andere Faserart ist so konstruiert, dass sie den Schmutz aufnimmt und diesen beim Eintauchen in Wasser abgibt, ohne ihn wieder ins Gewebe aufzunehmen. Selbst Haare lassen sich leicht aus dem Tuch herausspülen und verunreinigen es nicht mehr. Interessanterweise: Je natürlicher die Schmutzart ist, desto schwieriger die Reinigung (künstliche Farbe ist leichter zu entfernen als natürliche). Das dahinter stehende Prinzip: Natur ist auf Überleben ausgerichtet, Natur greift Natur nicht an!

Meerwasser nach dem Baden nicht mit Süßwasser abspülen, denn es strafft, pflegt und verjüngt unsere Haut. Denken Sie in diesem Zusammenhang an die Heilwirkungen der Thalasso-Therapie.

Die intensive Erforschung der wichtigsten und kostbarsten Ressource, des Wassers, hat erst begonnen. Im Laufe der nächsten Jahrzehnte werden immer mehr Geheimnisse des Wassers offenbar werden, die uns mit aller Wahrscheinlichkeit eine vollkommen neue und ungewohnte Sicht des Lebens eröffnen.

Das hier wiedergegebene Wissen über die Wunder des Wassers, das neben Licht und Luft das wichtigste Überlebensmittel sowie der Hauptinformationsträger und Übermittler und darüber hinaus ein unübertroffenes Reinigungs- und Lösungsmittel ist, ruft in jedem, der sich mit dem Thema Wasser beschäftigt, die Ehrfurcht vor der Größe der Schöpfung hervor.

Salz - Urstoff des materiellen Lebens
Das Mineral für mehr Schönheit und Jugendlichkeit

Ein Blick in die Historie: Anfangs war die Erde von großen Urmeeren bedeckt. Das Wasser ist schon damals eine Mischung aus Salz, Wasser sowie den verschiedensten Mineralien und Spurenelementen gewesen. Aus dieser „Ursole" entstand das materielle, stoffliche, biologische Leben.

Es gilt als wahrscheinlich, dass sich über einen Zeitraum von Millionen von Jahren die kosmische Energie als Informationsträger des Lebens an den Stoff gebunden hat und sich dadurch die molekularen Verbindungen entwickelten, die wir mit Aminosäuren bezeichnen. Bis zum heutigen Tag schwimmen die materiellen Substanzen jeder einzelnen Zelle (Zellkern, Chromosomenspirale usw.) in einer wässrigen Lösung, die dem „salzigen" Milieu des

Urmeeres entspricht. Im Laufe großer Zeiträume entstanden Erdwälle, Riffe und dergleichen. Einzelne Wasserflächen wurden großräumig vom Meer abgetrennt. Das Wasser in diesen Lagunen wurde von der Sonne stärker aufgeheizt als im übrigen Meer - es verdampfte. Neues wurde bei Wind und Sturm über den Lagunenrand gespült. Allmählich bildeten sich Salzschichten, die immer mehr anwuchsen.

Da unsere Erde den Nord- und Südpol nicht immer am gleichen Ort hatte, deutet viel auf die Richtigkeit der Theorie hin, dass es etliche Polsprünge in der Geschichte gegeben hat. Als Beweismittel gelten unterschiedliche Magnetfeldausrichtungen bei Erzen. Nach wissenschaftlichen Berechnungen entsprechen die Abstände zwischen den einzelnen Polsprüngen rund 870 000 Jahre. Im Zuge dieser Erdverwerfungen kam ein ungeheurer Druck auf die Salzablagerungen. Es bildeten sich die Salzlager mit ihren teilweise über 2000 Meter tiefen Salzdomen.

Anorganische Teile in den Ablagerungen (Sedimente) verliehen dem Salz unterschiedliche Färbungen:

- Reines, natürliches Natriumchlorid erscheint aufgrund der Lichtbrechung weiß und ist durchsichtig. Die kubischen Natriumchloridkristalle werden auch Salzstufen genannt und sind relativ selten. Ihre kosmische Schwingung gleicht annähernd der des Bergkristalls.
- Hämatit, ein Eisenoxyd, verleiht dem Salz die schöne braun-orange-rote Färbung, die unseren zumeist aus Ostblockländern, wie Polen, Rumänien und dem Ural stammenden Salzlampen die heilenden Farbimpulse verleiht.
- Geringe Anteile von Eisenoxyd lassen das Salz gelborange erscheinen.
- Gips (Calciumsulfat) gibt dem Salz eine schwarze Färbung.
- Im Ionengitter gekapselte freie Metallatome bringen ein Salz mit blauer Färbung hervor. Dieses Steinsalz ist für den menschlichen Verzehr nur bedingt tauglich.

So stelle ich mir die Verbreitung von Leben auf unserem Planeten vor: Immer mehr Lebewesen richteten sich ihr Leben auf dem Land ein, blieben aber von den Urmeersubstanzen abhängig - das gilt bis zum heutigen Tag, auch für uns Menschen. So wissen wir, dass beispielsweise Embryonen in einer dem Urmeer ähnlichen, 37°C warmen Flüssigkeit (neutrales Fruchtwasser mit einem pH-Wert von 7 sowie einer 0,99 % - Lösung aus NaCl + Zucker + subtilen Informationspartikeln) heranwachsen. Übrigens weist auch unsere extrazelluläre Flüssigkeit die gleiche Zusammensetzung auf.

Salz ist der energetische Stabilisator in unseren Körperzellen. Zusammen mit Sauerstoff und Wasser ist es im zellulären Organismus jener Bestandteil, der die Bioelektrizität halten und leiten kann. Das bedeutet, dass wir kosmische Elektrizität (Urenergie) benötigen, um physisch auf der Erde leben zu können. Anders ausgedrückt: **„In der stofflich bewegten Form bewirkt die göttliche Urenergie/Lebenskraft die unmittelbar in Erscheinung tretenden Manifestationen."**

Das Salz im Körper, in allen unseren Zellen, ist der stoffliche Teil, mit dem die kosmische Lebenskraft die Materie lebendig erhält. Oder einfacher ausgedrückt: **Salz macht Materie lebendig - es ist der bioenergetische Lebensfaktor.** Alle menschlichen Kulturen entwickelten sich in der unmittelbaren Nähe von Salzvorkommen. Der Besitz von Salz machte Städte und Völker reich. Viele Kriege wurden wegen des Salzes geführt. Nachdem sich die Menschen auch in Gegenden ansiedelten, in denen kein Salz vorkam, entstanden die ersten Handelswege - uns bekannt als Salzstraßen. In allen Kulturen hatte Salz einen sehr hohen Stellenwert. Wasserquellen und Salzlager waren fast immer heilige Plätze und den Göttern geweiht. Sie waren das Symbol für Leben. Bei religiösen Riten wurde Salz auch als Opfergabe benutzt. In den meisten Religionen sagte man dem Salz heilige Eigenschaften nach. In der Bibel lesen wir im 3. Buch Moses 2-13: „Alle deine Speiseopfer sollst du salzen, und dein Speiseopfer soll niemals ohne Salz des Bundes deines Gottes sein, denn bei allen deinen Opfern sollst du Salz darbringen." Bei manchen Völkern haben sich bis heute rituelle Bräuche gehalten. So reicht man in Russland, Polen und anderen Ländern des slawischen Kulturbereiches Brautleuten ein Stück Brot mit Salz. Dasselbe tat man in Russland mit Gästen, denen man als Willkommensgruß ein Stück Brot mit Salz reichte. In Polen werden die Räume für das Brautpaar mit Salz ausgestreut - dies ist ein Symbol für Reinigung und bedeutet: Das Alte geht, das Neue kommt.

Bei den Hebräern gab es den so genannten Salzbund, gute Freundschaften wurden durch gemeinsames Salzessen besiegelt. Salzlos gebackenes Brot, mit geschnittenen Zwiebeln belegt und mit einer Prise Natursalz bestreut, galt lange Zeit in vielen Regionen als Synonym für Gesundheit und Leben. Im alten China wurden vor dem Bezug eines Hauses alle Räume mit natürlichem Meersalz ausgestreut. Dieses wurde nach einigen Tagen ausgekehrt. Der Sinn dieses Brauches: Man war der Überzeugung, dass sich das Salz mit schlechtem Chi (unerwünschte Energien) vollgesogen hatte. Übrigens lebt dieser Brauch bis heute im Feng Shui weiter. Salz - davon war man vielerorts überzeugt - wehrt die bösen Geister ab, deshalb galt das Verschütten von Salz als Omen für Unglück.

Vor über 6000 Jahren siedelten in unserem Raum die Kelten. Überlieferungen zur Folge wussten die Druiden und Auguren anscheinend einiges mehr über die bioenergetischen Schwingungen - dem Leben - als wir in der heutigen „modernen, wissenschaftlich dominierten" Zeit. Die Kelten konnten die Strahlung und vor allem die Drehrichtung des Salzes erspüren.

Rechts drehendes Salz galt bei ihnen als Leben spendende, göttliche Kraft. **Links drehendes** Salz, das sich mit negativen Energien vollgesogen hatte, wurde abseits der Wohnstätte, der Natur zur Reinigung übergeben. Der keltische Name für Salz - Hall -

bedeutet so viel wie Klang, Ton, Schwingung, aber auch Heilung, Ganzsein. Erst vor kurzem stellten Forscher fest, dass wir Menschen ebenso wie alle anderen Wesen tatsächlich klingen, tönen, dass jeder von uns seine persönlich „Melodie" verkörpert. Bad Reichenhall (reich an Hall = reich an Salz), Hallein, Hallstadt, Halle, Hall in Tirol, Bad Friedrichshall und viele Orte mehr zeugen von den Salzvorkommen in unserer Gegend. Bei den genannten Orten handelt es sich ausschließlich um Stätten, in denen Salz in Bergwerken abgebaut wurde/wird. Selbstverständlich gibt es in Meeresnähe auch Salzgewinnungsstätten (die so genannten Salzgärten), die sich auf Meersalzgewinnung spezialisiert haben. Das Meersalz ist in seinem Wert dem Steinsalz in keiner Weise nachstehend.

Die Salzgewinnung um Berchtesgaden und Bad Reichenhall geschah seit altersher mittels Wasser. Gelöst als Sole, wurde das Salz aus dem Berg gepumpt und direkt vor Ort in Sudpfannen über Holzfeuer erhitzt, um das Wasser zu verdampfen. Nachdem alle Wälder abgeholzt waren, wurden die Siedeanlagen nach Traunstein und - als das Holz auch hier zur Neige ging - bis nach Rosenheim verlagert. Das Salz wurde von dort über Land- und Wasserwege (Inn, Donau) in Europa vertrieben. Der Salzhandel war so lukrativ, dass 1634 die erste Pipeline der Welt von Berchtesgaden bis Traunstein, später bis Rosenheim gelegt wurde. Ähnlich wie in dieser Region entstanden vielerorts wohlhabende Gemeinden und Städte, die vom Salzabbau und Salzhandel lebten.

Den hohen Wert des Salzes erkennen wir noch heute am englischen Begriff salary (deutsch Salär): Dieses Wort stammt von dem lateinischen salarium, das auf die Salzration hinweist, die an die Soldaten des römischen Heeres als Sold (Entlohnung) ausgegeben wurde. Große Verehrung brachten die Römer ihrem Salinum entgegen. Dies waren kleine, mit Salz gefüllte Gefäße aus Silber, die von einer Generation auf die nächste vererbt wurden. Salz im Verbund mit all seinen natürlichen Bestandteilen war bis vor etwas mehr als 120 Jahren ein unverfälschtes Lebensmittel. Dies änderte sich schlagartig mit der Entwicklung der Kunststoffe. Hierzu benötigt die chemische Industrie reines Natrium-Chlorid. 95 bis 97 % der gesamten Weltproduktion des Natrium-Chlorids gingen noch bis vor wenigen Jahren in die chemische Industrie.

Diese verarbeitet folgende Gewerbesalze:
- Soda (Na$_2$ CO$_3$) für die Glas- und Seifenproduktion
- Natriumverbindungen zum Herstellen von Zellstoff und in der Metallurgie.
- Ätznatron (NaOH) zur Herstellung von Teerfarbstoffen und Seife sowie in der Textil- Zellwoll- und Ölindustrie.
- Natriumsulfat (Na$_2$SO$_4$) für die pharmazeutische Industrie.
- Chlor (Cl$_2$) zur Herstellung von Chlorverbindungen, Kunststoffen, PVC-Fasern.
- Salzsäure (HCl) als Ausgangsstoff zur Herstellung von Natriumoperoxid als Katalysator in der organischen Chemie.

Nur 3 bis 5 % der Salzförderung werden als Kochsalz für die menschliche Ernährung benötigt. Diese Menge ist so gering, dass eine eigene Produktionslinie für naturbelassenes Salz nicht rentabel genug erschien. Kurzerhand erklärte man das zum reinen Natrium-Chlorid raffinierte Salz zum Speise- bzw. Kochsalz. Durch Raffinieren gewonnenes Natriumchlorid (99,95 bis 99,99 %) wird „aufgewertet", indem man in unterschiedlichen Kompositionen folgende Stoffe wieder hinzufügt: Kalciumcarbonat, Magnesiumcarbonat, Natriumfluorid, Kaliumjodid, Talkum (E 553 b), Natriumferrocyanid (E 535), Kaliumferrocyanid (E 536), Dicalciumphospat (E 540), Natriumsilikat (E 550), Kalziumsilikat (E 552), Stearinsäure (E 570), Magnesiumstearat (E 572), Aluminiumhydroxyd, Kaliumsilikat. Die bis heute vorherrschende Meinung, die Natur verbessern zu müssen, war Anlass dafür, dem chemisch „gereinigten" Salz die entnommenen Bestandteile in unterschiedlichster Form willkürlich zur „Aufwertung" wieder hinzuzufügen. Salzkristalle, durch Aluminiumhydroxyd abgekapselt, verlieren ihre Eigenschaft, Feuchtigkeit zu binden und kommen als rieselfähiges Salz - geeignet für den Einsatz in Salzstreuern - in den Handel.

Achtung: **Aluminium steht im Verdacht, die Alzheimer-Krankheit mit zu verursachen. Also auch Vorsicht mit Aluminiumtöpfen und -pfannen.**

Weitere belastende Salzzusätze: Es wird behauptet, die Eiszeit sei mit Schuld daran, dass z. B. der süddeutsche Raum ein Jodmangelgebiet sei. Grund genug, Natrium-Chlorid zusätzlich mit künstlich hergestelltem Jod zu vermischen, um angeblich der Kropfbildung vorzubeugen. **Beim Verzehr von naturbelassenem Salz ist eine ausreichende Jodversorgung gegeben!** In diesem Zusammenhang möchte ich auf zwei Bücher hinweisen, die dieses Thema ausführlich behandeln: **„Der Jodsalz-Skandal"** von Dr. med. Bruker. Auszug: *„Nach der letzten Eiszeit, also seit etwa 10 000 Jahren, gibt es keinen Hinweis darauf, dass die Menschen, die in diesen ehemaligen Vereisungsgebieten lebten und leben, überwiegend schilddrüsenkrank waren bzw. einen Kropf hatten. Allein diese Tatsache zeigt eindeutig, dass an der Theorie des Jodmangels in den Böden durch eiszeitliche Vorgänge etwas nicht stimmt, bzw. dass ein solcher Mangel stark in Zweifel gezogen werden muss."*
„Jod-Krank - der Jahrhundert-Irrtum" von Dagmar Braunschweig-Pauli, ISBN Nr. 3926253-58-4. Auszug: *„Ein Teil des der Nahrung zugefügten Jods stammt aus Recyclingprodukten. Die Troisdorfer Firma Metall Chemie Goerring (MCG) gewinnt in einem lukrativen Verfahren aus jodhaltigen, teilweise hochgiftigen Industrieabfällen (die unter anderem aus China, Norwegen und Japan importiert werden) das Jod zurück und stellt damit Jodsalz her".* Dazu MCG: -*„Bisher wurden die Abfälle aus diesen*

Industriezweigen verbrannt - der wertvolle Stoff war verloren".
Im Klartext: **Ein Teil des Jods, das wir zu uns nehmen, stammt somit aus Katalysatoren der chemischen Industrie, Röntgen-kontrast- und Desinfektionsmitteln, sowie vielen anderen In-dustrieabfällen.** Selbstverständlich benötigt der menschliche Körper Jod. Alle Wesen, die ihrer Herkunft nach eng mit dem Meer verbunden sind, benötigen Jod natürlichen Ursprungs. Die-sen für ein gesundes Leben in der Materie unverzichtbaren Stoff bekommen wir für unseren Körper in unschädlicher, naturbelasse-ner Form aus dem unbehandelten, naturbelassenen Salz, aus Mee-resfischen sowie aus dem „Gemüse des Meeres", den Algen. Nicht aber künstlich aus alten Katalysatoren, Chemierückständen und anderem Giftmüll!

Wo liegt der Unterschied zwischen naturbelassenem Salz und raffiniertem Natrium-Chlorid?

Aus den Salzbergwerken und dem Meer gewonnenes Natursalz besteht je nach Vorkommen zwischen 95 und 97,5 % aus Natri-um-Chlorid. Demnach ist Salz vordergründig - materiell betrach-tet -Natrium-Chlorid mit 2,5 bis 5 % „natürlichen Verunreinigun-gen". Obwohl dieses Natrium-Chlorid chemisch betrachtet dem Natursalz ganz nahe steht, kann es nicht als Lebensmittel gelten. Für den Körper ist es ein künstlicher Stoff, mit dem er in der Fol-ge seine Probleme hat. Wie zu lesen ist, sollen bis zu 2000 Be-handlungen - teils physikalischer, teils chemischer Art - bei einem Raffinierungsprozess erforderlich sein, um das Natursalz von den „Verunreinigungen" zu befreien, bevor es dann als Koch- oder Speisesalz in unsere Küchen gelangt. Gerade diese anscheinend so überflüssigen „Verunreinigungen" sind es, die dem Natrium-Chlorid erst ermöglichen, seine Aufgaben als Lebensvermittler, als Lebensmittel, besser gesagt als Zündstoff und Wasserhaus-haltsregulator zu erfüllen. Durch den Raffinierungsprozess verliert Salz seine rechtsdrehende Radialkraft. Ultrafeine Energieimpulse (erzeugt durch die gegensätzlichen Pole Plus und Minus) fließen linear oder zirkular von einem Pol zum anderen, expandieren und ziehen sich wieder zusammen. Die zirkular fließende Energie bewirkt die rechts- oder linksdrehende Radialkraft. Radialkräfte wirken in unserem gesamten kosmischen System. Bioenergetische Signale basieren auf zirkular-energetischen Radialkräften. Das bedeutet: **Nur zirkulare Bioschwingungen können „Bioenergetische Informationen" befördern.**

Drehrichtungen und ihre Bedeutung in der Mystik:

- Links = weiblich, negativ, dunkel, Mond, Nacht, Wasser
- Rechts = männlich, positiv, Licht, Sonne, Wärme, Tag, Feuer

Diese Gliederung hat nichts mit Bewertung zu tun, sondern stellt lediglich die polaren Kräfte dar, die zur Spannung - zum Leben - notwendig sind. Aufgrund der Tatsache, dass wir für unser Leben in der Regel mehr rechts drehende Kräfte benötigen - verbrauchen - müssen wir diese auch wieder ersetzen. Dies geschieht in erster Linie über unsere Nahrung und in zweiter Linie über unser Denken und Fühlen.

Oft wird die Drehrichtung (Radialkraft) mit der Ionisierung verwechselt. Bei der Ionisierung verbinden sich mikroskopisch kleine Noxen und Staubpartikel (vorwiegend verursacht durch Industrie- und Autoabgase, Reifenabrieb usw.), mit in der Luft befindlichen Gasmolekülen. Hierdurch entstehen immer mehr positiv geladene Ionen und stören das elektrische Gleichgewicht der Atmosphäre. Eine Harmonisierung erreichen wir mit verstärktem Einsatz von negativ geladenen Ionen, beispielsweise aus Salzlampen. Die Informationen der ursprünglichen Begleitstoffe des Salzes sind nach der Raffinierung in subtiler Form immer noch vorhanden. Durch diesen Eingriff wurde nicht nur die Radialkraft falsch gepolt, sondern auch die Struktur des Salzes verändert. Zusätzlich wurden noch „salzfremde" Stoffe hinzugefügt. Aufgrund all dieser Manipulationen kann das körpereigene Warnsystem dieses Kunstprodukt „Kochsalz" nicht mehr als Lebensmittel erkennen. Irritationen sind die Folge, die über einen längeren Zeitraum zu all den Krankheiten führen, die von medizinischer Seite schon lange dem „Salz" zugeschrieben wurden (auf die einzelnen Krankheiten gehen wir später noch ein). Die genaue Anzahl der chemischen Elemente im Natursalz scheint noch nicht ganz gesichert zu sein. Nach Peter Ferreira soll natürliches Salz aus 84 Elementen bestehen. Das heißt: 82 zuzüglich Na + Cl. Andere sprechen von 79 + 2 = 81, aber auch von 81 stabilen und 2 + 7 = 9 radioaktiven chemischen Elementen.

Wie auch immer - für uns spielt die theoretische Anzahl der Elemente keine Rolle. Es genügt, dass die natürlichen Antagonisten (Gegenspieler) wie Kalium, Magnesium und Kalzium sowie eine Reihe von Spurenelementen, z.B. Jod im Salz vorhanden sind und somit das Natrium-Chlorid in unserem Körper so steuern, dass die Gesundheit erhalten bleibt. Natursalz ist demnach ein Lebensmittel, das gesteuert durch seine Elemente im materiellen Körper lebenswichtige Aufgaben erfüllt. Natrium-Chlorid in Form von Speisesalz ist dagegen ein künstlicher Stoff für unseren Körper, der für sich allein gesehen als Zellgift zu betrachten ist. Allein 20 bis 35 Gramm Natrium-Chlorid intravenös injiziert sind absolut tödlich. Der Verzehr von 5 bis 10 Gramm Kochsalz je Kilogramm Körpergewicht soll ebenfalls tödliche Wirkung zeigen.

Welche Aufgaben hat das Salz? Ohne Wasser kann Salz seine Funktionen in unserem Körper nicht entfalten. Um die vielfältigsten Einflussnahmen des Salzes auf die Mechanismen des materiellen Lebens, die sich in unseren körpereigenen Systemen in unvorstellbar rasanter Geschwindigkeit abspielen, erklären zu können, werden wir zwangsläufig immer wieder auf die Existenz des Wassers zurückkommen. Sollen verschiedene Elemente in uns wirksam werden, dürfen diese nicht in einem Block gebunden sein, sondern müssen aus ihrem Verbund gelöst sein. Das bedeutet aber nicht, dass wir die Elemente schon vor dem Verzehr willkürlich voneinander trennen dürfen (wie es z. B. durch das Raffinieren geschieht).

Die Natur hat es so weise eingerichtet, dass immer die richtigen Spieler und Gegenspieler in ausgewogenem Verhältnis zueinander in einem Konglomerat vereint sind. Dadurch ist gewährleistet, dass die Funktionen der einzelnen Wirkstoffe immer optimal ablaufen. Im Fall von Salz sind Natrium und Chlorid die Hauptwirkstoffe oder - anders ausgedrückt - die Hauptspieler, der biologische Faktor. An diesen Hauptspielern sind die für einen richtigen Ablauf notwendigen Gegenspieler, in der Fachsprache als Antagonisten bezeichnet, angedockt. Bei diesen Antagonisten handelt es sich um die 79 bzw. 82 Elemente, von denen die beiden Elemente Natrium und Chlorid in unserem Körper so gesteuert werden, dass sie unseren Körpersystemen nutzen. Der quantitativ geringe Anteil der „angedockten" Elemente wurde biochemisch nie richtig wahrgenommen. Zu welchen Konsequenzen diese Vernachlässigung letztendlich führte, werden wir später aufgreifen.

Um Natrium von Chlorid auf physikalischem Weg zu trennen, benötigen wir eine Temperatur von 804°C (Encarta 99). Umso erstaunlicher ist, dass Wasser die natürlichen Gitterkräfte von Salz überwinden kann. Bei diesem Vorgang, den wir als Hydration bezeichnen, werden ohne zusätzlichen Energieaufwand die im Salz gespeicherten Biophotonen in der Natursole freigesetzt. Es handelt sich um freie Hydrationsenergie, welche durch Temperaturabsenkung beim Lösungsvorgang nachgewiesen werden kann (Zitat: Biophysikalisches Institut, Teisendorf).

Osmose: Allgemeine Bezeichnung für den Transport von Materie zwischen zwei Phasen, die durch eine dritte getrennt sind. In unserem Fall sind die ersten zwei Phasen verschieden stark gesättigte Salz- Wasserlösungen, die durch die dritte Phase, die halbdurchlässige Zellmembran, getrennt sind. Das durch die „Wunderwirkung" des Wassers ohne ersichtlichen Energieaufwand vom Chlorid getrennte Natrium kann sich nun mit seinem Gegenspieler Kalium sowie dem Wasserstoff zwischen dem Intrazellulär- und Extrazellulär Raum austauschen. Diesen Vorgang nennen wir Osmose.

Wir müssen uns das vereinfacht folgendermaßen vorstellen: In unserem Körper befinden sich zwei „Ozeane". Einer befindet sich in den Zellen, und das Wasser, das wir trinken, geht in diesen „inneren Ozean". Ferner gibt es einen Ozean im extrazellulären Raum um die Zellen herum. Das Salz, das wir zu uns nehmen, hält das Volumen dieses „äußeren Ozeans" aufrecht. Demzufolge ist Salz lebensnotwendig, um die Wasseraufnahme des Körpers zu regulieren und um die beiden „Ozeane" im Gleichgewicht zu halten. Unzählige lebenswichtige körperliche Funktionen beruhen auf dem zwischen den beiden „Flüssigkeitsräumen" befindlichen Wasser- und Elektrolytgefälle.

Bisher wurde gerade dieser Flüssigkeit, die sich im Intrazellularraum befindet und Zellwasser genannt wird, kaum Beachtung geschenkt. Dabei ist gerade das Zellwasser ein essentieller (lebenswichtiger, vom Körper nicht selbst herzustellender) Träger des Lebens. Es ermöglicht in Verbindung mit dem Salz die chemischen Prozesse, in denen die Fortpflanzung des Lebens durch die Zellproduktion stattfinden kann, mit denen beim Stoffwechsel Bausteine des Körpers - wie die Eiweiße - zerlegt und wieder aufgebaut werden. Diese Reorganisation geschieht in einer atomaren Geschwindigkeit. Pro Sekunde werden von den etwa 70 bis 100 Billionen Körperzellen, aus denen unser Körper besteht, 10 Millionen Zellen ab- und wieder neu aufgebaut. Es ermöglicht die physikalischen Prozesse, mit denen die Betriebsstoffe des Körpers - die Enzyme - ihre zahlreichen Funktionen erfüllen. Diese beinhalten den Wasser- und Elektrolythaushalt bis hin zur Temperaturregelung. Salz ist der eigentliche Motor, der das Leben über den Stoffaustausch, der bei der Osmose über die Elektrolyte passiert, aufrecht erhält. Nur Wassermoleküle können die Zellmembran durchwandern - deshalb bestimmen die Elektrolytkonzentrationen

- die für die Zellfunktionen lebensnotwendige Wasserverteilung. Das bedeutet: Kalium- und Magnesiumüberschüsse binden das Wasser in den Zellen, Natriumchloridüberschüsse im Extrazellularraum binden es (das Wasser) dort. Natrium ist das wichtigste Elektrolyt im Wasserhaushalt. Durch die hohe Wasserbindungsfähigkeit von Natrium und Chlorid bestimmen deren Ionen-Konzentrationen das Volumen der extrazellulären Flüssigkeit. Der gesamte Zellhaushalt wird vom Ionentransportsystem aufrecht erhalten, zu denen wiederum Membranproteine gehören. Eines der wichtigsten Transportsysteme ist die Natrium-Wasserstoff-Pumpe, die den Säuregehalt innerhalb der Zelle reguliert (daran erkennen wir die Wichtigkeit des Salzes für den Säure-Basen-Haushalt unseres Körpers). Die Kalium-Natrium-Pumpe erzeugt hydroelektrische Energie und funktioniert wie der Dynamo eines Wasserkraftwerks, wobei im Fall des Zellstoffwechsels die Osmose die Antriebskraft ist.

Hindurch fließendes Wasser lässt die Pumpen rotieren, und so wird Energie erzeugt. Dadurch, dass ständig Natriumionen aus der Zelle hinaus und Kaliumionen in die Zelle hinein gepumpt werden, entsteht ein Konzentrationsgefälle. In den Nervenzellen dient dieser Vorgang der Reizleitung. In den Körperzellen synthetisiert dieses Transportsystem gleichzeitig Energie, die in einem lebenden Zellbatteriesystem gespeichert wird.

Leben hat sich allem Anschein nach aus dem Meer heraus entwickelt - davon zeugt der zellspezifische Salzgehalt der Flüssigkeit des Extrazellularraumes, der dem Salzgehalt des Meerwassers verblüffend ähnlich ist. Weil dem so ist, kann in der Notfallmedizin anstelle einer Bluttransfusion auch eine 0,9-prozentige Kochsalzlösung eingesetzt werden. Trotzdem ist das Trinken von Meerwasser für unsere Körper nicht bekömmlich, weil es den Elektrolythaushalt durcheinander bringt. Die vielen Mineralien des Salzwassers ziehen das Wasser aus den Zellen. Wenn der osmotische Druck zwischen den Zellen nicht ausgewogen ist, kann der Mensch trotz Wasserzufuhr verdursten. Genau das passiert, wenn Schiffsbrüchige in ihrer Verzweiflung Salzwasser zu sich nehmen. Fallbeispiel Diabetes mellitus:

Der Mediziner Batmanghelidj schreibt über den „Alters-Zucker" (Diabetes mellitus): *„Salz ist lebenswichtig, um die osmotischen Verhältnisse im Blut aufrecht zu halten. Wenn die Salzkonzentration sinkt, und Salz im Blut fehlt, steigt der Blutzuckergehalt, um das fehlende Salz zu kompensieren. Demzufolge ist Diabetes mellitus eine Komplikation, die bei Wasser- und Salzmangel im Körper auftritt".*

Denkprozesse: Als wichtigste materielle Substanz beeinflusst das Salz natürlich auch unsere Denkabläufe. Einerseits wird der pH-Wert der Gehirnzellen durch die Salzkonzentration reguliert - daher hat die Gehirn-Rückenmark-Flüssigkeit eine höhere Salzkonzentration als die Zelle selbst. Salzionen dringen in die Zellen ein, und Wasserstoffionen verlassen die Zellen.

Die elektromagnetischen Wellen, Frequenzen und Schwingungen, die vom Salz ausgehen, wirken sich formbildend auf das kristalline Gitter (Cluster) des Wassers aus. Weil die Formen (Kristallmuster), die sich im Wasser herausbilden, unser Denken, Fühlen und Handeln beeinflussen, ist das Salz nicht nur an unseren inneren Lebensabläufen, sondern auch an unseren äußeren Lebensumständen maßgeblich beteiligt. Andererseits bewirkt die höhere Salzkonzentration, dass die Flüssigkeit, die unser Gehirn umgibt, dichter, gallertartiger und vor allem basischer ist als die anderen Gewebsflüssigkeiten. Aufgrund der leicht verdichteten Form und des basischen Milieus des Wassers können Informationen bedeutend schneller und in größerem Umfang aufgenommen, gespeichert und abgegeben werden.
Wer die Primärstellung des Salzes für das gesamte materielle Leben betrachtet, muss sich die Frage selbst beantworten, ob er seinen weiteren Lebensablauf einem raffinierten, aus seiner

Ganzheit herausgenommenen „künstlichen" - Stoff, der ohne weiteres als Zellgift bezeichnet werden kann, anvertrauen will, oder ob er sich als Mensch so viel Wert ist, dass er eines „besseren" Lebens wegen etwas mehr Geld für ein Salz ausgibt und damit dem Körper die Chance auf eine stabilere Gesundheit und mehr Lebensqualität bietet.

Warum ist uns die Wertigkeit von Natursalz nicht bewusst?
Als vor etwas mehr als 100 Jahren mit dem Raffinieren des Salzes begonnen wurde, ging man davon aus, dass „reine" Produkte gesünder seien als „unreine". Zur gleichen Zeit war man auch der Überzeugung, weißes Mehl und raffinierter Zucker seien viel zuträglicher als naturbelassene Nahrungserzeugnisse. In meiner Schulzeit sagte man zu einem Brot, bestehend aus ausgemahlenem Weizenmehl, **Feinbrot.** Dieses war teurer als das „gewöhnliche" Vollkornbrot, und für uns Kinder war es immer etwas Besonderes, wenn es das begehrte weiße Feinbrot gab. Zur „Aufwertung" des von uns Kindern verpönten Vollkornbrotes durften wir uns „herrlich weißen Zucker" mit dem schönen Namen Kristallzucker auf das Butterbrot streuen - ansonsten gab es ja nur den schwarzen Sirup (Melasse). Genau wie mit dem Brot und dem Zucker war es natürlich auch mit dem feinen und reinen Koch- bzw. Speisesalz. Der qualitative Unterschied zwischen raffiniertem Zucker und raffiniertem Salz ist gravierend. Zucker ist ein für das Leben unwichtiger Genussstoff, Salz dagegen für alle materiellen Lebensprozesse, die in unseren Körpersystemen ablaufen, ein nicht wegzudenkender Zündstoff. Jesus sagte:

„Ihr seid das Salz des Lebens."

Tatsächlich besteht der gesamte materielle Rest eines Menschen ausschließlich aus einer guten Hand voll Salz. Dieses hat Dr. Schüßler, Begründer der biochemischen Therapie mit Schüßler Salzen, vor mehr als 100 Jahren nachgewiesen. Auf die spirituelle Bedeutung dieser Tatsache gehen wir später ausführlicher ein.

Weil jeder das Natrium-Chlorid mit Salz gleich setzte, war sich keiner der Konsequenzen bewusst, die mit einem aus dem natürlichen Verbund heraus genommenen Nahrungsmittel zusammen hängen. Obwohl schon seit Jahrzehnten in der Medizin bekannt ist, dass durch Salz Gesundheitsprobleme hervorgerufen werden können - beispielsweise Bluthochdruck oder entzündliche Ablagerungen im Bindegewebe - wurde das Auftreten der Symptome **mit dem Salz** in Verbindung gebracht. Richtig wäre gewesen, die Symptome mit dem wahren **Verursacher, dem Natriumchlorid,** zu begründen. **Der gravierende Unterschied zwischen Natriumchlorid und Salz wurde nicht erkannt!** Über die Bedeutung der prozentual geringen Menge der Begleitstoffe war man nicht informiert. Das Wissen um die Wirkung der Frequenzen, Schwingungen und anderer feinstofflicher Dinge war nur auf wenige „Außenseiter" beschränkt. Erst jetzt kommen immer mehr Forscher im Zusammenhang mit den feinstofflichen Auswirkungen auf unser Körpersystem zu erstaunlichen Ergebnissen. Nachdem Prof. Dr. Franz Albert Popp seine Beweisführung über die Wirkung von Biophotonen formulierte, wurde uns die Materie steuernde Existenz der feinstofflichen Impulse bewusst.

Was hat F. A. Popp entdeckt, und was hat diese Entdeckung mit dem Salz zu tun? Im Jahre 1922 erwähnte der russische Mediziner Alexander Gurwitsch das Licht in unseren Zellen erstmalig in einer wissenschaftlichen Abhandlung. 1970 begann der deutsche Biophysiker Dr. Franz Albert Popp seine Forschung über die ultraschwache Zellstrahlung. Er gab dieser schwachen Strahlung die 10 hoch 18 mal geringer ist als gewöhnliches Tageslicht, den Namen Biophotonen (Photonen sind Lichtquanten - die kleinsten physikalischen Elemente des Lichts). Die Intensität dieses Lichts entspricht der Helligkeit einer einzigen Kerze, die aus 20 km Entfernung betrachtet wird. Diese natürlichen Lichtquanten zeichnen sich durch einen extrem hohen Grad an Ordnung aus. Aufgrund ihrer hohen Kohärenz (innerer Zusammenhang, auch Phasengleichheit), ist diese Lichtenergie in der Lage,

Ordnung zu schaffen und Informationen im Körper und über den Körper hinaus zu übermitteln. Das Vermögen dieser winzigen Lichtquellen, den tatsächlichen Zustand von Zellen in Form von Lichtimpulsen zu übermitteln, versetzt uns in die Lage, den Gesundheitszustand eines Lebewesens oder die Lebenskraft der Nahrung zu messen.

Der englische Biophysiker Rupert Sheldrake hat herausgefunden, dass diese Lichtquanten Felder bilden - er nennt sie morphische Felder. Weil diese Felder, bestehend aus Biophotonen, dem materiellen Körper übergeordnet sind, wirken alle Lichtquellen, die wir aufnehmen, in unserem Organismus zum „Guten" oder „Schlechten". Dies gilt für unsere Nahrung, Medikamente, Farbstrahlungen, Biostrahlungen (Wasseradern), Gedanken und Gefühle. Denn die physikalischen Reaktionen der Photonen und Elektronen geben gemäß ihrer Wellenlängen und der damit verbundenen Anzahl der Lichtquanten Energie an die im Körpersystem vorhandenen Elektronen ab. Je nach Qualität der Photonen werden die Elektronen entweder beschleunigt, gehemmt, in ihrer Anzahl vermindert oder erhöht. Hierin liegen auch die Erfolge, die beispielsweise mit der Licht-, Farb- (Salzlampen-), Aroma- und ähnlichen Therapien erzielt werden. Aber auch die Belastungen, die von unnatürlicher Nahrung und gegen die Ordnung gerichteter Gedanken und Handlungen ausgehen.

In Verbindung mit dem Salz sagen diese Erkenntnisse aus: Die seit Urzeiten im Steinsalz oder durch intensive Sonneneinstrahlung auf das Meerwasser in den Salzgärten gespeicherten Biophotonen werden durch den Lösevorgang des Wassers körper- bzw. bioverfügbar gemacht. Naturbelassenes Salz mit seinen 81 oder 84 arttypischen Elementen übermittelt an uns die natürlich geordneten Lichtimpulse als Informationen für den lebensgerechten geordneten Aufbau der Zellen. Sind die Informationen gestört - einerseits durch das Raffinieren, andererseits durch das Hinzufügen von den vorher genannten Zusatzstoffen - erhält das hochfrequente Körpersystem falsch gepolte Energieimpulse, die zwangsläufig zur Unordnung in unserem Körper führen. Diese Unordnung bezeichnen wir als Krankheit. Des weiteren haben die Salzkristalle eine verstärkende Funktion (ähnlich wie Quarzkristalle). Aufgrund ihrer impulsverstärkenden Eigenschaften wirken sie formbildend auf das Kristallgitter (Cluster) des Wassers.

Dr. Masaru Emoto, der die in Wasser geprägten Informationen sichtbar machte, und Peter Ferreira, der den energetischen Unterschied zwischen Natrium-Chlorid und naturbelassenem Salz aufgrund der von ihm genannten 84 Elemente publizierte, haben das Bewusstsein vieler Menschen für die formbildenden Schwingungen geweckt und somit für ein besseres Naturverständnis die Grundlage gelegt. Ferreira ist ein rühriger Mensch, er hat in unzähligen Vorträgen die Mitmenschen über den Unterschied zwischen Natur-Salz und raffiniertem Salz aufgeklärt. Ihm ist es zu verdanken, dass jetzt ein Umdenken in Bezug auf den Gebrauch von Salz stattfindet.
Der Physiker Albert Einstein, auf dessen Theorien sich die moderne Physik stützt, hat in seiner berühmten Formel:

$$E = m \cdot c^2$$

Materie und Energie sind einander äquivalent (gleichwertig)

festgestellt, dass Materie und Energie austauschbar sind. Das besagt: Materie ist zugleich Energie, verdichtete Energie wird zur Materie. Dies bedeutet, dass Materie zugleich Korpuskel und elektromagnetisches Feld ist, und das Licht je nach Analysemethode respektive Blickwinkel Welle oder Teilchen zugleich ist. Warum sind diese Erkenntnisse für uns wichtig? Sie bedeuten, dass Wasser als Materie gleichzeitig Energie ist und darüber hinaus ein Träger elektromagnetischer Schwingungen. Als elektrischer Dipol ist Wasser in der Lage, auf die vom Salz verstärkten elektromagnetischen Wellen zu reagieren, indem es in Schwingungen versetzt wird und dabei seine kristalline Struktur verändert. Jetzt wird deutlich, wie wichtig die an das Natrium-Chlorid gebundenen Antagonisten (Gegenspieler) sind. Auch wenn deren Anteil noch so gering ist, haben sie als feinstoffliche Impulsgeber, eine große Bedeutung. Einfacher formuliert: **Nur wenn der Impulsgeber für unser Leben in seiner Ganzheit besteht, können die Lebensimpulse Ganzheitliches bewirken. Deshalb muss Natrium-Chlorid als Zellgift bezeichnet werden, wenn es im Übermaß genossen wird.**

Wenn dem so ist, weshalb leben wir trotzdem noch? Tatsächlich wirken diese zwei Elemente - Natrium und Chlorid - wie ein hoch aggressives Gift. Trotzdem nehmen wir es täglich mit unserer Nahrung zu uns, ohne sofort sichtbaren Schaden zu erleiden. Die Antwort ist verblüffend einfach: Zum einen hat Natrium-Chlorid die Eigenschaft, alles, was im Zuge des Raffinierungsprozesses entzogen wurde, sofort wieder an sich zu binden. Das heißt, aus unserer Nahrung holt sich Natrium-Chlorid alle Bausteine, die ihm entzogen wurden, zurück. Diese Bausteine sind wiederum die für uns wichtigen Nährstoffe. Wenn wir bedenken, dass einerseits unsere Nahrung - vor allem jene aus konventionellem Landbau, oder aus industrieller Fertigung - oft keine Nährstoffe mehr in sich trägt (deshalb auch als Körper schädigender Ballast verstanden werden kann), andererseits der allgemeine Natrium-Chlorid-Konsum sehr hoch ist, dann begreifen wir, dass sich das Natrium-Chlorid nur in sehr begrenztem Maße komplettieren kann. Dadurch geraten wir mit der Zeit in einen Zustand, in dem wir gesundheitlich gesehen so dahin vegetieren - einmal mehr gesund, dann wieder etwas anfälliger, dann wieder mal krank usw. In diesem Zustand des permanenten Mangels können wir natürlich recht alt werden. Allerdings mit gravierenden biologischen Mängeln, also mit verschiedenen Krankheiten und Siechtum. Mediziner sehen die Ursache vieler Krankheiten im Salz - sie empfehlen deshalb ihren Patienten salzarme Diät. Ganz auf Salz zu verzichten wäre keine Alternative, zum Überleben benötigen wir es. Eine komplett salzfreie Kost führt in sehr kurzer Zeit zum Tod! In russischen Gefängnissen wurde auf Geheiß Stalins die Anzahl der Gefängnisinsassen auf diese grausame Art reduziert.

Was Salzunterversorgung verursacht, habe ich in einem Selbstversuch erfahren. Über einen längeren Zeitraum habe ich ausschließlich salzfreie Kost zu mir genommen. Zunächst wurde mein Körper von innen heraus immer schwächer. Dann verlor ich an Lebenslust, und im Gesicht bildeten sich kleine Falten. Einige Zeit darauf fing es vor meinen Augen leicht zu flimmern an. Die körpereigene Kraft ging zurück, es stellte sich ein Gleichgültigkeitsgefühl ein. Selbst die Vitalität in den Haaren ließ nach Ablauf von 11 Tagen nach. Sofort, nachdem ich wieder etwas Salz zu mir genommen hatte, waren schlagartig all diese Symptome weg. Geblieben ist ein verändertes Geschmacksempfinden: Seit diesem Experiment benötige ich bedeutend weniger Salz zum Würzen. Die Geschmacksnerven sind seither empfindlicher - und mein Genuss natürlicher - geworden.

Durchschnittlich konsumiert ein Bürger in Europa 20 bis 35g Salz am Tag. Diese Menge intravenös injiziert, würde wie gesagt, den sofortigen Tod bedeuten. Über die gesündesten Nieren können maximal 7g Salz pro Tag ausgeschieden werden. Jede Stresssituation, jede melancholische Stimmung, jeder Ärger, verringert die Nierentätigkeit und setzt die Salzverstoffwechselung herab. Der tatsächliche Salzbedarf des Menschen liegt bei 2,5 bis 3g pro Tag. Wie wir gesehen haben, wird dieser geringe Bedarf von den meisten Menschen um mehr als das 10-fache überschritten. Bei diesen Mengen bekämen wir auch mit dem allerbesten Natursalz große Probleme. Um wie viel größer müssen diese erst durch den Verzehr des „künstlichen" Stoffes Natrium-Chlorid sein. Der Körper - auf Überleben programmiert - neutralisiert diesen Schadstoff (wohlgemerkt handelt es sich hier um ganz normales Speisesalz) zunächst einmal, indem er diesen mit Wasser bindet (der Vorgang wird als Hydration bezeichnet). Um ein Teil Kochsalz zu neutralisieren, wird die 23-fache Menge Wasser benötigt. Hierbei handelt es sich aber nicht um ganz normales Wasser, sondern um das Beste, was dem Körper zur Verfügung steht, das Zellwasser. Diese mit Zellwasser ummantelten Natrium-Chlorid-Moleküle werden nun in bestimmten Körperzonen, dem so genannten Wassergewebe, zwischengelagert. Dieses Gewebe hat keine biologische Funktion, schwemmt uns aber mit der Zeit auf und stellt darüber hinaus einen idealen Nährboden für Bakterien dar.

Der Salznachschub hält aber nicht an, das lebenswichtige Zellwasser steht nur bis zu einem gewissen Grad für die Hydration zur Verfügung. Wenn der Wasserhaushalt der Zelle unter 60 % sinkt, besteht akute Lebensgefahr. Der Organismus schaltet nun auf den nächsthöheren biologischen Schutzmechanismus um. Das nicht zu entsorgende Natrium-Chlorid wird kristallin gebunden. Hierzu werden tierische Eiweißverbindungen benötigt, die in den Körpern der meisten Menschen reichlich vorhanden sind. Dieses Konglomerat, bestehend aus Eiweiß und Natrium-Chlorid, wird nun zu scharfkantigen Kristallen, Nieren- und Gallensteinen sowie den bekannten schmerzenden Kristallablagerungen in den Gelenken verstofflicht. Dass die kristalline Ablagerung nicht schneller voranschreitet, sondern sich über Jahre hinzieht, liegt ganz einfach daran, dass wir durch Schwitzen und über die Augen (Tränenflüssigkeit) ebenfalls überschüssiges Natriumchlorid ausscheiden. Interessanterweise ist selten jemandem bewusst, wie er zu all seinen Wehwehchen kam. Im Allgemeinen spricht man irrtümlicherweise von Verkalkung, in den meisten Fällen hat das nichts mit Kalk zu tun. Nun drängt sich uns die Frage auf: Wieso holt sich die Zelle das Wasser, das sie abgeben musste, nicht durch vermehrtes Trinken zurück? Ganz einfach, hierzu werden die Antagonisten, die Gegen- oder Mitspieler des Natrium-Chlorids, benötigt - jene 84 (79 + 2) Elemente, die die Funktionen des Natursalzes ausmachen. Wir benötigen naturbelassenes Salz. Haben wir dieses nicht zur Verfügung, müssen wir im Mangelzustand verbleiben. Die eigentliche Aufgabe der biologischen „Feuerwehr", die Hydration, ist die Neutralisierung herkömmlicher Schadstoffe, die normalerweise in ganz geringen Mengen in den Körper gelangen. Mit der zweckentfremdeten Neutralisation des NaCl wird sie überfordert. Diese Überforderung führt zur Verschleißerscheinung, die sich u.a. in einer geschwächten Immunabwehr, schnellem Ermüden, Arthrose, Arthritis, dem so genannten rheumatischen Formenkreis, vorzeitigem Faltigwerden der Haut usw. zeigen kann.

Wie naturverbundene Menschen ihren Bedarf an Salz regulieren, konnte ich in der Südsee beobachten. Die Einheimischen leben in unmittelbarer Nähe zum Meer. Ständig werden sie mit dem Salzwasser kontaktiert - sei es durch Spritzwasser, Wellen oder durch Atemluft. Sie brauchen also ihren Salzbedarf nicht über die Nahrung ausgleichen, deshalb essen sie vollkommen salzlos. Für europäische Gaumen stark gewöhnungsbedürftig. **Wie der Bedarf an hochwertigem Salz gedeckt werden kann, und wie wirkt sich dies auf unseren Körper aus?** Nichts ist einfacher als das! Natürliches Salz kaufen, Natursalz in die Lebensmittel hineingeben. Aber auch richtig trinken! Mineralarmes, lebendiges Quellwasser, zwei bis drei Liter täglich, je nach Konstitutions-Typ (hierüber im Kapitel „Die Weisheit des Kochens mehr). Damit erhält der Organismus die notwendige Stabilisierungsunterstützung, die Zellen werden wieder saniert, die Lebensqualität steigt, und vor allem wird die Selbstheilungskraft des Körpers, die so genannte Homöostase, angeregt. Eines sollte jedem von uns bewusst sein: Kein Therapeut, kein Medikament, kein Natursalz oder was auch immer heilt uns. Nur wenn die Selbstheilungskräfte angeregt werden, kann Heilung erfolgen. **Das bedeutet: Nur Sie ganz allein entscheiden darüber, ob Sie gesund oder krank sein wollen. Wer schon krank ist und krank sein will, bleibt krank.** Wer gesund werden will, für den wäre die Lektüre des Buches „Heile Deinen Körper" von Luise L. Hey, ISBN-Nr. 3-925898-04-02 sehr hilfreich.

Salz aus metaphysischer Sicht. Im metaphysischen Bereich spielen die Formen eine nicht zu übersehende Rolle - aus diesem Grund wenden wir uns zunächst der Form der Salzkristalle zu, um aus diesen die Spezifikation des Salzes zu betrachten. Die kristalline Form des Salzes ist der Kubus (Würfel). Diese Form drückt die Materie, das Irdische, aus. Blättern wir den Würfel auf, erhalten wir ein langschenkeliges Kreuz, auch „Kreuz der Materie" oder Leidenskreuz genannt. Ganz eindeutig wird uns symbolisch vor Augen geführt, dass die Bedeutung, die Aufgabe des Salzes „ausschließlich" materieller Art sein muss. Gehen wir in unserer Betrachtung einen Schritt weiter, dann erkennen wir, dass die dreidimensionale Form des Salzkristalls in der Lage ist, Licht, (Biophotonen) aufzunehmen und über einen unbegrenzten Zeitraum zu speichern, um diese dann über das Medium Wasser für Organismen aller Art lebensverfügbar werden zu lassen. Der charakteristische atomare Aufbau des Salzes ist nicht molekular, sondern elektrisch, und die artspezifische Wandlungsfähigkeit ist somit dem männlichen Prinzip zuzuordnen und steht demnach konträr zum weiblichen Prinzip des Wassers.

Einfach ausgedrückt: **Das männliche Prinzip - Salz - zeugt durch elektrische Bewegung Leben im weiblichen Prinzip - Wasser.**

Kommt Salz mit Wasser in Berührung, wird dessen elektrische Natur wirksam und es taucht vollkommen in die Wassermoleküle ein, um hier in kolloidal gelöster Form zu wirken. Die Leit- sowie die Aufnahmefähigkeit für Informationen des Wassers steigern sich dadurch um ein Vielfaches. „Reines Wasser", das heißt destilliertes Wasser, ist nicht leitfähig. Lichtquanten, die vom Stein- und Kristallsalz bei seiner Entstehung vor über 250 bis 300 Millionen Jahren eingefangen wurden, sowie Lichteinheiten, die während der Trocknung durch Sonneneinstrahlung vom Meersalz aufgenommen wurden, werden durch Einwirkung des Wassers freigesetzt. Nur die auf diese Weise frei gewordenen Biophotonen können von den Organismen in ihre Körpersysteme als Lebenskraft eingebaut werden. Das elektrische Wirken des Salzes lässt

Materie lebendig erscheinen, sodass physisches Leben aus einer höher dimensionierten Sicht heraus betrachtet eine stofflich bewegte Form ist, in der „göttliche" Urenergie/Lebenskraft unmittelbar in konkret manifestierter Form in Erscheinung tritt. Demnach ist alles, was mit „dem rein materiellen Leben" in Verbindung gebracht wird, nichts weiter als der informative Ausdruck, den die Urenergie - die kosmische Elektrizität - bewirkt. Alles, was auf elektrischer Ebene abläuft, hat mit Licht zu tun. Weil Salz jener physikalische Bestandteil ist, durch den Licht in die Zellen getragen wird, und diese (Zellen) durch die kosmische Kraft lebendig gehalten werden, bezeichnete man das Salz ursprünglich auch als „Lichtträger". Erinnern wir uns in diesem Zusammenhang daran, dass der materielle Teil, der beispielsweise bei der Verbrennung eines Menschen übrig bleibt, Salz ist, dann können wir uns auch vorstellen, dass unsere Vorfahren diesem Salz keinen treffenderen Namen als „Lichtträger" geben konnten.

Was heißt Lichtträger frei übersetzt in lateinischer Sprache?
Luzifer!

Was Luzifer in der christlichen Mythologie bedeutet, verkörpert Prometheus in der griechischen. Prometheus wurde von den Göttern dafür bestraft, dass er den Menschen das Feuer (Licht) brachte, und Luzifer wird insofern für seine Tat bestraft, dass er als Urbild des Bösen gilt. **Durch den Lichtträger bekam Geist die Möglichkeit, in der Materie zu wirken.** Wenn wir ein Gefäß nehmen, in dieses Salzkristallbrocken oder gemahlenes Salz hineingeben, und das Ganze mit Wasser auffüllen, so erhalten wir eine Flüssigkeit, bestehend aus 26 % gelöstem Salz und 74% Wasser. Diese Flüssigkeit wird als Sole bezeichnet. Sole bedeutet nichts anderes als Sonne. Sonne bedeutet wiederum Licht, und was ist Licht im Sinne der uralten Mythologien?

Licht ist Information und Erkenntnis, ohne Licht können wir

„nichts sehen", und weil über das Licht alle unsere körpereigenen Informationen ablaufen, könnten wir darüber hinaus ohne Licht in unseren Zellen auch nichts wahrnehmen. Die Sprache, in der wir heute sprechen (denken), ist abstrakt. Unsere Vorfahren dachten genau entgegengesetzt: Sie sprachen in Bildern und setzten deshalb Licht mit Erkenntnis gleich. Nachfolgende Generationen ersetzten den Begriff Erkenntnis durch Leben. Das Leben in der Materie ist aber eine Ganzheit, deren einer Aspekt die Erkenntnis ist. Weil wir Menschen auf der materiellen Ebene die Erkenntnis suchen, benötigen wir, um in ihr leben zu können, als Hilfsmittel Salz.

Betrachten wir aus diesem Blickwinkel, den aus der Bibel stammenden Satz:

„Ihr seid das Salz des Lebens",

so wird deutlich, dass wir durch Frequenzen, Information und Licht - also über das luziferische Prinzip - Erkenntnisse in der Materie sammeln. Dies ist ausschließlich über das Salz möglich. Das ist auch die Ursache dafür, dass wir bei Salzentzug unser irdisches Leben verlieren, sofern wir mit der Materie stark korrespondieren.

Der nachfolgend abgebildete Wasserkristall formte sich, nach der Wortinformation Teufel (Luzifer) im Wasser aus.

Bei der Betrachtung dieser genialen Aufnahme kommt ganz deutlich das Symbol für den Auftrag Luzifers (Lichtträger) zur Geltung. Salz (Luzifer) hilft den Lichtwesen, die sich freiwillig entschlossen haben, den Weg durch die Materie (Dunkelheit) zu gehen. Schlussendlich kommen diese zur Erkenntnis der allumfassenden Einheit im Lichte (Urschöpfer). Durch dieses Bild wird uns deutlich vor Augen geführt, dass es das „Böse" nicht gibt, sondern dass es nur ein SEIN geben kann. Soweit das Thema Salz aus metaphysischer Sicht.

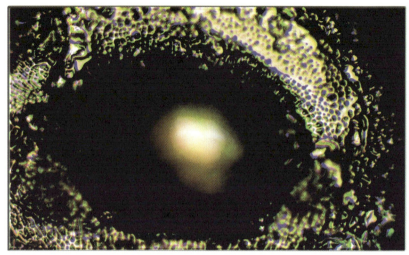

„Teufel" (Luzifer)
aus „Die Botschaft des Wassers I von Dr. Masaru Emoto

Die Visionen der heiligen Hildegard von Bingen
zum Thema Salz

Vor rund 900 Jahren lebte in Deutschland die Äbtissin Hildegard von Bingen (1098 bis 1170). Sie ist unter anderem durch ihre Visionen in Bezug auf Heilung von Krankheiten in Verbindung mit dem „richtigen" Einsatz von Speisen und der richtigen Lebenseinstellung bekannt geworden. Zitat: *„Salz ist warm, etwas feucht und dem Menschen zu vielem nützlich. Wer Speisen ohne Salz isst, der wird innerlich schlapp. Wer diese mit Salz mäßig temperiert oder gewürzt isst, den stärken und gesunden diese Speisen. Allzu stark gesalzene Kost macht innen trocken und schädigt. Denn das zu reichliche Salz fällt wie Sand über die Lungen her und trocknet sie aus, wogegen die Lungen doch Feuchte verlangen. Anschließend greift es sogar auf die Leber über und verletzt auch sie etwas, so stark auch die Leber ist und wie sehr sie auch mit dem Salz fertig werden kann. Darum soll jede Speise so ge-*

84

*salzen werden, dass man die Speise vor dem Salz heraus-
schmeckt. Das Siedesalz, das über dem Feuer gesottene Salz, ist
gesünder als rohes, weil die Feuchte, die in ihm war, ausgetrock-
net wurde. Auf Brot oder mit einer anderen Speise gegessen, ist
dieses gesund und gut.*

*Salz ist wie Blut und wie die Blüte des Wassers und gibt deshalb
bei mäßiger Anwendung Kraft, bei Unmaß aber Überflutungen
und Stürme. Hell-leuchtendes Salz hat mehr Wärme als ein anderes und auch etwas Feuchtigkeit und taugt für den Menschen zu
Heilmitteln, die durch eine Prise Salz nur um so besser werden.
Solches ist um so viel wertvoller als nicht rein weißes Salz, wie
auch Pigmente, also Gewürze, andere Kräuter übertreffen. Wenn
ein Mensch etwas von diesem klaren Salz mit einer anderen Speise ohne sonstige Würze isst, so stärkt und heilt es ihn und erfreut
seine Lungen. Unmäßig verzehrt und ungemildert, wühlt es seine
Lungen auf und schadet ihnen. Denn es wird ausgeschwitzt aus
der natürlichen Kraft des Wassers und der Erde und gibt deshalb
dem Mäßigen von seiner guten Kraft und Wärmekräfte, den Un-
mäßigen aber peitscht es auf wie eine Springflut. Der Mensch leidet stark unter Durst, wenn er zu viel Salz aß, weil das Salz seine
Lungen austrocknet und die guten Säfte in ihm vertrocknen lässt.
Dann suchen die Lungen und die Säfte nach Feuchtigkeit, das ist
der Durst. Wenn so ein Mensch dann, um den Durst zu löschen,
viel Wein trinkt, zieht er sich eine Art Wahnsinn zu wie Lot, der
auch zu viel trank. Es wäre dann heilsamer und gesünder, gegen
den Durst Wasser zu trinken und nicht Wein, um damit den Durst
zu stillen".* (Quelle: Ernährungstherapie, Strehlow-Verlag)

Nach Hildegard soll man keine Speise ungesalzen verzehren. Sie
schreibt darüber hinaus, dass Salz in der richtigen Dosierung genossen den Menschen physisch und emotional „weich" (d. h. ausgeglichen, harmonisch, an die unterschiedlichsten Situationen an-
passungsfähig) macht. Also auch hier: **Anpassung an die Lebensumstände durch mäßigen Salzgenuss**! Soweit die hl. Hilde-

gard über das Salz. Auch hier ganz eindeutig der Hinweis auf das rechte Maß. **Wir können allen Aufforderungen, Salz in größeren Mengen zu uns zu nehmen, eine deutliche Absage erteilen. Auch wenn es sich um ein noch so energievolles Kristallsalz aus den höchsten Bergen des Himalaja handelt.** Eines müssen wir lernen zu begreifen: Auch das Allerbeste, das Allergesündeste muss in Maßen genossen werden. Jegliche Übertreibung birgt den Keim des Übels in sich. Paracelsus drückte das wie folgt aus:

Zitat: *„Alle Dinge sind Gift und nichts ist ohne Gift, allein die Dosis macht`s, dass ein Ding Gift ist".*

Was den Hinweis auf das gesottene Salz betrifft, so sind hier drei Dinge anzumerken:

- Zur Zeit Hildegards wurde die Sole in Sudpfannen über Holzfeuer erhitzt, um das Wasser zu verdampfen. Heute geschieht dies mittels Gas- oder Ölfeuerung. Die Hitze ist jetzt also viel höher und direkter - dadurch könnte die Information des Salzes negativ beeinflusst werden.

- Nach Aussage der chinesischen 5-Elemente-Lehre wird durch Kochen (Hitze) das Feuerelement erhöht. In Bezug auf das von Hildegard von Bingen empfohlene gesottene Salz bedeutet dies: Durch die Hitze des Kochens wird die Feuchte des Salzes vermindert und somit das Feuerprinzip (männliche Prinzip), die ureigene Funktion des Salzes, verstärkt.

- Das Garen der Speisen ist in den allermeisten Fällen für unsere Gesundheit zuträglicher. Nach der vedischen Konstitutionstypenlehre kann vorwiegend der Feuertyp rohe Nahrung vertragen, reine Typen gibt es nicht. Hier liegt wohl der Grund dafür, dass aus der Sicht Hildegards von Bingen die gegarte Nahrung für den Menschen verträglicher ist.

Beispiel für ein Übermaß an Salzgenuss:

Vor kurzem besuchte uns ein bekannter Heilpraktiker aus München. Während der Gespräche kamen wir auf das Thema Salz. Er berichtete darüber, dass in letzter Zeit vermehrt Patienten mit Lungenproblemen in seine Praxis kämen. Zunächst konnte er sich die Ursache nicht erklären und war sich über die Art der Therapie unschlüssig. Erst als eine Mutter, die mit ihrer Tochter, die ebenfalls Probleme mit den Lungen hatte, zu ihm kam, konnte er die Ursache des Leidens wie folgt feststellen: Jeder Patient unseres Bekannten erhält von diesem ein Glas Wasser zum Trinken gereicht. Das Mädchen trank das Glas leer und bat mit den Worten: „Onkel Doktor, kann ich noch eines bekommen, denn dein Wasser schmeckt so gut, es ist nicht so salzig wie das Wasser von meiner Mammi." Es stellte sich heraus, dass die Mutter ihrem Kind morgens ein Glas Wasser, angereichert mit einem Teelöffel Salzsole, zum Trinken reichte.

Der Heilpraktiker stellte sofort den Zusammenhang zwischen der Sole und der Krankheit her und bat die Mutter, ihrer Tochter fortan kein Solewasser mehr zu geben. Nach einigen Tagen war das Leiden beim Kind sowie bei den anderen Patienten, denen er ebenfalls riet, die Sole abzusetzen, verschwunden.

Betrachten wir in diesem Zusammenhang einmal den Ausdruck Sole: Sole kommt aus dem Lateinischen und bedeutet Sonne. Und genau so müssen wir mit diesem 26-prozenzigen Salzwasser Gemisch umgehen. Sonnenlicht ist Leben, ohne Sonnenstrahlen können wir nicht lange überleben. Viele lebensnotwendige Prozesse werden erst durch das Sonnenlicht aktiviert. Halten wir uns zu lange in der Sonne auf, verbrennen und zerstören wir unsere Haut. Genauso funktioniert die Salzsole. Wie wir wissen, sind im Salz Lichtquanten gespeichert, die durch Wasser freigesetzt in unserem Körper aktiv werden. **Demnach wirkt gelöstes Salz im übertragenen Sinn wie eine innere Sonne mit allen ihren Vor- und Nachteilen.** In richtiger Menge eingesetzt, vermittelt sie an uns Leben über die durch das Wasser freigesetzten Lichtquanten. Im Übermaß eingesetzt, macht sie Kräfte frei, die das Leben beeinträchtigen, ja selbst, wie bei der Sonne auch, das Leben zerstören.

Ansetzen einer Salzsole - und was Sie unbedingt dabei beachten sollten: Natursalzbrocken oder Meersalz mit mineralarmem Quellwasser aufgießen. In einem Liter Wasser werden 264g Salz gelöst. Der obere Teil der Sole tendiert mit einem pH-Wert von rund 7,1 bis 7,2 zum Basischen. Die Radialkraft ist rechts drehend. Wir haben es hier mit einem Naturprodukt zu tun, in dem auch belastende Stoffe enthalten sein können. Es kann sich, je nach Abbaugebiet - unter anderem um Spuren anorganischer Salze wie Quecksilber, Blei, Cadmium oder Barium handeln. Aufgrund ihrer Dichte (Schwere) sinken die schädlichen Stoffe innerhalb von 2 bis 3 Stunden zu Boden. Der Bodensatz (etwa 1cm von unten gemessen) sollte deshalb keine Verwendung finden und besser verworfen werden.

Heilwirkungen: Salz ist warm und feucht, es gehört dem Feuerelement an. Nach dem Grundsatz Gleiches heilt Gleiches kann es bei Entzündungen in ganz geringer Menge eingesetzt werden. Entzündungen werden verstärkt, wenn die Dosierung zu hoch ist. Durch Salze kann der Säure-Basen-Haushalt reguliert werden (basisches Natriumsalz ohne Chloridbestandteile, Natriumhydrogencarbonat = basisches Bikarbonat) neutralisiert die Säuren im Körper.

Solebad: Rund 100 Liter Wasser fügt man 1 kg Kristallsalz aus den Bergen - oder 4 Liter Sole hinzu. Die Wassertemperatur soll 36 bis 37°C betragen. Verweilzeit: 15 bis 20 Minuten. Wirkt gegen Hautkrankheiten, Erkältungen, Rheuma, Gelenkerkrankungen und hebt bioenergetische Blockaden auf. Zur allgemeinen Entschlackung hilft ein basisches Bad, bestehend aus 500g Tonmineralerde. Diese in 36 bis 37°C warmen Wasser lösen. Die Ausleitung der Säuren ist nach etwa 45 Minuten erreicht. Nach dem Bad die Haut mit einer guten Feuchtigkeitscreme rückfetten.

Soledampf inhalieren kann bei Erkrankungen der oberen Luftwege eingesetzt werden (Asthma, Bronchitis). Auch bei Nebenhöhlen- und Ohrenerkrankungen kann es Hilfestellung leisten. Sie nehmen einen Topf (Glastopf oder diamantemailliert), erhitzen rund 2 Liter verdünnter Sole darin, stellen das Gefäß auf einen Tisch, halten den Kopf darüber und decken diesen sowie den Topf mit einem Tuch zu. Den warmen Dampf atmen Sie abwechselnd durch Mund und Nase ein. Nach 10 - 15 Minuten hat das Salz den Belag (Schleim) gelöst, er lässt sich leicht abhusten.

Trinkkur mit verdünnter Sole: Sie nehmen ein 0,25 Liter Glas mit gutem Quellwasser und geben in dieses einen, besser einen halben Teelöffel der 26-prozentigen Sole hinein. Es kann auch weniger sein, denn wie wir wissen, kommt es auf die Information und nicht auf die Menge an. Sie trinken morgens ein Glas auf nüchternem Magen. Nach 3 Wochen beenden Sie die Kur, sonst leidet Ihre Darmflora, und die Schleimhäute werden geschädigt. Die Trinkkur ist angesagt bei: Hauterkrankungen, Rheuma, Gelenkerkrankungen, Neigung zu Infektionskrankheiten, allen Erkältungskrankheiten. Darüber hinaus können Erfolge bei Kreislauf-, Stoffwechsel- und Verdauungsstörungen, erzielt werden. Eine günstige Wirkung auf das Immunsystem sowie den Aufbau des Elektrolythaushalts und die Anregung der Magen-Darm-Bewegung (Peristaltik) wird dieser Kur nachgesagt.

Vorsicht: Gerade durch Übertreibungen bei dieser Kur sind die meisten Probleme entstanden. Gehen Sie vernünftig mit der Sole um - ein Zuviel schadet mehr, als es nützt. Lassen Sie sich nicht von noch so gut formulierten Berichten dazu verleiten, bei der Salzzufuhr bedenkenlos vorzugehen.

Noch drei Anwendungen aus meiner Kinderzeit.

- Bei Mandelentzündungen rieben wir diese mit Natur- oder Meersalz ab. In der Regel heilten die Mandeln schnell, so wurde manche Operation verhindert.
- Bei Verletzungen und Zerrungen der Gelenke wurden etwa 250 bis 500 g Salz im Kachelofen erhitzt. Je nach Größe der verletzten Stelle füllten wir dieses in einen speziellen Lei-

nensack und legten das Säckchen mit dem warmen Salz auf die schmerzende Stelle. Die Linderung ließ nicht lange auf sich warten.

- Weil damals das Geld oft für den Kauf von Zahnpasta nicht reichte, putzten wir uns die Zähne mit verdünnter Sole. Dies tat den Zähnen sehr gut - verhinderte den Mundgeruch (das können Sie auch mit Fenchelsamen und Fencheltee erreichen) und ließ den Zahnstein gar nicht erst aufkommen. Dass ich heute noch (59jährig) alle meine Zähne habe - und ich höre, dies sei eine Ausnahme - führe ich auf das Putzen und den vorwiegenden Verzehr von Vollkornprodukten in meiner Kindheit zurück.

Weitere Tipps:
- Gurgeln mit verdünnter Sole wirkt gegen Halsentzündungen.
- Mit verdünnter Sole die Haut befeuchten und nach dem Antrocknen erst mit Hautcreme einreiben. Lässt die Haut straffer werden.
- Zahnbürste vor und nach der Benutzung kurz in Sole eintauchen, wirkt stark desinfizierend.

Indirekte Heilwirkungen: Farbschwingungen in Kombination mit negativ ionisierter Luft, können beispielsweise positiv ionisierte Staubpartikel binden und somit die Raumluft reinigen. Dies sind die Vorteile einer Salzlampe (Halit-Lampe). Sehr gute Heilergebnisse mit der negativ ionisierten Luft hat man in Polen gemacht. Bis zu 97 % Heilerfolge bei asthmatischen und allergischen Krankheiten erzielt man in einem 226 m unter Tag liegendem Krankenhaus. In Wieliczka - so heißt der Ort, in dem sich das Krankenhaus in einem Salzstollen befindet - werden jährlich über 3000 Patienten therapiert. Bei Betrachtung dieser gesicherten Erfolge können wir uns auch vorstellen, dass die Negativ-Ionen der Salzlampen und die Soleverebler positiv über ein verbessertes Raumklima auf unsere Gesundheit einwirken. Wieliczka erhielt aufgrund seiner Einmaligkeit das Prädikat „Weltkulturerbe". Man plant, ganz in der Nähe von Wieliczka ebenfalls in einem Salzstollen eine Diskothek einzurichten. Die Luft wird mit Sicherheit rein und gesund sein. Mich würde interessieren, inwieweit die gute Schwingung, die von einem Salzstollen ausgeht, die disharmonischen Resonanzen der lauten, hektischen Musik, die in Diskotheken üblich ist, ausgleichen und harmonisieren kann.

Salz - das haben wir nun erklärt - ist nicht gleich Salz. Die Qualität ist abhängig von Herkunft, Abbaumethoden, Verarbeitung und den Motivationen der damit handelnden Menschen.

Im Handel befindliches Salz:
Koch- und Speisesalz - also das raffinierte Salz, das aus 99.9 % Natrium-Chlorid besteht und durch chemische Prozesse verändert wurde - ist aus den schon erwähnten Gründen für die menschliche Ernährung ungeeignet.

Jodiertes Salz: Auch hier haben wir es mit reinem Natrium-Chlorid zu tun, das mit Kaliumjodat angereichert wird. Jodiertes Salz hat aus den bereits erwähnten Gründen nichts in der menschlichen Ernährung zu suchen. Wer jodhaltiges Salz bevorzugt, kann sich frische Algen bei 50°C im Backrohr trocknen, anschließend im Mixer zerkleinern und unter das naturbelassene Salz mischen. Wer sich den Trocknungsvorgang sparen will, kann getrocknete Algen verwenden.

Rieselfähiges, streufähiges Salz: Natrium-Chlorid, angereichert mit Aluminiumhydroxyd. Die drei oben genannten Produkte können ohne weiteres als Küchengifte bezeichnet werden.

Gewürzsalz: Oft kommen in diesen Salzen Geschmacksverstärker und Streckungsmittel zum Einsatz, deshalb die Zutatenliste beachten. Soll Salz als Lebensmittel eingesetzt werden, gilt generell: **Ausschließlich naturbelassenes, unbehandeltes, ungebleichtes**

Meer-, Stein- oder Kristallsalz ohne Zusätze verdient es, als Lebensmittel bezeichnet zu werden.

Steinsalz: Hierbei handelt es sich um jenes Salz, das unter Tage bergmännisch gewonnen wird. Es kommt gemahlen in den Handel, Naturkostläden und Reformhäuser bieten es in guter Qualität an.

Siedesalz: Der Unterschied zum Steinsalz ist, dass dieses Salz durch Einleitung von Wasser unter Tage zu Sole gelöst, und dann an die Erdoberfläche gepumpt wird. Dort wird das zugeführte Wasser mit Hilfe geschlossener Verdampfergefäße unter Einsatz von Unterdruck schonend verdampft. Zurück bleibt gereinigtes, isoliertes, weißes Siedesalz.

Meersalz: In seiner naturbelassen Form soll es mit Verunreinigungen, verursacht durch die Benutzung der Weltmeere als gigantische Müllkippen, belastet sein. Das ist zwar nicht auszuschließen, aber es gibt einerseits noch Stellen im Meer, aus denen ein qualitativ hochwertiges Meersalz gewonnen wird. Rund 30 % des gesamten Weltbedarfs an Salz stammen aus dem Meer.

Kristallsalz: Ein moderner Begriff für ein uraltes Nahrungsmittel. Im Grunde genommen besteht jedes Salz aus Kristallen. Peter Ferreira über die wesentlichen Unterschiede zwischen Stein- und Kristallsalz: *„Die Qualität von natürlichem Kristallsalz besteht in dessen Reinheit. Das heißt zunächst einmal, dass nach dem Lebensmittelcodex entsprechend ein 97 % NaCl- Anteil erreicht sein muss. Eine weitere Komponente besteht in der Zusammensetzung der eingebundenen chemischen Elemente. Der bedeutendste Faktor für die Qualität eines natürlichen Kristallsalzes ist allerdings die kristalline Dichte“.*

Himalaja-Kristallsalz: Dieses ist ein von P. Ferreira propagiertes Salz, das seiner Aussage nach in einer Höhe von 3500 m im Himalaja händisch abgebaut wird. Es hat nach ihm die höchste Schwingung und soll aufgrund der höchsten Konzentration von Lichtenergie in Form von Biophotonen das Lebensmittel mit der stärksten Lebensenergie sein. Der bedeutendste Beitrag, den dieses „Ausnahme" - Lebensmittel für den biologischen Organismus zu leisten imstande sein soll, soll seine biophysikalische Sonderstellung sein. Aufgrund der feinst kristallinen Struktur sollen 90 % dieses Salzes zellverfügbar sein. Die Kristalle dieses Salzes sollen vollkommen und in ihrer Ganzheit von den Zellen über die Zellmembran aufgenommen werden. Hier liegt nach Aussage Ferreiras der große Unterschied zu den „billigen" Stein- und Meersalzen.

Das mag so sein - mir ist es nicht möglich, das Gesagte wissenschaftlich auf seine Richtigkeit zu überprüfen. Persönlich bin ich der Überzeugung, dass das bei uns in Europa abgebaute Salz auch sehr gut für uns ist - händischen Abbau allerdings vorausgesetzt. Neuerdings wird auf dem Markt gemahlenes Salz aus Salzstufen angeboten. Salzstufen sind reines Natrium-Chlorid, ohne begleitende Mineralien. Als Verkaufsargument wird auf deren hohe Schwingung hingewiesen. Tatsächlich liegt die Frequenz der Salzstufen nahe dem Level des Bergkristalls. **Aber wer benötigt diese elitären Frequenzen in seiner Nahrung?** Wer in seiner Entwicklung schon weit vorangeschritten ist, der wandelt energetisch niedere Frequenzen in höhere um. Weniger Entwickelte kann dieses Salz in Dissonanzen bringen, weil es zu deren Strukturen konträr steht. Deshalb: Einfaches, naturbelassenes Stein- oder Meersalz ist in der Regel vollkommen ausreichend.

Immer wieder komme ich mit Menschen ins Gespräch, die sich frequenzbedingte Einflüsse auf unser Körpersystem nicht vorstellen können. Dieses möchte ich mit folgendem Beispiel verdeutlichen: **Welch großen Einfluss Schwingungen und Frequenzen auf uns nehmen, erleben wir alle im täglichen Leben.** Beispiel: Aufgrund des niedrigen Preises besitzt fast jeder eine Quarzuhr. Quarz ist verdichtete Kieselsäure und hat seine spezifische Schwingungsfrequenz. Die Impulse des Quarzes wirken elektrisch verstärkt taktgebend auf die im Uhrwerk befindliche Unruh, diese bewegt wiederum die Zeiger, und vom Zifferblatt lesen wir die Uhrzeit ab. Die Quarze haben aber auch Auswirkungen auf uns Menschen und beeinflussen unseren Takt ebenfalls. Fazit: Uhren über Nacht nicht am Handgelenk tragen.

Wenn wir es akzeptieren, dass Frequenzen Uhrwerke antreiben, dann müssen wir es auch für möglich halten, dass Salzkristalle verschiedener Dichte ihre spezifischen Frequenzen haben, die sich auf unsere Körpersysteme auswirken. Nun verstehen wir auch warum der Abbau des Salzes aufgrund dessen Informationsspeicherfähigkeit schonend vorgenommen werden muss. Selbst der edelste Halit (Salz mit orange-roter Färbung, das nach Ferreira eine der höchsten Frequenzen enthält) verliert durch die Detonationen der Sprengung seine Wertigkeit als Lebensmittel. Wie ist das zu erklären? Durch die Erschütterung einer Detonation werden gewaltige elektromagnetische Effekte mit dissonantem Charakter erzielt. Diese Schwingungen prägen sich in der kristallinen Struktur des Salzes ein und überlagern oder löschen gar die vorhandenen harmonischen Informationen. Verzehren wir ein derart programmiertes Salz, so gelangen diese dissonanten Frequenzen in unseren Körper und können zur Ursache von Fehlfunktionen werden.

Wenn wir Kristallsalz, Bergkristallsalz, Halit oder Himalajasalz kaufen, müssen wir dafür viel Geld ausgeben. Wir sollten aber sicher sein können, dass dieses Salz bergmännisch, das heißt mit den Händen, aus dem Berg gewonnen wurde und nicht des größeren Profits wegen durch Sprengung. **In der heutigen Zeit spielt die Ökonomie eine große Rolle, und auf dem Altar der Gewinnmaximierung sind Viele bereit, alles zu opfern - wenn es sein muss, sogar ein gut funktionierendes Leben in der Materie.** Wer der Meinung ist, allein durch den Verzehr von Himalajasalz oder gemahlener Salzstufen ein anderer (besserer?) Mensch zu werden, der befindet sich im Irrtum. So wie Salz nur ein Kapitel dieses Buches ist, ist es im Rahmen der Ernährung und des Lebens nur eine einzelne Facette. Wir profitieren von den guten Eigenschaften dieses wichtigen Stoffes, wenn wir über dessen Eigenschaften informiert sind, und dessen Spezifika nicht nur aus einem Blickwinkel betrachten. Einseitige Fokussierung führt oft zu Fehlinterpretationen - dadurch kann mehr Schaden als Nutzen angerichtet werden.

Wenn wir uns angewöhnen, alles, wirklich alles aus der Sicht der Ganzheitlichkeit - (wir können auch sagen aus dem Leben) - heraus zu betrachten, erhalten wir ein hohes Maß an Gesundheit. Wir ersparen uns außerdem viele Probleme, Leid und Schmerzen.

Kochen mit naturbelassenem Salz

Die Nachfrage nach Lebensmittel natürlichen Ursprungs ist aufgrund des sensibilisierten Umweltbewusstseins vieler Menschen deutlich gestiegen. Immer mehr Menschen beginnen ihre Lebensgewohnheiten an natürliche Abläufe anzupassen. Nicht zuletzt ist dies auch an der großen Nachfrage nach naturbelassenem Salz zu erkennen. Wer seine Speisen mit Natursalz zubereiten möchte, der sollte seine Kochgewohnheiten nach den Erfordernissen, die dieses „Lebensmittel" erst zu dem werden lassen was es eigentlich sein soll, ausrichten. **Das bedeutet, eine etwas andere Art des Kochens ist erforderlich.**

Der große gesundheitliche Vorteil des Natursalzes liegt nicht so sehr an dessen Art, an dem betreffenden Abbaugebiet oder an der Intensität der Schwingungsfrequenz, sondern an der Tatsache, dass man sich mit diesem Mineral eingehend befasst, und damit über die naturgegebene Aufgabe des Salzes die Vorgänge in der Natur wieder besser verstehen lernt. Gemeinsam mit einem Team von begeisterungsfähigen Köchen habe ich Versuche durchgeführt, die als Grundlage den optimalen Einsatz von Natursalz in der Küche hatten. Das Ergebnis dieser Studie: Die Köche haben sich umgestellt, sie bereiten das Kochgut ganz ohne Flüssigkeit - in speziellen Kochgeräten zu. Nach kurzer Garzeit - die Gemüse sind noch knackig und haben auch noch ihre natürliche Farbe - wird lediglich ein Hauch Sole darüber gesprüht. Weil der Eigengeschmack der Lebensmittel erhalten geblieben ist, wird kaum Salz benötigt. **Was lässt sich aus diesen Erfahrungen für die Haushaltsküche umsetzen?** Reines, nicht raffiniertes Natursalz ist nicht ganz billig. Der relativ stolze Preis allein veranlasst schon zu einem ökonomischen Verbrauch. Gerade der niedrige Verbrauch ist es, der unserer Gesundheit den allergrößten Vorteil bringt.

Utensilien für den küchentechnischen Einsatz von naturbelassenem Salz: Ein Glas mit Deckel, für die Aufbewahrung der Salzbrocken, des Meersalzes oder des grob gemahlenen Steinsalzes. Salz sollte immer trocken aufbewahrt werden. Lassen Sie Salz niemals in Streuern aus Silber stehen. Das im Salz enthaltene Chlor lässt Silber oxidieren, es färbt sich grün. Eine Salzmühle aus Glas oder Metall, versehen mit einem Glaseinsatz. Mühlen aus Holz eignen sich ebenfalls sehr gut. Auf ein stabiles Keramikmahlwerk sollte geachtet werden. Ein Glasbehälter mit Verschluss zum Aufbewahren der Sole - zur Not tut es auch eine Flasche. Eine Flasche mit aufgesetztem Zerstäuber zum Nachwürzen der Speisen durch Zerstäuben der Sole am Tisch. Um den Gerichten nicht nur eine wohlschmeckende Note zu verleihen, sondern darüber hinaus den Salzeinsatz zu verringern, sollten Sie sich abgeschäumte Butter herstellen.

Zubereitung: Butter in einen Topf geben, bei nicht zu hoher Hitze auf dem Herd zum Kochen bringen. Während des Kochvorgangs mit einer feinen Lochkelle den Schaum vorsichtig von der Oberfläche abnehmen. Nach rund 2 Stunden Kochzeit ist ein reines, klares Butterschmalz entstanden. Dieses, auch als Ghee bezeichnete „Schmalz" am besten in einem verschließbaren Glas aufbewahren. Vor dem Einsatz aufwärmen bis es flüssig ist, mit dem Pinsel nur in ganz geringer Menge auf die Speisen verteilen. Butterschmalz ist bekömmlicher als frische Butter, verleiht den Speisen einen milden, angenehm würzigen Geschmack und ist auch noch fast unbegrenzt haltbar. Ein kleines Gefäß oder Zerstäuber mit Ghee sollte zur Geschmacksverbesserung auf jeder Tafel stehen. Kommt es in einem Zerstäuber auf den Tisch, muss es vor dem Gebrauch erwärmt werden.

Das Kochen selbst

Beim Kochen ist darauf zu achten, dass der Einsatz von Wasser so bemessen ist, dass möglichst kein Restwasser übrig bleibt, sondern die gesamte Flüssigkeit vom Kochgut aufgenommen werden kann.

Beispiele

Gemüse: In den Topf nur soviel Wasser geben, bis der Boden leicht bedeckt ist. Wasser leicht erhitzen, geschnittenes Gemüse hinein geben, bei geschlossenem Deckel und schwacher Hitze garen. Kurz vor dem Servieren im Topf mit einem Hauch Sole besprühen und mit Butterschmalz (Ghee) einpinseln.

Gemüse in feine Würfel, Scheiben oder Streifen geschnitten, erhöht den gesundheitlichen Aspekt durch Verringern der Garzeit. Obwohl wir das Entwässern des Gemüses durch Salz ablehnen, können wir die wasserziehende Wirkung in folgendem Fall nutzen: Gedünstete Zwiebeln kurz vor dem Erhitzen salzen, dann in den Topf geben, der entzogene Saft mildert die Hitze ab, die Zwiebeln garen, ohne zu bräunen.

Bei Kochgut, das in sprudelndem Wasser gegart wird wie Kartoffeln, Nudeln, Reis usw. beachten wir folgendes: Auch hier nur soviel Flüssigkeit nehmen, wie unbedingt erforderlich ist. Das Salz wird nicht zum Würzen, sondern zur „Sättigung" der Flüssigkeit benötigt, damit zwischen Kochgut und Wasser kein Mineralaustausch stattfindet. Wir salzen demnach das Wasser nur ganz schwach. Die eigentliche Würzung erfolgt kurz vor dem Servieren, bzw. individuell durch den jeweiligen Gast. Übriggebliebenes Kochwasser wieder verwenden. Beispielsweise für Suppen, Saucen oder am darauf folgenden Tag als Kochwasser. Reis als Risotto gegart, nimmt die Flüssigkeit vollkommen auf. Für eine Tasse Reis werden je nach Sorte 3 bis 4 Tassen Flüssigkeit benötigt.

Alle Teige und Massen, sei es für Brot, Kuchen, Pfannkuchen, Crepes, Strudel, Hackmasse (aus Fleisch) und dergleichen, nur mit Sole würzen. Dies ergibt eine gleichmäßige Verteilung, die sich verstärkend auf den Geschmack auswirkt. Das senkt wiederum die Salzmenge. Darüber hinaus fördert das, im Natursalz befindliche Magnesium eine bessere Teigführung. Salz verzögert den Gärungsprozess der Hefe. Je weniger Salz, desto weniger Hefe wird benötigt. Beim Ansetzen des Vorteiges (Teigerl) ganz auf Salzzusatz verzichten.

Tipp: Teige lange genug kneten damit die Porung optimal ausfällt.

Salz übt eine entspannende Wirkung auf Proteine aus. Beim Aufschlagen von Eischnee etwas Salz hinzugeben, dann lässt sich das Eiklar besser zu einer steifen Masse schlagen.

Fleisch: Salz entzieht dem Fleisch Feuchtigkeit. Vor dem Braten gesalzen, würde Fleisch seine aromatischen Säfte verlieren und obendrein auch noch trocken und zäher werden. Aus diesem Grund: Steaks sowie alles Kurzgebratene, wie Leber, Geschnetzeltes usw. erst nach dem Braten mit der Salzmühle salzen. Große Bratenstücke mit einer Mischung bestehend aus Gewürzen, Küchenkräutern und Sole gut einreiben. Bei nicht zu hoher Hitze im Rohr garen. Soll das Fleisch gekocht werden, auch hier wieder nicht zuviel Wasser zum Ansetzen nehmen. Um das Verdunsten der Flüssigkeit zu minimieren, nicht zu stark kochen, sondern besser leicht köcheln, bzw. ziehen lassen.

Tipp: Wie wir in diesem Kapitel erfahren haben, erhöht Salz den Siedepunkt des Wassers. Zur Verkürzung der Kochzeit Salz erst nach dem Aufkochen des Wassers hinzu fügen.

Aus der Haushaltsküche meiner Frau

Würzige Brotaufstriche ohne Salz kochen, in kleine Gläser füllen, etwas Sole drauf geben. Vor dem Verzehr kurz umrühren - dies gibt dem Aufstrich eine pikante Würze und dieser hält ohne Einwecken 3 bis 4 Wochen. Gehackte Wildkräuter mit grobkörnigem Salz vermischen, in Gläser füllen, etwas gutes Öl darüber gießen und Sie haben das ganze Jahr über frische Kräuter zum Würzen Ihrer Speisen. Wenn Sie Salatblätter, vor allem Wildsalat (z.B. Löwenzahn), nach dem Waschen leicht mit Salz bestreuen, etwas fein geschnittene Äpfel und Karotten darunter mischen, mit Zitrone und Öl marinieren, erhalten Sie einen knackigen Gesundheitssalat, der milz-, herz-, und blutstärkend wirkt und auch noch die Leber entgiftet. **Eine ausgezeichnete Methode, den Salzeinsatz zu verringern: Würzen mit selbst hergestellten Kräuter- und Gewürzsalzen.**

Beim Herstellen von Salzmischungen können Sie Ihre Fantasie walten lassen. Zu beachten ist: Die Zutaten müssen immer getrocknet sein. Das Zerkleinern kann mit dem Mixer erfolgen. Hierbei ist zu beachten, dass sich das Messer nicht heißlaufen darf (Gerät gelegentlich abschalten). Schonender für die Zutaten ist das Zerkleinern im Mörser.

Ein paar Beispiele

Algensalz: 80g frische Algen bei 50°C im Backrohr solange trocknen, bis sie sich zerbröseln lassen. Im Mixer ganz fein zerkleinern und unter 500g Ursalz mischen. Eignet sich sehr gut zum Anmachen von Salaten, zum Herstellen von pikanten Dips und zum Aufwerten von Süßwasserfischen.

Hildegard-Salzmischung: 30g Galgantpulver, 20g getrockneter Quendel, 10g Mutterkümmel, 4 Lorbeerblätter gut zerkleinern und unter 500g gesottenes Steinsalz mischen. Eignet sich zum Würzen pikanter Speisen, warmer und kalter Saucen, Brotaufstrichen und Quarkspeisen.

Südländisches Kräutersalz: 10g Oregano, 20g Rosmarin, 4 Lorbeerblätter, 10g Salbei, alles getrocknet und gut zerkleinert, unter 500g Meersalz mischen. Eignet sich zum Würzen von Tomatengerichten, Spaghetti - Tops und pikanten Saucen.

Gomasio: 300g schwarze Sesamkörner ohne Fett in der Pfanne rösten. Abkühlen lassen und mit dem Mixer zerkleinern Unter 60g Kristallsalz mischen. Verleiht neuen Kartoffeln einen vorzüglichen Geschmack. Des weiteren kann es zum Bestreuen von Reisgerichten, Gemüsepfannen oder auf Butterbrot gegessen werden.

Natursalz hat einen intensiveren, eher würzigeren Geschmack als herkömmliches Speisesalz. Deshalb verleiht es den Speisen bei richtigem Einsatz einen angenehmeren Geschmack als das handelsübliche Koch- oder Speisesalz.

Unter richtigem Einsatz ist zu verstehen: Der Eigengeschmack der Speisen muss unbedingt erhalten bleiben. Salz darf niemals geschmacklich dominieren.

Gute Köche wissen:
Salz darf niemals als eigenständiges Würzmittel eingesetzt werden. Es dient ausschließlich dazu, den Eigengeschmack des Kochgutes hervorzuheben. Damit Sie Ihre Speisen nicht versehentlich versalzen, sollten Sie beachten, dass Salze unterschiedlicher Herkunft auch unterschiedliche Würzkraft besitzen. So ist beispielsweise das englische Meersalz, das in der Maldon-Bay in Essex gewonnen wird besonders salzig. Es ist leicht an seinen Kristallen, die fast wie kleine Schneeflocken aussehen zu erkennen.

Meersalz aus Frankreich, das vorwiegend in der Bretagne gewonnen wird, zeichnet sich durch einen feinen, milden, aromatischen Charakter aus. Es verleiht den Speisen einen außergewöhnlichen Geschmack. Von anderen Salzen unterscheidet es sich durch seine graue Färbung, die vom Meeresboden der Marschen herrührt. Ein

kostbares Salz, das seltener angeboten wird ist die „Salzblume",
das so genannte „Fleur de sel". Es kommt von den Marschen in
Guerande. Nach 500jähriger Tradition wird es dort noch heute
gewonnen, indem man das Salz in großen Pfannen verdunsten
lässt. Die sich auf der eingedickten Sole bildende weiße Schicht,
die „Fleur de sel" wird vorsichtig abgeschöpft. Diese „Blume des
Salzes" ist ganz besonders für den Einsatz in Salzmühlen geeignet.

**Auf keinen Fall lassen Sie sich durch die Annahme, Natursalz
sei etwas besonders Gesundes, zu einem erhöhten Salzeinsatz
verleiten. An dieser Stelle möchte ich nochmals darauf hinweisen, zu viel Salz macht aggressiv, schädigt die Lungen und erhöht den Blutdruck!**

**Wer die Weisheit des Salzens versteht, der trägt viel zu seiner
eigenen und anderer Gesundheit bei.**

Und noch etwas ganz Wichtiges: Erst Wasser verleiht dem Salz
seine Qualität! Nicht umgekehrt! Salz ist immer in Verbindung
mit Wasser zu sehen. Das „beste" Salz wird durch „schlechtes"
Wasser gemindert.

Aber minderes Salz kann durch hochwertiges Wasser aufgewertet
werden. Denken Sie immer daran, Salz ist kein Nahrungsmittel.
Es ist auch kein Gewürz. Salz ist ein Lebenselement, zuständig für
die Entstehung und die Erhaltung des Körpers. Die besondere Natur dieses Stoffes liegt, wie Sie im Kapitel „Salz - Urstoff des materiellen Lebens" erfahren haben, im katalytischen und nicht im
Nutzbereich.

Offenbarungen der Nahrungs-Apokalypse
Erinnerung an die Zukunft

*Womit wir uns in der äußeren Welt herumschlagen,
sind nur die Schatten von uns selbst.*

Ramijdal Shakta

102

Wir befinden uns in der größten Lebensmittelkrise, die Deutschland und Europa je heimgesucht hat. Egal, über welche Medien wir uns informieren - von allen Seiten sind wir mit den Manipulationen, die mit dem Großteil unserer Nahrung vorgenommen werden, konfrontiert. In dem Buch „Ernährungsgeheimnisse - die verborgene Botschaft der Nahrung" berichteten Margit Linortner und ich bereits über die Vergiftung unserer „Lebensmittel" mit Fungiziden, Pestiziden, Antibiotika und zahlreichen anderen Schadstoffen. Die Beobachtungen zeigen, dass es zur Zeit noch viel schlimmer ist, als wir es damals geschildert haben. Gewissenlos und ohne Rucksicht auf Pflanze, Tier und Mensch werden aus purer Profitgier Antibiotika, Hormone und Stoffe eingesetzt, die den Körper und die Psyche zum Teil stark beeinträchtigen. Dabei müssen wir uns darüber im klaren sein, dass die Verabreichung der lebensfeindlichen Medikamente im EU-Bereich durchaus legal ist. Bekannt ist eine von Politikern werbewirksam inszenierte Kampagne gegen einige Tierärzte, die z. B. Tiermäster mit Pharmazeutika versorgten. Diese Ärzte wurden nicht nur zur Rechenschaft gezogen, weil sie Gifte weiter gegeben hatten, sondern weil die Weitergabe an die Bauern ohne Beratung erfolgte. Mit den Scheininszenierungen werden wir vom wahren Sachverhalt abgelenkt. Der Kern des Übels ist unter anderem die heutige Gesetzgebung, in der all diese Manipulationen unter dem Deckmantel der „optimalen" Lebensmittelversorgung der Massen nicht nur erlaubt sind, sondern sie werden mit Steuergeldern obendrein noch subventioniert. Keiner sollte jedoch meinen, dass diese Misere seitens der Politik verändert werden kann. Im Kapitel „Ein Umdenken ist unumgänglich" gehe ich auf diese Problematik ausführlich ein.

Aufgrund der Massentierhaltung sind die Lebensbedingungen dieser Geschöpfe so weit vom naturgerechten Leben entfernt, dass selbst die Immunabwehr nicht mehr normal funktionieren kann und bei den eingepferchten Tieren größtenteils total zusammenbricht. So gehaltene Tiere würden sofort an allen möglichen Infektionskrankheiten sterben. Um dies zu verhindern, werden Antibiotika eingesetzt - Stoffe, die gegen das Leben gerichtet sind. Beruhigungsmittel (starke Psychopharmaka) werden den Tieren verabreicht, damit sie sich aufgrund der katastrophalen Lebensbedingungen, die zu Aggressionen führen, nicht gegenseitig verletzen. Unnatürliches, aggressives Verhalten ist der Grund dafür, dass den Kühen die Hörner abgesägt und dem Geflügel die Schnäbel zum Teil abgezwickt oder abgebrannt werden, um so die gegenseitigen Verletzungen zu minimieren. Eine derartige Verstümmelung ist für die Tiere eine extreme körperliche und seelische Belastung, die sich in den Zellen des Tieres informativ einprägt (siehe informativ geprägtes Wasser). Somit wird zu allen anderen Belastungen noch eine weitere hinzugefügt. Das Schlimme an der Kontaminierung unserer Nahrung sind nicht die sichtbaren Schäden, die von den mit unseren Speisen aufgenommenen Giften in unserem Körper verursacht werden. Denn diese können größtenteils medikamentös behandelt werden. Sondern die unsichtbaren informativen Veränderungen in der Zellstruktur, die unser mentales und emotionales Verhalten ungünstig beeinflussen können.

Bereits der bayerische Seher Mühlhiasl schrieb vor rund 150 Jahren: *„Es wird kommen eine Zeit, da sitzen die Leute vor vollen Tellern, essen können sie nichts, weil ihr Essen voller Gift ist."*

Gravierend sind wie gesagt die unsichtbaren Aspekte, jene Informationen, die wir mit feinstofflich negativ geprägter Nahrung aufnehmen und die sich auf unsere Strukturen verändernd auswirken. Eine Wandlung im seelischen Bereich kann beispielweise eine Information der Verhärtung sein, die eventuell Sturheit auslöst und somit über den Charakter auf unser Schicksal Einfluss nimmt. Emotional negativ programmierte Nahrungsbestandteile verhindern eine Umstrukturierung hin zum Subtileren, Feineren. Die Lebenskraft wird blockiert, es fällt uns immer schwerer, naturkonforme Gedanken zu fassen. Je weiter sich unser Denken von der

Natur entfernt, umso weiter entfernen sich unsere Taten von ihr. Wie weit wir vom naturkonformen Leben abgewichen sind, erfahren wir durch die Probleme, die uns das Leben schickt. Mit einem Blick in die Medien erkennen wir die Auswirkungen, die von den denaturierten Lebensmitteln und der lebensfeindlichen Technik verursacht werden.

Mit anderen Worten: Die Nahrung, die zur Zeit von den allermeisten Menschen in der so genannten zivilisierten Welt verzehrt wird, hemmt die Menschen nicht nur in ihrem geistigen Wachstum, sondern fördert darüber hinaus die tierähnlichen Aspekte in ihnen. Wer von uns weiß eigentlich, dass 75 % aller Nahrungsmittel in Deutschland industrielle „Veredlungsprozesse" durchlaufen?

Damit die Frühstückseier den richtigen Gelbton aufweisen, wird den Hühnern Betacarotin in das Futter gemischt. Die rosa Farbe der Zuchtlachse ist ein Werk der Lebensmittelchemie. Fertigsuppen haben mit einer herkömmlichen Suppe wenig gemeinsam - sie sind das Ergebnis einer aufwendigen Technologie. Nudelteig wird mit Treibmitteln aufgeschäumt, damit die Nudeln schneller gar werden. Das Erdbeeraroma der Süßspeisen wird aus Baumrinde gewonnen, und das herrliche Pfirsicharoma des Joghurts wird aus Schimmelpilzen und Bakterien im Bioreaktor teilweise mit Gentechnologie produziert. Vielfach werden Abfallprodukte zum Ausgangsmaterial der Industrienahrung. Etwa der so genannte Eiweißkuchen der bei der Verarbeitung von Hühnerfleisch übrig bleibt und nach einer Behandlung mit Natronlauge als Nährwertlieferant in Doseneintöpfen landet. Oder die Rückstände der Sojaverarbeitung, die als Ballaststoffe ins Vollkornbrot gemischt werden. Eine ganz besondere Spezialität ist der Meeresfrüchtecocktail, in dem der Beifang der Fischereiflotten vermanscht, aromatisiert und in die Form von Shrimps oder Calamares gepresst wird. Hubert Weiger vom Bund Naturschutz drückt das folgendermaßen aus: **„Nicht nur die Futtertröge der Tiere sind zum Abfalleimer geworden, sondern die gefüllten Teller der Menschen sind es auch."** Der Verbraucher ist von der natürlichen Lebensweise - man kann auch sagen von der göttlichen Schöpfung - so weit abgewichen, dass er nicht merkt, dass die Nahrung ihn krank statt gesund macht.

Beispiel: Emotionen von Freude, Liebe und Glück vermittelt uns die Geschmacksrichtung süß. Den Körper nicht belastende Gefühle können aber nur von naturkonformen Lebensmitteln ausgelöst werden. Essen wir, um Glücksgefühle zu erleben, statt dessen zu oft Schokolade, dann übersäuern wir. Raffinierter Zucker raubt uns - in größeren Mengen genossen - Lebenskraft. Süßen Genuss ohne Reue könnte uns ein frisch gepresster, naturbelassener Rohrzuckersaft bieten.

Warum industriell „veredelte" Nahrung unsere Vitalkraft mindert, wollen wir am Beispiel des raffinierten Zuckers verdeutlichen: Der aus dem geernteten Zuckerrohr oder Zuckerrübe gepresste Saft wird mit Kalkmilch vermengt und bis zum Sieden erhitzt. Dadurch verbinden sich die organischen, lebenswichtigen Säuren und andere Partikel mit dem Kalk zu festen Bestandteilen, die nun leicht zu entfernen sind. In der Regel wird diese Masse mit Schwefeldioxyd gebleicht und anschließend unter hohem Druck durch Filter gepresst. Der vorliegende klare Saft wird verdampft und abermals stark erhitzt. Diese strukturverändernde Prozedur wird so lange fortgesetzt, bis ein klebriger, zäher Sirup entsteht, aus dem sich einzelne Zuckerkristalle herausbilden. Die Masse, bestehend aus Sirup und Zuckerkristallen wird bei 1000 bis 1500 Umdrehungen/Minute zentrifugiert, um die flüssigen von den festen Bestandteilen zu trennen. Anschließend wird mit Wasser kräftig gesprüht. Nun haben wir einen Rohzucker, in dem sogar noch ein wenig Lebenskraft pulst. Dieser Rohzucker wird abermals aufgekocht und verdampft, damit die darin enthaltene Saccharose herauskristallisiert. Die wertvollere Melasse gilt als Nebenprodukt und wird beim Rohrzucker zu Alkohol, Rum, Aromastoffen und Tabakzusätzen und bei der Rübe meistens zu Tierfutter verarbeitet. Die Kristalle werden erneut gelöst, entfärbt und auskristallisiert. Beim letzten Vorgang kann aufgrund verschieden langer Kristallisierungszeiten die Kristallgröße beeinflusst werden (Puderzucker, normaler Zucker usw.). Brauner Zucker enthält etwas Melasse, ist aber auch nicht viel wertvoller als der weiße Zucker. Noch schlimmer als Saccharose wirken die künstlichen Süßstoffe: Obwohl diese eigentlich bitter schmecken, täuschen sie uns Süße vor. Durch Süße wird u.a. das Sättigungsgefühl eingeleitet. Schnell merkt der Körper den Betrug und gerät in Panik. Von Natur aus auf Überleben programmiert, schaltet er sofort auf Speichern um: Alle Kalorien der begleitenden bzw. nachfolgenden Nahrung werden nun als Fett deponiert. Wer einmal in Amerika war, weiß, dass gerade diejenigen, die sich vorwiegend von Light-Produkten ernähren, die unförmigsten Menschen sind - viele dieser armen Wesen können kaum noch laufen.

Überall dort, wo wir Menschen in die Abläufe der Natur eingreifen, schaffen wir Chaos, Katastrophen und Krankheit bis hin zum Tod. Irgendwann müssen wir begreifen, dass wir ausschließlich durch den Verzehr von Lebensmitteln, die nicht manipuliert wurden, frei von Giften, frei von Informationen des Schmerzes und des Leides sind, zu wirklich freien Menschen werden können und somit ein menschenwürdiges (Über) Leben gewährleistet ist.

Die gewaltigen technische Errungenschaften, die Möglichkeiten in der Gentechnik, die verführerisch aussehenden Fertigprodukte, die erst durch Erfolge der chemischen Industrie ermöglicht wurden und uns ökonomisches Wirtschaften vorgaukeln, ließen den Menschen wahre Triumphe feiern. Der materialistisch denkende Mensch war der Überzeugung, im technischen und naturwissenschaftlichen Bereich seien die Entwicklungen unbegrenzt. Aber nun erkennen wir, dass diejenigen, die schon seit langem ein Einhalten anmahnten, Recht hatten. Mit Sorge betrachten wir die Verunreinigung der Luft und die ständig schlechter werdende Qualität des Wassers, auch wenn uns heute noch von dem angeblich so guten Trinkwasser deutscher Städte berichtet wird. Bei der Trinkwasserbewertung wird ausschließlich auf die chemisch-physikalische Reinheit geachtet. Der energetische, für uns Menschen wichtigste Zustand wird vollkommen außer acht gelassen.
Im täglichem Angebot ein ungeheuer großer Berg verseuchter Nahrungsmittel, die für relativ wenig Geld erstanden werden können (Billigwaren). Außerdem werden uns angeblich qualitativ hochwertige Waren für gutes Geld angeboten, die aus Gründen der maßlosen Gewinnsucht mit minderwertigen Bestandteilen gestreckt sind. (Butter, die mit Rindertalg vermischt wird).

Jetzt sieht jeder von uns, dass es so nicht weitergehen kann und der unerschütterliche Glaube an das Materielle zu dieser bedrohlichen Belastung des Menschen und seiner Umwelt geführt hat. Immer mehr Bürger erkennen, dass der einseitige Glaube an das Vordergründige ins Abseits führt, da die Materie nur ein Aspekt des Lebens ist. Harmonie und Ausgeglichenheit können aber nur dort herrschen, wo alle Aspekte gesehen, erfahren und gelebt werden. Durch den industriellen Ackerbau, der auf Justus von Liebig zurückzuführen ist, wurden anfänglich Massenerträge im landwirtschaftlichen Bereich möglich. Die Kehrseite: ausgelaugte Böden, kraftlose Nahrung, kranke Tiere, leidende Menschen.

Betrachten wir einmal die ausgewogene Ganzheit des Lebens als eine Skala, die 100 % umfasst. Die Skala (Ganzheit) beinhaltet z. B. Essen, Trinken, Schlaf, Arbeit, Spiel, Gesundheit, Krankheit, Wohlleben, Fröhlichkeit, Schmerz, Glück und Unglück, Armut und Reichtum usw. Um eine Ausgewogenheit des menschlichen Lebens zu gewährleisten, müssen sich alle Faktoren möglichst im Gleichgewicht befinden. Nehmen wir von einem Faktor zu viel in Anspruch, müssen wir von einem anderen Faktor abgeben. Im konkreten Fall bedeutet dies: Lege ich meine gesamte Energie in den Erwerb materieller Dinge, Karriere, Reichtum usw., so vermindert sich auf der anderen Seite mein Lebenskraftpotenzial, und ich verliere meine seelische und physische Gesundheit.

Ein anderes Beispiel: Der Einsatz von Kunstdünger ergibt hohe Erträge. Aber die erzeugte Ware vermittelt wenig Lebenskraft. Sie lässt uns schlaff und müde werden. Weil aber der künstliche Dünger (vorläufig) große Ernten ermöglicht, führt dies zu Überproduktionen. Um wiederum das Preisniveau zu halten, werden ganze Ernten vernichtet. Dass es auch anders gehen kann, stellt die alternative Landwirtschaft unter Beweis. Hier wird deutlich, dass wir bei naturkonformer Bewirtschaftung einerseits weniger Ertrag erhalten, andererseits aber naturschonende, lebensfördernde und qualitativ hochwertige Produkte gewinnen. Da Überproduktion nicht stattfindet - somit muss auch nicht künstlich verknappt (verteuert) werden – erhalten wir 100 % und leben in Kooperation mit der Natur.
Die Chinesen wussten davon schon vor langer Zeit. Sie sagten: „Was du links nimmst, musst du rechts hinzufügen". Einfach ausgedrückt: Der goldene Mittelweg ist immer ein guter Weg.

Apokalypse heißt Offenbarung, aber auch Verwandlung

Immer stärker wird uns bewusst, dass wir auf einem Weg sind, der in kürzester Zeit unweigerlich in den Abgrund führen muss. Die Menschen vertrauen darauf, dass andere für sie die Probleme lösen. Beispiel: Der Patient erwartet Gesundheit vom Arzt, der Bürger Sicherheit von der Regierung, der Verbraucher eine einwandfreie Kontrolle der Lebensmittel vom Verbraucherschutz.

Dass dies nicht funktioniert, soll an folgendem Beispiel, das wir den Printmedien entnehmen, aufgezeigt werden: Unter dem Motto „Globalisiertes" Fischmehl, **Schlafende Behörden, schleichender Tod** wurde folgender Text veröffentlicht. *„Ausgerechnet verseuchtes Fischmehl bringt das „grüne" Verbraucherministerium in Deutschland in Bedrängnis. 13 Tage lang ruhte dort eine Warnmeldung der niederländischen Behörden, wonach mit dem verbotenen Antibiotikum Chloramphenicol verseuchte Krabben nicht entsorgt, sondern illegal nach Deutschland geschleust und*

dort in einer Cuxhavener Firma zu Fischmehl verarbeitet wurden. Verbraucherschutzministerin Künast hatte seit dem 13. April 2001 Fischmehl, das auch als Überträger des BSE- Erregers gilt, trotz heftiger Proteste in Deutschland wieder für die Schweine- und Geflügelzucht zugelassen."

Sie versprach im Gegenzug strenge Kontrollmaßnahmen.
Dieses Beispiel zeigt ganz deutlich, dass es allerhöchste Zeit für jeden von uns ist, das eigene Schicksal in die Hand zu nehmen. Wir haben uns an ein soziales Staatswesen mit voller Absicherung gewöhnt. Kurz: Wir sind träge, unbeweglich und unselbstständig geworden. Bei jeder Kleinigkeit verlangen wir nach Hilfe anderer. Wir haben unsere Verantwortung für uns selbst abgegeben und dadurch die Macht über uns in fremde Hände gelegt. Langsam, ganz allmählich dämmert es dem einen oder anderen, dass wir dadurch unser wahres Menschsein verloren haben. Jetzt wird Vielen ihre Abhängigkeit und Hilflosigkeit in jeder Hinsicht offenbar. Mit Entsetzen stellen wir nun fest, mit welcher Nachlässigkeit mit unserer Gesundheit und unserem Leben gespielt wird. Der Mensch, an ein „Geführt werden" gewöhnt, neigt sehr schnell zum Vergessen. Weil wir aber aus dem uns nun bekannt gemachten Irrungen die Konsequenzen ziehen sollen/müssen, werden wir solange mit den Problemen konfrontiert, bis eine Änderung in unserem Bewusstsein eintritt. Wie tief verankert das gewohnte Denken bei vielen Mitmenschen ist, habe ich erst vor kurzem erfahren müssen. Wir führten eine Aktion mit fleischlosen Gerichten durch und warben dafür mit einem Plakat, auf dem ein Kalb in einer Bergwiese lag.

Die Überschriften lauteten: „Quo vadis" Mensch? (wohin gehst du Mensch?) und „Auch ich will leben"!

Ein Mitglied der Betriebsleitung fühlte sich dazu veranlasst, in seinem Geltungsbereich das Plakat überkleben zu lassen. Auch erklärte er mir gegenüber ganz tapfer, dass er jederzeit so „mutig" sei, Rinderfleisch zu essen, und dass es gerade jetzt gar kein besser kontrolliertes Fleisch gäbe als Rind- und Kalbfleisch. Von seiner Warte aus betrachtet hatte er sogar Recht. Materiell gesehen gibt es auch überhaupt keinen Grund, auf Rindfleisch zu verzichten. Aber es geht hier gar nicht um belastetes oder unbelastetes Fleisch.

Der Grund liegt viel tiefer. Wie vorher schon berichtet, ist der heutige „zivilisierte" Mensch durch den abnorm hohen Verzehr von Fleisch, das nach billigsten, tier- und menschenverachtenden Methoden produziert wird, derart stark vergiftet, dass es für ihn keine Möglichkeit mehr zu einer menschenwürdigen Aufwärtsentwicklung aus sich selbst heraus geben kann, sofern er seine Ernährungs- und Lebensgewohnheiten nicht korrigiert. Wenn nun nicht seitens der Natur eingegriffen würde, wäre es um Mensch und Erde geschehen.

Wie sieht dieses Eingreifen aus? Der einfach strukturierte Mensch lässt sich am leichtesten durch Gefühle der Angst leiten, deshalb wird er auch durch die Angst auf den „rechten Pfad" geführt. In dem Wort Apokalypse ist neben dem Begriff „Offenbarung" auch jener der „Verwandlung" enthalten. Somit kommen wir zur Verwandlung. Der Mensch der Jetztzeit ist aufgefordert, sein Bewusstsein zu ändern, also zu wandeln. Das bedeutet: Er muss nun lernen, sensibler mit anderen Wesen umzugehen. Dies ist ihm aber nur möglich, wenn er in sich ein Feingefühl entwickelt. Übermäßiger Fleischverzehr (auch ohne Gift) macht ihm diese Wandlung unmöglich. Jeder, der um diese Hintergründe weiß, wird freiwillig seinen Fleischkonsum reduzieren. Er wird darüber hinaus ausschließlich auf Produkte der alternativen Landwirtschaft zurückgreifen.

(siehe „Ernährungsgeheimnisse" Linortner/Teichert)

In dieser Hinsicht können uns die Gebräuche der alten Indianerstämme Nordamerikas als Beispiel dienen. Diese weisen Menschen erlegten nur soviel Wild (Büffel), wie sie für ihren Bedarf benötigten. Vor allem aber baten sie vor Beginn der Jagd den Tiergeist um Erlaubnis, ein Tier zu erlegen. Nach beendeter Jagd wurde dem Tier dafür gedankt, dass es sich freiwillig als Nahrung geopfert hatte. Bei vielen „Zivilisierten" lösen diese Bräuche auch heute noch ein mitleidiges Lächeln aus.

Ein anderes Beispiel: Deutsche Großwildjäger sind in einem Privatrevier am Rande der Etoshapfanne in Namibia auf Jagd. Ihnen geht es ausschließlich um Trophäen. Das Fleisch der erlegten Tiere gehört traditionell den Wildhütern und Treibern. Zwei Oryxantilopen werden geschossen. Die eine wird mit einem sauberen Blattschuss sofort getötet. Die Jagdhelfer gehen zu dem Tier, zerlegen es, ihre Frauen tragen dankbar das frische Fleisch nach Hause. Der andere Spießbock wird nur angeschossen. Eine unwürdige, nervenaufreibende Hetzjagd beginnt. Die Jäger werden mit den Geländewagen hinter dem Tier hergefahren. Nach etwa einer halben Stunde gelingt es einem von ihnen, das arme Tier zu erlösen. Die Jagdhelfer trennen den Kopf mit den Spießen ab. Keiner der Treiber macht sich jedoch daran, das Fleisch auszulösen. Obwohl die Menschen großen Hunger haben, ziehen die Frauen mit trauriger Miene und leeren Gefäßen heimwärts. Die deutschen Großwildjäger schütteln entgeistert den Kopf. Es fallen Bemerkungen wie: Dumme Menschen, kein Wunder, dass es ihnen so schlecht geht, haben nichts zum Beißen und lassen das beste Fleisch einfach liegen. Es sind doch wirklich immer noch Wilde usw. Wer hier in Wirklichkeit die Unwissenden sind, kann ganz einfach beantwortet werden. Bei Tieren, die sich in Todesangst befinden, gelangen enorme Mengen Stresshormone über die Blutbahnen in das Muskelgewebe. Hierdurch wird das Fleisch für den menschlichen Verzehr unbrauchbar. Ja, es kann als giftig und krank machend bezeichnet werden! All dies wissen die Eingeborenen - die ach so gebildeten „Zivilisierten" wissen gar nichts.

Wer einmal auf einem konventionellen Schlachthof war, wird gesehen haben, was die Tiere alles erleiden müssen, wie sie misshandelt werden, wie sie mit Stromstössen vorwärtsgetrieben werden, wie sie schreien, wie Schweine vor Angst einfach sterben. Was hierbei an Schadstoffen in das Muskelgewebe abgegeben und von uns dann in Form saftiger Steaks mit Wonne verspeist wird, ist der reinste Horror, es ist der reinste Tod. Und wir lächeln kopfschüttelnd über die ach so einfältigen Schwarzen im tiefen Afrika.

Genmanipulation ist eine Vorgehensweise, die mit einem verantwortungsvollen Umgang mit der Natur und ihren Wesen nicht zu vereinbaren ist. Wir sind als homo sapiens zwar intelligent, aber noch nicht intelligent genug, um die Folgen einer Manipulation, die an dem Bauplan der Schöpfung vorgenommen wird, absehen zu können.

Hier wollen wir stellvertretend ein Beispiel anführen: Mit Hilfe von Wachstumshormonen ist es gelungen, einen Lachs dahingehend zu manipulieren, dass er dreimal so schnell wächst wie Zuchtlachse - und sogar diese wachsen bedeutend schneller als ihre Vettern in Freiheit. Dieser Monsterlachs wird auch dreimal so groß wie ein Zuchtlachs. Das bedeutet: Er erreichte eine Länge von über drei Metern. Seine hervorstehenden Augen haben die Größe von Limetten. Das Gewicht soll 280 bis 360 kg betragen. Ein Horror!! Auf die Frage, ob denn das Fleisch dieses Ungetüms zu verkaufen sei, antwortete der Züchter sinngemäß: „Die Vermarktung ist überhaupt kein Problem - mit der richtigen Werbung und zielgerichteter Argumentation ist a l l e s „an den Mann, an die Frau zu bringen".

Hier kommen wir noch einmal auf die 100 % zurück. Wer diesen Fisch kauft und verzehrt, bekommt wohl viel Masse für (vielleicht) wenig Geld, aber im Gegenzug werden Mangel und Minderwertigkeit eingehandelt. Um das Gleichgewicht zu halten (100 %), wird der Käufer Krankheit oder Leid erhalten.

Der Lachs ist neben der Forelle der am meisten verbreitete Zucht-fisch. Er war einst in unseren Flüssen, vor allem im Rhein als frei-lebender Wildfisch sehr häufig anzutreffen. Er wurde in Massen gefangen, deshalb war er seinerzeit neben dem Hering der billigs-te Fisch. Eine der ersten Forderungen der aufkommenden Ge-werkschaft im Rheinland war: Die Hoteliers und Restaurantbesit-zer wurden gebeten, ihrem Personal nicht öfter als zweimal in der Woche Lachs als Personalessen anzubieten.

Die Zeiten änderten sich, der Lachs wurde überfischt, die Flüsse wurden durch Verbauung und Abwässer immer lebensfeindlicher, die einstmals großen Lachsbestände gingen praktisch bis auf fast Null zurück. Dieser Fisch wurde seltener, deshalb begehrter und hochpreisig. Heute gilt er als Delikatesse. Lachsfarmen wurden eingerichtet, in denen dieser Fisch nun in Massen gezüchtet wird. Hier herrschen die gleichen Zustände wie in der Massentierhal-tung mit all den bekannten Symptomen und Belastungen. Ohne die Zuchtfarmen, so wird argumentiert, würde nicht genügend Fisch vorhanden sein, und wir müssten hungern. Das stimmt so nicht! Denn um 1 kg Lachs zu züchten, werden 3 kg Futter benö-tigt. Bei diesem Futter handelt es sich um Fische, um den so ge-nannten Beifang der Fischereiflotten. Ungefähr 30 % des Fisch-fangs wird für die Fischzucht benötigt. Der so genannte Beifang - das sind oft hochwertige Fische, die ohne weiteres von Menschen konsumiert werden könnten. Ist es bei so einem Raubbau noch ein Wunder, dass die Meere immer leerer werden?

Noch eine Horrormeldung: In Thailand wird Reis in Monokultur angebaut. Irgendwann ist der Ertrag so gering und die reisspezifi-schen Krankheiten sind so stark vertreten, dass es nicht mehr möglich ist, hier weiter Reis zu pflanzen. Die Felder werden ge-flutet und mit Süßwassergarnelen besetzt. Auch hier: Ein Besatz folgt dem nächsten - so geht es viele Jahre hindurch. Die Zugabe von Chemikalien aller Art steigert sich zwangsläufig von Jahr zu Jahr. Letztendlich ist die Giftbrühe so konzentriert, dass selbst die robusten Krebstiere nicht mehr überleben können. Das Wasser wird wieder abgeleitet. Was zurück bleibt, ist eine Wüste. Es dauert, so haben Experten errechnet, etwa fünfzig Jahre, bis sich hier wieder Vegetation ansiedeln kann. Und diese Garnelen werden auch in Deutschland sehr oft angeboten und gerne als Seafood–Spezialität und Finger-food von „Feinschmeckern" genossen!

Computergesteuerte Kühe: Die Natur, die auf Gesundheit und Leben ausgerichtet ist, setzt auf absolute Qualität. Die Industrie (auch die Landwirtschaftsindustrie) setzt dagegen auf Massenerträge. Deshalb produziert sie mit naturfernen Methoden. In „effektiv" wirtschaftenden Betrieben rechnen Experten die Zusammensetzung und Menge des Futters für jede einzelne Kuh aus. Im Stall stehen Container; in ihnen sind verschiedene Röhren angeordnet, in denen sich Futtermischungen befinden. Die Enden der Röhren münden in einem Metalltrog. Die Tiere tragen Halsbänder mit Kontaktgebern. Kommt nun z. B. das Tier mit der Nummer 17 an den Trog, öffnet sich das dazu gehörige Fach, „Kraftfutter" kommt in den Trog, und die Kuh kann ihr speziell zugeordnetes Futter fressen. Viele von uns werden noch wissen, dass Kühe eigentlich wiederkäuende Pflanzenfresser sind. Die Tiere würden dieses Futter gar nicht anrühren, deshalb werden sie mit Suchtmittelzusätzen zum Fressen verführt. Selbstverständlich wurden den Tieren zu ihrem eigenen Schutz(???) die Hörner abgesägt bzw. weggezüchtet.

Ein Beispiel aus der Leader-Nation der westlichen Welt: Die dortige Lebensmittelindustrie hat laut Erhebungen festgestellt, dass Kinder gerne Pommes essen. Vor allem gewürzt mit Ketchup. Des weiteren ergaben dortige Umfragen; Kinder lieben bunte Farben. Um den Absatz zu steigern, wird jetzt Ketchup zusätzlich in den Farben Grün, Lila und Blau hergestellt. Um den Verkauf weiter zu steigern werden auch die Pommes gefärbt. Es gibt sie in den Farben Schokoladenbraun, Rot und ganz neudeutsch Cool-blue. Um dem Ganzen die Krone aufzusetzen, werden die Kartoffelstäbchen mit den zur Farbe passenden Aromen angeboten. Die Bevölkerung dieses Landes wird nun noch stärker mit Junk-food (Müllessen) belastet. Es wird wohl nicht lange dauern, bis dieser Unsinn zu uns nach Europa kommt.

Von der Reinheit der Getränke in Flaschen war ich immer überzeugt. Mit großem Erstaunen erfuhr ich aus den Medien, dass es Abfüllanlagen geben soll, bei denen die Füllmengenkontrolle mittels radioaktiver Strahlen erfolgt. Ebenso hat mich die Mitteilung aufhorchen lassen, dass im Rahmen der EU radioaktiv bestrahlte Nahrungsmittel (Gemüse, Eier, Gewürze) in den Handel kommen.

Immer mehr apokalyptische Machenschaften im Zusammenhang mit der Nahrung werden publik - wir können auch sagen: Sie werden offenbar. Nehmen wir noch einmal den Begriff Verwandlung auf, den das Wort Apokalypse beinhaltet. Über Tausende von Jahren werden die Menschen nun schon von Außen geleitet. Denken wir an die Götter der Ägypter, der Griechen, der Azteken, der Römer, aber auch an Moses. Die „Forderungen" der Götter bzw. Gottes an den Menschen wurden in Mysterienschulen, Tempelorden und dergleichen stellvertretend durch die Priester an die „einfachen" Menschen übermittelt. Nach den römischen Priestern übernahmen dann die uns bekannten großen Ein-Gott-Religionen diese Aufgabe und sagten dem Volk, wie es zu denken und zu handeln habe. Die Freiheit zum selbstständigen Denken und Handeln wurde stark eingeschränkt. Grausamste Strafen ahndeten einen Verstoß gegen die Order der Bestimmenden.

Mit dem Wirken und der Lehre Jesu sollte die Dominanz der Herrschenden teilweise aufgehoben (gewandelt) werden. Der Mensch sollte lernen, aus sich selbst heraus freie Entscheidungen zu treffen. Aber neue Denkweisen benötigen lange Zeiträume, bis sie sich durchsetzen.

Jetzt, nach 2000 Jahren, sind wir an einen Punkt angekommen, an dem immer mehr Menschen in Situationen geraten, in denen sie ein selbstständiges, eigenverantwortliches Denken und Handeln lernen müssen. Als Menschheit begreifen wir endlich, dass nichts Äußerliches auf uns zukommen kann, mit dem wir innerlich **nicht korrespondieren.** Dieses für Viele ungewohnte Wissen benötigt selbstverständlich einige Übungen, bis wir es so fest in uns verinnerlicht haben, dass wir routinemäßig auch in alltäglichen Situationen eigenverantwortlich handeln.

Womit können wir besser üben als mit unserer täglichen Nahrung? Mit ihr wird uns jegliches Fehlverhalten in Form von Unwohlsein oder Krankheit offenbar. Wir müssen nur die Zusammenhänge erkennen.

Wir sehen also: Apokalypse hat nichts mit Weltuntergang und anderen schrecklichen Weltgeschehen zu tun. Wir befinden uns mitten in ihr. Beide Aspekte - die Offenbarung sowie die Forderung nach Verwandlung - stellen uns zur Zeit vor große Aufgaben. Wer seine Lektion gelernt hat, wird sich entsprechend verhalten. Er wird in Bezug auf seine Nahrung zu ökologisch vertretbaren Produkten greifen und hat zumindest in diesem Fall eine Wandlung in sich vollzogen und wie wir wissen, wirkt alles, was wir in uns tragen auch nach außen. Hier wird nun ganz deutlich, dass es im Grunde genommen nichts absolut Böses gibt, sondern dass durch das vermeintlich Böse das Gute geschaffen wird.

Es ist eindeutig zu erkennen:
Der Begriff Apokalypse oder auch Endzeit meint nicht das Ende der Materie, des Planeten Erde, sondern all dessen, was wider die Natur, also gegen Gott gerichtet ist. Anders ausgedrückt: Der Materialismus ist im Begriff des Wandels hin zu einer pflanzen- tier- und menschengerechten Lebensordnung. In der Zukunft werden sich die Wirtschaftszweige nicht mehr an der Krankheit orientieren um damit ihr Geld zu verdienen,

sondern wir kommen allmählich in eine Zeit hinein, in der sich die Wirtschaft an der Gesundheit orientieren wird.

Der bekannte Zukunftsforscher Matthias Horx, kommt durch seine jahrelangen Studien, die er in dem Buch „Die acht Sphären der Zukunft" zusammengefasst und veröffentlicht hat, zu folgendem Ergebnis:

**Das 21. Jahrhundert wird
das Jahrhundert der Ethik sein.**

BSE - Geißel oder Chance der Menschheit?
Fakten und Hintergünde

Die geringste Tat der Barmherzigkeit,
auch wenn sie an den niedrigsten
Geschöpfen geübt wird -
wie zum Beispiel das Leben eines Insektes
aus Mitleid zu schonen -
wird dem Täter
künftige Vergeltung bringen.

Tsa-ho-ham-king

Im Jahre 1984 beobachtete das zentrale veterinärmedizinische Labor im englischen Weybridge zum ersten Mal die Bovine Spongiforme Enzephalopathie, kurz BSE genannt. Zu deutsch - schwammartige Gehirnerweichung bei Rindern - uns allen als sogenannter Rinderwahnsinn bekannt.

Bis Mitte Februar 2001 waren in England 180500, in Irland 600, in der Schweiz 364, in Portugal 475, in Frankreich 247 und in Deutschland 30 BSE - Fälle bekannt.
Keiner weiß genau, wie diese Krankheit entstanden ist, oder ob sie ansteckend ist, und natürlich kann sie auch von keinem Mediziner erfolgreich behandelt werden. Wie immer, wenn etwas in der „Grauzone" liegt, ranken sich viele sensationell aufbereitete Geschichten um derartig ergiebige Themen. BSE war für die Medien - vor allem in Deutschland - über einen längeren Zeitraum der Garant für hohe Einschaltquoten und Printauflagen. Die Bevölkerung, auch wiederum im deutschsprachigen Raum, war derart verunsichert, so dass der Fleischkonsum stark zurück ging. Anfang 2001 wurden laut einer repräsentativen Umfrage rund 2,5 Millionen Deutsche zu Vegetariern. Die Gründe liegen auf der Hand. Dabei ist die BSE-Seuche - obwohl es sich bei BSE eindeutig um keine Seuche handelt, haben wir diesen Begriff übernommen - nur der erste Höhepunkt eines umfassenden Lebensmittelskandals: Wer sich vom Rindfleisch abwandte, stellt nun fest, dass er auch Schweinefleisch nicht mehr essen kann, weil ganze Herden mit Antibiotika gedopt wurden. Fachleute sind der Ansicht, dass Antibiotika in der Mahlzeit mindestens genauso gefährlich sind wie die BSE-Prionen. Wer auf Fisch umsteigen will, erfährt aus einer aktuellen Studie der EU, dass Fische aus Nord- und Ostsee mit Dioxin verseucht sind - kein Wunder bei der bekannten Vergiftung der Meere. Bleibt nur noch Geflügel. Doch auch bei diesem schließt das Bundesgesundheitsamt neuerdings eine Übertragung von BSE nicht mehr aus - ebenso bei Schafen und Schweinen. Wir befinden uns in einem wahren Teufelskreis. Reformhäuser

und Naturkost-Läden verzeichneten einen gewaltigen Zuwachs. Nachdem die Berichterstattung abflaute, ließ auch das Interesse der Massen an biologisch erzeugten Produkten wieder nach. An die nachfolgenden Horrormeldungen über mit Hormonen oder chemischen Giften verseuchte Lebensmittel war man ja aus der Vergangenheit gewöhnt. Man ging wieder seinen alten Ernährungs- und Lebensgewohnheiten nach.

Trotz des ständig steigenden Fleischkonsums und der unvermindert anhaltenden Quälereien in der Massentierhaltung, wird es nicht mehr so sein wie vor BSE.

Auch wenn zur Zeit über die vermehrt auftretenden BSE-Fälle nicht mehr in den Medien berichtet wird, und die Bevölkerung sich in Sicherheit wiegt, wird das Bewusstsein für eine natürlichere Ernährungs- und Lebensweise wachsen. Derartige Vorgänge gehen relativ langsam vonstatten. Bis sich ein Massenbewusstsein, das über viele Jahre geprägt wurde, verändert, vergehen auch in einer schnelllebigen Zeit etliche Jahre.

Zu welchen Konsequenzen das heutige Konsumverhalten letztendlich führt, wollen wir später beleuchten. Zunächst betrachten wir einmal, wie es zu BSE - nach Lesart der veröffentlichten Meinung - kam, besser gesagt vermutlich kommen musste, denn stichhaltige Beweise für die Entstehung dieser Krankheit gibt es nicht.

Bereits im 18. Jahrhundert beobachtete man in Großbritannien bei Schafen ein ähnliches Verhalten wie bei an BSE erkrankten Rindern. Auf Grund des traberartigen Gangs und des häufigen Niederstürzens der erkrankten Tiere bekam diese Krankheit den Namen Traberkrankheit (Scrapie). **Thesen, auf die man sich vorerst geeinigt hat, und die über offizielle „Fachblätter" Verbreitung finden:** Ende der siebziger Jahre veränderten die Tiermittelhersteller in Großbritannien die Methoden zur Herstellung von Knochenmehl. Knochenmehl ist ein Hauptbestandteil von Tierfutter-

Mehl. Bis 1979 wurde das Knochenmaterial bei 3 Bar Dampfdruck über einen Zeitraum von 20 Minuten auf 133°C erhitzt und sterilisiert. Um Kosten einzusparen, begann man Mitte 1979 auf diese hohen Temperaturen zu verzichten. Ab jetzt begnügte man sich mit Temperaturen von 80°C bei einer 30-minütigen Dauer. Diese Temperaturen reichten nun nicht mehr aus, die Erreger der an Scrapie erkrankten Schafe, deren Kadaver zu Knochenmehl verarbeitet wurden, zu töten. Die BSE-Erreger gelangten ins Tierfutter.

Rinder wurden mit dem infizierten Mehl gefüttert, der Erreger löste BSE aus. Das ist eine der Theorien. Dagegen spricht allerdings, dass der BSE-Erreger nicht zum gleichen Erregerstamm gehört wie der Erreger, der bei Schafen die Traberkrankheit auslöst. Rindern, denen man experimentell Scrapieerreger einimpfte, erkrankten an einer anderen Krankheit als BSE.

Folgende Hypothese besagt: BSE gab es, genau wie die Creutzfeld-Jakob-Krankheit, schon immer. BSE trat früher nur seltener auf – genauer gesagt, wurde aufgrund fehlender Untersuchungen gar nicht festgestellt - und ihr wurde deshalb auch keine große Bedeutung beigemessen. Aufgrund der Tatsache, dass alle verendeten Tiere - selbst die von Tierärzten „eingeschläferten" Haustiere - zu Tierfutter verarbeitet wurden, machte die gewissenlose Gewinnsucht des Menschen wiederkäuende Pflanzenfresser zu Kannibalen. Jetzt erst konnte die vorher nur sporadisch auftretende Erkrankung epidemische Ausmaße annehmen. Für diese Theorie spricht, dass sich die Inkubationszeit - die Zeit von der Ansteckung bis zum Ausbruch der Krankheit - nicht veränderte. Hieraus geht eindeutig hervor, dass es sich bei BSE nicht um eine neue, sondern um eine auch schon vorher bekannte Erkrankung des Rinds handeln könnte. Ein weiterer Beweis für diese Annahme ist, dass ein BSE-ähnliches Verhalten bei Menschen auftreten kann, wenn diese ihre Artgenossen - vor allem deren Gehirn - verspeisen. Bei Eingeborenenstämmen in Papua-Neuguinea, die bei religiösen Riten Hirn von Verstorbenen aßen, traten Muskelzittern und andere BSE-verwandte Symptome auf. Kuru so heißt die Krankheit, ging schlagartig zurück, seitdem der Kannibalismus dort verboten wurde. Heute kommt Kuru in diesem Gebiet kaum noch vor.

Hier einige Hypothesen von namhaften Wissenschaftlern, die nicht in die propagierte Meinung über BSE passen und aus diesem Grund wahrscheinlich auch keine große Beachtung in der breiten Öffentlichkeit finden werden:

Prof. Dr. med. Alan Ebringer vom Kings College in London vertritt die These, BSE sei eine Auto-Immun-Erkrankung. Eine Übertragung Rind – Mensch sei deshalb kaum vorstellbar. Seine Forschungsarbeiten an 128 BSE-erkrankten Rindern, führten zu dem Ergebnis: Das Krankheitsbild BSE ist immer mit stark erhöhten Titerwerten (Messwerte im Blut) für Acinetobacter-Antikkörpern verbunden. Aus diesem Grund, so Ebringer, können die Prionen nicht Verursacher, sondern allenfalls Folge der spongiösen Enzephalopathie sein. Das bedeutet im Klartext: Sowohl BSE als auch die neue Variante des Creutzfeldt-Jacob-Syndroms beim Menschen werden durch das Bakterium acinetobacter calcoace verursacht. Es kommt häufig in Böden vor, auf die Kot und Gülle ausgebracht werden. In der Infizierung durch Gülle sieht Ebringer auch die Erklärung dafür, dass unter den 47 Menschen, die bislang an der neuen Form des Creutzfeld-Jacob-Syndroms gestorben sind, auch strenge Vegetarier (!!) waren. Nicht das Bakterium selbst verursacht die Schäden, sondern die Antikörper, die der befallene Körper dagegen bildet. Die Prionenangst erscheint somit als unbegründet. Die Verbreitung der Krankheit erfolgt höchstwahrscheinlich über die mit Gülle verseuchten und durch widernatürliche Bearbeitung geschädigten Böden, aber auch durch die Überfütterung mit Getreide und Silage.

Prof. Dr. Roland Pechlaner, Universität Innsbruck, vertritt ebenfalls die Meinung, dass BSE, CJD und Multiple Sklerose auf eine

Infizierung durch die Verseuchung der Böden mit Gülle und die dadurch bedingte Massenentwicklung von Acinetobacter zurückzuführen sei. Auch er hält die Ansteckung von Tier zu Tier oder Tier zu Mensch für unwahrscheinlich. Prof. Pechlaner ist darüber hinaus gegen die Prionen-Theorie und aus diesem, sowie aus ethischem Grund hat er sich gegen das Keulen (grundloses Töten) ausgesprochen.

Prof. Dr. Pechlaner teilte in seinem Brief vom 23. Februar 2001 an das Bundeskanzleramt in Wien unter anderem folgende Befürchtungen mit: „Seit der SEAC-Konfrontation - (Spongiform Encephalopathy Advisory Committee) in London weiß ich, dass zumindest Kämpfer gegen Ebringers Autoimmun-Theorie, die in England, auf EU-Ebene und in der Schweiz großen Einfluss haben, Shareholder von Prionentest-Firmen sind. Des weiteren gebe ich bekannt, dass ich vor allem im universitären Bereich noch sehr viel tun werde, der Wahrheitsverweigerung gegenüber BSE und CJD sowie dem generellen Wissensrückstand zu Autoimmunkrankheiten entgegenzuwirken."

Die Forschungsarbeiten des Univ. **Dozenten Dr. Michael Wagner**, TU München, der den Bauern mit seinen unten aufgeführten Ausarbeitungen zur Hilfe kommen wollte sind anscheinend im Sande verlaufen.

Er forschte an folgenden Projekten;

- wie sich Acinetobacter in aerob gewordener Silage unter Freiland- und Stalltemperaturen vermehrt,
- inwiefern Mischfutter-Trommeln Brutkästen für Acinetobacter sind,
- ob zu wenig Sauberkeit der Tränkeneinrichtung vermehrte Acinetobacter-Belastung bedingt,
- ob Tier und Mensch im betreffenden Fall Acinetobacter als Aerosol inhalieren, weil z.B. Gülle-Belüftung die Hofluft belastet oder eine Rolle bei der Infizierung spielt.

Im übrigen werden vonseiten vieler ernst zu nehmender Wissenschaftler folgende Krankheiten mit der Gülle und der mit Gülle

125

verseuchten Atemluft in Verbindung gebracht:

- Rheumatisches Fieber,
- Morbus Bechterew (Rücken-Bandscheibendeformation)
- BSE,
- Creutzfeld-Jakob-Syndrom,
- Multiple Sklerose.

Soweit die verschiedenen Thesen der Wissenschaftler. Wie wir erkennen, gibt es viele Meinungen, aber keine Gewissheit.

Bevor wir uns andere Aspekte dieser Krankheit betrachten, wollen wir feststellen: Beide Hypothesen, BSE entstehe durch Tiermehl - oder sie entstehe als Folge von Silage und Getreidefütterung, sowie der Ausbringung von Gülle - werden durch gleich starke Wissenschaftlergruppen argumentiert. Obwohl es den Anschein hat, dass ein Schwergewicht zugunsten der Gülletheorie besteht, müssen wir uns fragen:

1. Warum wurden wahllos Tiere „gekeult?"
2. Warum wurde der Ebringer-Test nicht eingeführt, obwohl er preisgünstiger ist und darüber hinaus einen Test am lebenden Tier zulässt?
3. Warum bekam der kostspieligere Prionen-Test den Vorzug, der die Tötung des Tieres voraussetzt?
4. Warum werden ganze Viehbestände allein bei Verdacht auf BSE ausgerottet? Zwischenzeitlich wurde dies in der Schweiz abgeschafft.

Wenn wir bedenken, wie schnell Politiker bereit waren, aufgrund der unhaltbaren These - „BSE-Verbreitung" erfolge über infizierte Rinder - diese zu töten, müssen wir uns in diesem Zusammenhang fragen:

- Warum wird Gülle in unverminderter Menge auf Feldern und Weiden ausgebracht?
- Weshalb darf sogar nach der neuen EU-BIO-Norm mit Silage gefüttert werden?
- Warum wird ungehindert weiter mit Getreide gefüttert?:

Gemäß dieser Ausführungen sollten wir uns allenfalls vor Gülle und Silage und der damit verseuchten Landluft in acht nehmen.
Eine Furcht vor dem Verzehr von Rindfleisch, das von artgerecht gehaltenen Tieren stammt, erscheint als unbegründet.

Betrachten wir vor diesen Hintergrund das immer noch in der Bevölkerung in Bezug auf BSE vorherrschende Unwissen, dann stellen sich uns folgende Fragen:

- **Wer oder was oder welche Kräfte verhindern die volle Aufklärung?**
- **Wer ist an der Irreführung breiter Bevölkerungsschichten interessiert?**
- **Oder sollen hier bewusst mit der Angst der Massen Geschäfte gemacht werden?**

Wie wir in die BSE-Krise geraten sind

Es waren leichtfertige Hypothesen der Wissenschaft. Von einer experimentell nicht überprüften Hypothese (**„Prionen im Tiermehl"**) wurde eine zweite abgeleitet (**„BSE beim Rind erzeugt CFJ beim Menschen"**) - die von den Medien zu einem europaweiten Bedrohungsszenario aufgebauscht wurde. Die Politik reagierte mit überzogenen Maßnahmen. Ein Teufelskreis entstand, indem die nüchterne Einschätzung der tatsächlichen gesundheitlichen Gefahren verloren ging.

Als mündige Bürger haben wir ein Recht auf uneingeschränkte Aufklärung. Allerdings sollten wir uns auch selbst umfangreich informieren und vor allem allen offiziellen Erklärungen kritisch gegenüberstehen. Wer es sich zur Gewohnheit werden lässt, politische Aussagen auf ihren Wahrheitsgehalt zu hinterfragen, wird in seinem Verhalten und seinen Entscheidungen weniger manipulierbar sein.

Gehen wir zurück in die Vergangenheit: Am 13.01.1923 traf sich Rudolf Steiner (1861 - 1925), der Begründer der biologisch dynamischen Landwirtschaft (Demeter), mit Großgrundbesitzern in

Koberwitz. Thema der Zusammenkunft: Wohin geht die Entwicklung der Landwirtschaft? Steiner trug im Laufe dieses Treffens seine Ideen einer naturgerechteren Landwirtschaft vor. Andere sprachen bereits davon, die Milcherzeugung durch so genanntes eiweißreiches Futter tierischer Herkunft (Kraftfutter) zu steigern. Dieses Ansinnen parierte Steiner mit der Aussage: *„ Wenn die Kuh oder der Ochse die Pflanze frisst, dann wird sie in ihm zu Fleisch. Das heißt, er hat die Kräfte, durch die er aus dieser Pflanze Fleisch machen kann, in sich. Nun denken sie sich, der Ochse würde anfangen, Fleisch zu fressen. Was geschieht also, wenn er statt Pflanzen Fleisch direkt frisst? Er lässt die ganzen Kräfte ungenützt, die in ihm Fleisch erzeugen können. Aber, meine Herren, die Kraft im tierischen Körper, die kann ja nicht einfach verloren gehen. Der Ochse ist endlich ganz angestopft von dieser Kraft, die tut etwas anderes in ihm, als aus Pflanzenstoffen Fleischstoffe zu machen. Das was sie tut, das erzeugt in ihm allerlei Unrat. Statt dass Fleisch erzeugt wird, werden schädliche Stoffe erzeugt. Die Folge davon würde sein, wenn der Ochse direkt Fleisch fressen würde, dass sich in ihm riesige Mengen von Harnsäuresalzen absondern würden, die würden nach dem Gehirn gehen und der Ochse würde verrückt werden. Wenn wir das Experiment machen könnten, eine Ochsenherde plötzlich mit Tauben zu füttern, so würden wir eine ganz verrückte Ochsenherde kriegen"*.

Steiner hatte also damals schon BSE-ähnliches Verhalten, verursacht durch tierisches Eiweiß bei Pflanzenfressern, vorausgesehen. Dies ist jene Seite der Krankheit BSE, die im Blickwinkel des mechanistischen Denkens zu sehen ist.

Ganzheitlich betrachtet, vermittelt uns diese Krankheit noch viel mehr Aspekte. Nachdem Newton, Descartes und Bacon ihre Theorien entwickelt hatten, und die Menschen von einem einseitig übertriebenen religiösen Denken in ein übertriebenes materielles Denken gerieten, fing ungefähr um 1800 das so genannte mechanistische, materielle Zeitalter an. Eine Zeit, in der das Seelische, das Geistige, das Emotionale immer mehr in den Hintergrund trat. Der Mensch wurde als Maschine betrachtet. Man war bemüht, alle seine Funktionen auf mechanistische Abläufe zurückzuführen. Wer sah oder ahnte, dass es noch mehr gibt als das, was mit bekannter Technik zu sehen war, wurde schlichtweg für unseriös, ja selbst für verrückt (in seiner negativen Bedeutung) erklärt. Somit konnte der Mensch als Arbeitstier deklariert werden (nach der Darwin´schen Evolutionslehre stammt er ja ohnehin vom Affen ab). Als einfacher, ungebildeter Mensch galt er sehr wenig, besser gesagt, er galt fast nichts.

Das Tier, das aus damaliger Sicht in seiner Entwicklung noch eine Stufe unter dem Menschen stand, war gelinde gesagt einfach nur Ware. Ware, die nur eine einzige Daseinsberechtigung hatte. Dem Menschen als Futter zu dienen. Wie weit der heutige Mensch in seinem Denken und Fühlen und Handeln gegenüber dem Tier gesunken ist, möchte ich mit folgenden Beispielen verdeutlichen: Am 08.02.2002 wurde folgender Bericht in den Medien veröffentlicht: **50 000 Küken tot gespritzt!**
50 000 kleine Hühner-Küken sollten exportiert werden. Aufgrund handelsrechtlicher Bestimmungen wurde deren Einreise nicht gestattet. Kurzerhand nahm man einen Hochdruckreiniger und spritzte die Tiere mit einem starken Wasserstrahl zu Tode. Verängstigt suchten die kleinen Wesen in den Ecken Zuflucht, aber der grausame Mensch erhob sich über „Gott" - ohne Erbamen wurde alles vernichtet.
Ähnliche Vorgänge ereignen sich tagtäglich in den Brutanstalten. Hier werden die geschlüpften kleinen gelben Küken in Hennen und Hähnchen getrennt. Die kleinen Hähnchen gehen einer grausamen Zukunft in den Mastanstalten entgegen. Diejenigen, die diese Prozedur lebend überstehen, landen später in unseren Mägen. Die kleinen Hennen werden mit Gas getötet.
Anfänglich wurden Tiere noch - verglichen mit heute üblichen Methoden - relativ „vernünftig" gehalten und versorgt. Ende der

zwanziger Jahre bis Mitte der dreißiger Jahre erkannte man, dass der Massenmensch besser funktioniert, wenn er satt ist. Zuerst begann man die Landwirtschaft zu industrialisieren. Der von Justus von Liebig 1850 entdeckte „Kunstdünger" half dabei den Acker auszubeuten. Neu entwickelte Chemikalien vernichteten unerwünschte Insekten, Pilze und so genannte Unkräuter. Die **sichtbare** Seite: größere Ernten, Überfluss, viel Futter für Mensch und Tier = SATTE, bequeme und leicht zu manipulierende MENSCHEN.

Die mit damals zur Verfügung stehender Technik **unsichtbare** Seite: wertlose Pflanzen, vergiftete Böden, stark belastetes Wasser, unsaubere Luft = KRANKE MENSCHEN, KRANKE TIERE KRANKE PFLANZEN.

In den dreißiger Jahren begannen die Anfänge der Massentierhaltung. Das war der „Startschuss" zur ungehemmten Tierquälerei, die in der heutigen Zeit - wie auch die extensive (ausbeutende) Landwirtschaft und der Materialismus - ihren Höhepunkt überschritten hat.

Dass das materialistische Zeitalter zu Ende geht, kündigt sich auch im Wandel unseres wissenschaftlichen Weltbildes an. Die Physik hat ihn durch die Erkenntnisse der großen Physiker des vorigen Jahrhunderts - **Albert Einstein, Max Planck** und **Werner Heisenberg** - inzwischen überwunden. Die restliche Naturwissenschaft hat diesen Schritt noch vor sich.

Die neue Physik lehrt uns, dass unsere Welt in Wirklichkeit nicht aus Materie besteht. Was wir als mehr oder weniger feste Stoffe empfinden, ist nicht eine Ansammlung unendlich vieler allerkleinster, fester Teilchen, sondern ein Beziehungsgeflecht von Impulsen und Schwingungen eines unsichtbaren Energiefeldes.

A. Einstein sagte: *„Die uns als Materie erscheinenden Atome sind eine Konzentration von Energie!"*

Max Planck erläuterte: „Alle Materie entsteht und besteht nur durch eine Kraft, welche das Atom als winziges Sonnensystem zusammenhält. Da es aber im Weltall keine Kraft an sich gibt, müssen wir hinter dieser Energieform einen bewussten und intelligenten Geist annehmen. Dieser ist der Urgrund der Materie". Soweit Max Planck.

Hans Peter Dürr, der Münchner Physiker und langjährige Mitarbeiter und Nachfolger Werner Heisenbergs, beschreibt das so: *„Am Ende der Wirklichkeit ist in dieser Betrachtung nicht die Materie, sondern nur ein Feld, das aber nicht materiell ist, sondern eine Art Potenzial darstellt. Ein Potenzial, das die Fähigkeit hat, sich zu materialisieren. Dieses Feld ist nur ein einziges Feld, aus dem das ganze Universum besteht - im Grunde ist alles Geist".*

Die Konsequenz dieser Forschungsarbeiten: **Das materialistische Weltbild weicht einem allumfassenden spirituellen. Dieses neue Weltbild basiert auf der Tatsache, dass Gott, der Allerhöchste oder wie Sie dieses geistige Prinzip auch immer nennen wollen, sich in jedem seiner Geschöpfe manifestiert.**

Hans Peter Dürr, ein Vertreter der neuen Physik, fasst diese Erkenntnisse wie folgt zusammen: „Die moderne Physik geht von dem Bild des äußeren Gottes weg, denn in der neuen Naturwissenschaft, der Quantenphysik, ist der Gedanke vorherrschend, dass alles mit allem zusammenhängt. Aber wo es nichts Abgetrenntes gibt, kommt man zu einem anderen Gottesbild. Ich kann mir Gott nicht als etwas Äußeres vorstellen. Für mich gilt nur ein Gottesbild, in dem ich selbst mit inbegriffen bin".

Wenn der All-Geist alles durchwirkt, jede Pflanze, jedes Tier und selbstverständlich auch jeden Menschen, dann stellt sich für uns die Frage, wie wir mit der Schöpfung umzugehen haben.

Nun wird auch deutlich, was Pythagoras schon vor 2500 Jahren meinte, als er sagte: **„Alles, was der Mensch den Tieren antut, kommt auf ihn zurück."** Viele haben nun begriffen, dass Gedanken und Gefühle (Emotionen) Kräfte, Schwingungen sind. Vielen ist ebenfalls bekannt, dass sich Schwingungen formbildend, manifestierend auswirken, dass sie erschaffen. Und sind nicht auch die Tiere Wesen, die Gefühle haben, die Schmerzen verspüren? Und was meinen wir? Was passiert mit den Schwingungen, die die unvorstellbar grausam behandelten, gequälten Tiere durch die fürchterlichen Schmerzen, die sie zu erleiden haben, aussenden?

Diese Schwingungen wirken physikalisch betrachtet auf das Blut der Tiere ein, indem dieses durch den permanenten Stress übersäuert (energetisch betrachtet, prägen sich Informationen, Frequenzen mittels Lichtquanten in die Zellen ein). Nach gängigen Schlachtmethoden blutet das Fleisch nicht aus; über die von uns verzehrten saftigen Steaks gelangen nun nicht nur Säuren, sondern zusätzlich im Blut und Zellen gespeicherte Informationen in unseren Körper.

Die gleichen Schwingungen gehen aber auch in den Kosmos und sammeln sich in der Akasha-Chronik einem magnetischen Feld, das sich nach Aussagen weiser Menschen in und über unserer Erde befindet. Der bekannte englische Bio-Physiker Rupert Sheldrake nennt dieses Gebilde morphogenetisches Feld. Ein Feld, das wir mit einer unendlich großen Computerfestplatte vergleichen können. Auf dieser „Festplatte" wird alles, was an Schwingungen von den gesamten Wesenheiten ausgeht, festgehalten. Schwingungen sind im Grunde genommen Energiefrequenzen, wenn wir so wollen Lichtquanten, Prof. Dr. A. Popp nennt sie Biophotonen. Diese Lichtquanten wiederum prägen die Informationen in das morphogenetische Feld ein. Dem kosmischen Gesetz von Ursache und Wirkung zufolge kommt alles, was jemand veranlasst, auf ihn zurück. Wie kann man sich dies vorstellen? Genauso wie wir es von unserem Computer her kennen, funktioniert auch dieses in Wechselwirkung. Es sind lediglich zwei verschiedene Programme notwendig: Eines zum Aufnehmen und eines zum Abrufen. Wie das Aufnehmen funktioniert, wurde gerade geschildert.

Das Abrufen der im morphogenetischen Feld gespeicherten Infor-

mationen erfolgt durch Wesenheiten, deren Emotionen den Gespeicherten gleichen. Wir müssen uns das folgendermaßen vorstellen: Alle Kreaturen sind gleichzeitig Sender und Empfänger
von Urbildern, die durch Gefühle verursacht werden. Kommt nun
eine Wesenheit in eine Situation, Freude oder Leid zu fühlen, so
wird diese Information einerseits gesendet und andererseits abge-
rufen und potenziert sich. Das geschieht nach dem Gesetz: Gleiches zieht Gleiches an.

In diesem Kapitel geht es um BSE. Deshalb betrachten wir, wie es
den Kühen in den Ländern, in denen es diese Krankheit gibt, geht.
Enge Stallungen, kein artgerechtes Futter, zum Kannibalismus
gezwungen, keine liebevolle Zuwendung, das kurze Leben an einer Kette, die Hörner zum Teil abgesägt, mit Medikamenten voll-
gepumpt, kein Sonnenlicht, schon als Kalb von der Mutter getrennt, aufgezogen mit Chemie statt mit Milch, beim Transport
quer durch Europa kein Wasser, Zugluft, Schläge und so weiter
und so weiter. Dass durch so eine Behandlung bei den Tieren keine Freude am Leben entstehen kann, ist uns sicherlich bewusst.
Statt dessen Leid, Qual, Schmerz, Verdruss am Leben. All diese
Energien gehen in das morphogenetische Feld ein. Auch die Informationen jener Kühe, die schon lange als Steak von uns verzehrt
wurden, befinden sich noch im Speicher. Pausenlos wird gesendet. Ständig geraten neue Tiere in gleiche Stresssituationen. Die
Information des Leidens wird immer größer. Irgendwann kommt
der berühmte Crash, der Wahnsinn ist perfekt. Im Zusammenhang
mit den Kühen nennen wir diesen Wahnsinn BSE.

Dass dieser von uns Menschen verursachte Wahnsinn auf uns zurückkommen muss, ist aufgrund des Kausalitätsgesetzes absolut
sicher. Aber es ist unwahrscheinlich, dass dies in Form von BSE
geschieht, denn jede Kreatur reagiert entsprechend ihren artspezi-
fischen Verhaltensmustern. Bei BSE handelt es sich um Rinderwahnsinn, um Rinder, die von uns in den Wahnsinn getrieben
wurden und so reagieren, wie wahnsinnige Rinder eben reagieren.
Wahnsinnige Menschen reagieren anders, weil sie anders struktu-

riert sind, deshalb anders denken und fühlen, andere Informationen aussenden und empfangen. Was wahnsinnige Menschen anstellen können, erfahren wir täglich aus den Medien. Als Menschen der so genannten zivilisierten Welt sind wir es gewohnt, Symptome zu therapieren, deshalb haben wir unseren Fokus ausschließlich auf die Krankheit BSE gerichtet. Den Blick für die Gesamtheit haben nur wenige, und diese wenigen mahnen uns, unseren Fokus so einzurichten, dass wir einen Überblick über das gesamte Leben bekommen.

Symbolisch betrachtet, spiegeln uns die an BSE erkrankten Tiere den Wahnsinn, den wir Menschen in uns und somit auch auf der Welt angerichtet haben, wider.

Unsere Chance, als Menschheit aus diesem Wahnsinn herauszukommen, liegt einzig und allein bei uns. Und zwar bei jedem von uns. Wir können nicht argumentieren, es sind die konventionell produzierenden Landwirte, die umdenken müssen, oder die korrupten Politiker, die nur eine bessere Politik machen müssen. Nein, verehrte Leser/innen - wir sind es. Wir, das bedeutet: Sie und ich, wir müssen anfangen uns zu ändern. Stellen Sie sich einmal bildlich vor, jeder von uns würde vor seiner eigenen Haustür kehren wäre da nicht überall Ordnung? Und so ist es mit allem. Jeder von uns hat mit dazu beigetragen, dass es so ist wie es ist. Waren wir es nicht, die nur billige Waren kaufen wollten? Waren wir es nicht, die preisvergleichend durch die Geschäfte zogen und das Billigste kauften?

Wer das Billigste will, bekommt auch das Billigste. Wenn er Pech hat in, Form schwerer Krankheit.

Der Kosmos funktioniert nach dem Prinzip des Ausgleichs. Auch die für unser vermeintliches Wohlleben geschundene Kreatur wird ihren Ausgleich für ihre „Liebestat" an der Menschheit bekommen. Ein noch größerer Schaden als durch die Tierquälereien wurde durch das wahllose Abschlachten gesunder Tiere und durch ihr anschließendes Verbrennen verursacht. Gefühllose, machtbesessene Politiker kreierten in perverser Weise hierfür den Begriff „Keulung". Durch dieses Verhalten werden negative Energien unvorstellbaren Ausmaßes freigesetzt. Energien, die sich als Folge des Kausalitäts-Gesetzes zum Schaden ganzer Völker manifestieren werden. Eine mögliche Reaktion auf diese Vergeudung, besser gesagt Missachtung des Lebens, der Lebewesen, die sich uns als Nahrung zur Verfügung stellen wollten, könnten unvorstellbare Hungersnöte und Kriege sein.

Die Motivation dieser Gräueltaten: **Der gesunkene Rindfleischpreis sollte aufgrund der künstlich erzeugten Rindfleischknappheit nach oben gepuscht werden. Also pure Geldgier!**

Der größte Teil der Menschheit ist so strukturiert, dass eine Veränderung ihrer Lebensgewohnheiten nur durch außergewöhnliche Umstände erreicht werden kann. Diese Umstände sind in der Regel: schwere Krankheit, großes Leid, Katastrophen und dergleichen mehr, vor allem aber Angst. Eine dieser für uns alle nicht zu übersehenden Mahnungen ist der Rinderwahnsinn - BSE. Durch dieses spezifische Krankheitsbild wird uns drastisch vor Augen geführt, wie es mittlerweile um uns und unser Umfeld bestellt ist. Aufgebauscht durch Medienberichte war die erste Motivation zum Nachdenken die Angst vor Ansteckung. Die ganz Ängstlichen verzichteten sofort auf Rindfleisch und konsumierten statt dessen Schweine-, Puten- und anderes Fleisch. Die Wenigsten dachten darüber nach, dass dieses Fleisch auch nicht besser ist. Im Gegenteil, das Geflügel wird genau so misshandelt wie die Rinder und zusätzlich noch mehr mit Chemikalien aller Art verseucht. Generell ist Schweinefleisch am meisten belastet.

Aber was tun? Maßnahmen auf der materiellen Ebene:
- drastisches Einschränken des Fleischverzehrs,
- wenn Fleisch, dann nur aus artgerechter Tierhaltung und humaner Schlachtung,

- keine Tiertransporte mehr,
- einstellen der europäischen Subventionen für die Massentierhaltung,
- keine Vernichtung der „Überproduktion" von Schlachtvieh und keine Steuergelder für z. B. Vernichtung durch Verbrennen,
- der Lebensmittelmarkt muss sich selbst regulieren,
- der Verbraucher muss bereit sein, ehrliche Preise für ehrlich produzierte Produkte zu bezahlen,
- kein Düngen mit Gülle und unreifem Mist.

Wer weiterhin Rind- und Kalbfleisch essen möchte, ohne Angst zu haben, an BSE zu erkranken, sollte diese Regeln beachten:

1. Verzehren Sie ausschließlich Fleisch aus artgerechter Tierhaltung (z. B. Demeter). Tiere auf diesen Höfen werden teilweise im Freiland gehalten. Sie haben auch in den Ställen viel Auslauf. Ihre Hörner dürfen sie behalten. Medikamentenabgabe ist streng kontrolliert. Junge Tiere wachsen nach dem Mutterkuh-Verfahren auf.

2. Essen Sie möglichst kleine Portionen Fleisch, kombinieren Sie es mit viel frischem Gemüse oder Salat.

3. Essen Sie immer mit Freude und Genuss und niemals, wenn Sie sich gestresst fühlen oder sich in negativer Stimmung befinden.

4. Haben Sie sich den Glauben an eine höhere Instanz bewahrt? Nennen Sie diese Gott, Jehova, Allah, den Allerhöchsten oder wie Sie auch immer wollen. Dann sollten Sie sich auf das Gericht, das vor Ihnen auf dem Tisch steht, ohne jegliche Anstrengung oder Verkrampfung konzentrieren. Bedanken Sie sich leise sprechend oder in Gedanken bei dem Tier dafür, dass es sich Ihnen als Nahrung zur Verfügung gestellt hat. Bitten Sie den Allerhöchsten um seinen Segen.

Wer diese Regeln beherzigt, braucht sich meiner Meinung nach vor BSE nicht zu fürchten. Im Übrigen ist die Übertragung der BSE auslösenden Prionen = Eiweiß = Protein = Aminosäureverbindung auf den Menschen bisher von niemandem nachgewiesen worden. Denken Sie aber unbedingt an das Blut und die Zellen der Tiere. Hier sind, wie berichtet, alle Informationen, die das Tier gesammelt hat, gespeichert. Durch den Fleischverzehr können sich diese Informationen mit Ihren Strukturen verbinden und allerlei Unannehmlichkeiten in Ihr Leben ziehen. Der Rinderwahnsinn kann aus metaphysischer Sicht nicht auf ein bestimmtes Gebiet begrenzt werden. Wie sollen weltliche Grenzen elektromagnetische Schwingungen aufhalten? Alle Aussagen und Maßnahmen von Verbänden und Politikern, diese Krankheit eindämmen zu können oder gar zu verhindern, sind nichts weiter als Show. Das beste Beispiel dieser Art ist Bayern. Wir können uns noch daran erinnern, wie in allen Kaufhäusern und Metzgereien das gesunde, bayerische, BSE-freie Rindfleisch angepriesen wurde. Ich selbst habe einen Kollegen, der war von dem Fleisch der „berühmten" fränkischen Weiderinder total begeistert. Und dann? Noch immer führt Bayern, vor allem das Allgäu, die Liste mit den meisten an BSE erkrankten Rindern an. Vermutlich liegt das daran, dass man hier größtenteils zur ausschliesslichen Stallhaltung übergegangen ist.

Auch mit der Theorie des morphogenetischen Feldes von Rupert Sheldrake betrachtet, kann diese Krankheit auf kein bestimmtes Gebiet begrenzt werden. Wie wir in diesem Kapitel erfahren haben, bricht sie immer dort aus, wo Zustände herrschen, die diesem Krankheitsbild entsprechen. Die erste große Gelegenheit zur Umkehr hat nur ein kleiner Teil der Menschen genutzt. An der Haltung und dem Transport der Tiere hat sich nicht viel geändert. Eine Ausnahme bildet die Schweiz. Hier müssen alle Landwirte, die staatliche Zuschüsse erhalten wollen, ihre Kühe mindestens für 100 Tage im Jahr auf die Weide führen. Trotz aller Beteuerungen von Seiten der Politiker, der Massentierhaltung einen Riegel vorzuschieben, nehmen die Quälereien noch zu! Der Verbrauch von Rindfleisch aus „konventioneller" Produktion ist sogar gestiegen. Gestiegen sind auch die BSE-Fälle in Europa, vor allem in Deutschland. Doch die Medien berichten darüber nicht mehr. Das Volk geht zur Tagesordnung über. Andere Sensationen beherrschen die Schlagzeilen. Allerdings sind einige Menschen sensibilisiert worden, der ökologische Landbau wird etwas mehr anerkannt, und wie eingangs berichtet, wurden weitere 2,5 Millionen Bundesbürger zu Vegetariern. Der kleine Teil derer, die verstanden haben, wird wachsen und mit der Zeit immer größer werden. Wir wissen auch, dass sich alles allmählich verändert, und gerade in der Natur gehen die einzelnen Umbrüche langsam vonstatten.

Wenn wir daran denken, dass die Quintessenz dessen, was Sie in diesem Kapitel lesen, schon in der Bibel steht und dort mit folgendem Satz zum Ausdruck gebracht wird:

**Was ihr dem Geringsten eurer Brüder tut,
das habt ihr mir getan.**

Dann verstehen wir auch, wie lange es dauert, bis sich das Denken und Handeln der Menschen grundsätzlich verändert. Und wer sind wohl die Geringsten? Es sind die Tiere, die Pflanzen und die Mineralien. Jawohl, auch die Mineralien, auch diese haben ein Bewusstsein, deshalb leben auch sie. Es ist z. B. bekannt, dass Mineralien, wenn sie mit Gewalt aus der Erde geholt werden (Sprengung), ihre Heilkraft verlieren. Dieser kleine Satz in der Bibel sagt aus: Derjenige, der sich am Geringsten vergeht, vergeht sich auch an Gott, dem Universum, dem allerhöchsten Prinzip, oder nennen Sie es einfach Leben. Die Folgen, die daraus entstehen, haben letztendlich immer die Verursacher zu tragen.

Tiefer nachgedacht: Derjenige, der glaubt, mit von ihm gequälten Kreaturen Gewinne zu erzielen, schadet sich in letzter Konsequenz selbst. Wie die Konsequenzen aussehen, können wir kaum nachvollziehen, denn die Abläufe gehen noch sehr langsam vonstatten. Deshalb erkennen wir die Zusammenhänge zwischen den einzelnen Geschehnissen nur in den seltensten Fällen.

Ein weiteres Bibelzitat: **Der Vater und ich, wir sind eins.**

Der Vater ist das, was wir als allerhöchstes Prinzip bezeichnen können. Und ich, ich bin genau wie jeder Andere mit diesem Prinzip über das morphogenetische Feld, die Akasha-Chronik, verbunden. Deshalb sagt man ja auch: Du bist ich, und ich bin Du. Hierin liegt begründet, dass, wenn ich mich verändere, sich automatisch mein Umfeld verändert.

So sind wir alle über ein für uns zur Zeit noch unvorstellbar überdimensionales Netzwerk verbunden. Diese Tatsache sollte uns bei jeder Unternehmung bewusst sein.

Es sieht fast so aus, dass der Geißelhieb, der uns durch die Krankheit BSE versetzt wurde, nicht allzu viel bewirkt hat. Gefühle, E-motionen, Schwingungen des Leides gehen unvermindert in das morphogenetische Feld ein. Aber wenn wir genauer hinschauen, sehen wir schon etliche Lichtblicke. In den Kaufhäusern werden verstärkt so genannte Bio-Ecken eingerichtet. Landwirte, die von ihren konventionell erzeugenden Kollegen noch vor kurzer Zeit verlacht wurden, werden langsam zum Vorbild.
Wenn die Subventionen für landwirtschaftliche Erzeugnisse eingeschränkt werden, kommen die „normalen Bauern" ins Hintertreffen, ihre Waren werden dann immer unverkäuflicher. Viele Landwirte scheinen dieses auch zu ahnen. Sie reagieren unbewusst auf verwunderliche Weise.
Beispiel: Ein Bekannter von mir, der bereits vor 15 Jahren seinen Hof auf ökologische Erzeugung und artgerechte Tierhaltung umgestellt hatte, wurde von den umliegenden Bauern gemieden. Aufgrund seiner qualitativ ausgezeichneten Produkte stieg sein Abverkauf stetig. Seit der Nahrungsmittelkrise durch BSE ist die

Nachfrage nach seinen „naturkonformen" Erzeugnissen so stark angestiegen, dass er für den Anbau seiner Futtermittel zu wenig eigenes Land zur Verfügung hat. Mit den Landwirten in seiner Gegend, die ihre Felder teils brach liegen ließen, stand er in Verhandlungen, er wollte von ihnen Grund pachten und auf ökologische Anbaukriterien umstellen. Keiner seiner Nachbarn verpachtete Felder an ihn. Die Begründung: „Wir haben sehr viel für die Unkrautvernichtung(?) ausgegeben, und so einer wie Du verseucht unseren Grund wieder mit diesem Zeug. Wenn wir das Land später dann selbst bewirtschaften wollen, kostet uns das verdammte Unkraut ein Vermögen an Vernichtungsmittel." Das Verhalten dieser Landwirte ist heute noch die Regel. Es zeigt, dass noch vieles in Bewegung kommen muss.

Aufgrund der negativen Berichterstattung über die katastrophale Aufzucht von Geflügel ist die Nachfrage nach frischen, artgerecht aufgewachsenen Hähnchen derart gestiegen, dass sich ein mir bekannter Großbetrieb entschlossen hat, eine Vertriebsschiene mit ökologisch erzeugten Hähnchen aufzuziehen. All dies sind Anfänge, die sich langsam gestalten müssen. Ob aus diesen Anfängen die vom Kosmos geforderte Kooperation zwischen Mensch und Natur erwächst, liegt wie gesagt bei jedem Einzelnen von uns.

Fassen wir zusammen:

1. Das Leid der Tiere hat seinen Ursprung im heute noch geltenden römischen Recht, dass das Tier als seelenlose Sache, als Mittel für menschliche Zwecke zu sehen ist.

2. Der Satz des Philosophen Descartes **„cogito ergo sum"** - „ich denke, also bin ich" wurde zu einem wirkungsmächtigen Programm. Es reduziert den Geist auf das Gehirn des Menschen. Der Rest der Welt ist tote Materie, ein Tier nichts anderes als ein Zellhaufen, den Descartes mit einem Uhrwerk aus Rädern und Federn vergleicht und dessen Schmerzen für ihn nicht mehr als das Quietschen einer Maschine sind.

BSE zeigt uns eindrucksvoll: Der Mensch, der ein Teil der Natur ist, muss lernen, sich an die Bedürfnisse der ihn umgebenden Natur anzupassen.

In dem Augenblick, in dem er diese Mission verstanden hat und in der Lage ist, sein Leben nach diesen Bedingungen auszurichten, wird er ein Leben in Gesundheit, Frieden und Harmonie leben können.

**Wenn die Geißel BSE den Anstoß dazu gegeben hat,
das Denken der alten Zeit zu verändern,
dann hat sie ihren Zweck erfüllt.**

Neue Impulse
Vorwärts ins Leben

Vergebens sucht der Mensch
des Glückes Quelle
weit ausser sich in wilder Lust.
In sich trägt er
den Himmel und die Hölle,
und seinen Richter in der Brust

Ernst Eckstein

Seit 150 Jahren werden die so genannten zivilisierten Länder durch das materielle Denken beeinflusst. Ein Denken, das gegründet ist auf der Analyse, dem Zergliedern und der Bevorzugung der logischen, verstandesmäßigen, rational-wissenschaftlichen Weltsicht.

Oberstes Motto: **„Mache dir die Erde untertan."**

Dieses Motto wurde/wird ohne Rücksicht auf Mineral, Pflanze, Tier, aber auch ohne Schonung des Menschen durchgesetzt. Diese Gedanken und das daraus resultierende Handeln entspringen der linken Gehirnhälfte. Alle unsere Bildungssysteme haben hier ihren Ursprung, sie vernachlässigen die Ganzheitlichkeit. Dies ist der Grund dafür, dass sich nicht nur die heutige Technik, sondern auch der allergrößte Teil unserer Nahrung gegen die Abläufe der Natur und somit auch gegen uns Menschen richten. Das Fatale dieses Denkens ist, dass es die inneren Strukturen der so ausgebildeten Menschen dahingehend beeinflusst, sodass diese keine anderen Denkrichtungen anerkennen können.

Kommen nun derartig gepolte Menschen mit Leuten in Kontakt, bei denen das Intuitive im Vordergrund steht, wird bei vielen von ihnen das Verlangen wach, diese Menschen zu verspotten, lächerlich zu machen, zu verunglimpfen, ja selbst zu vernichten. Beispiele aus der Vergangenheit gibt es genug.

Denken wir an den Wiener Arzt Dr. Semmelweis, der den Erreger des Kindbettfiebers fand und aufgrund seiner zur damaligen Zeit als unwissenschaftlich geltenden Entdeckung ins Armenhaus kam. Oder sehen wir uns die Lebensgeschichte des herausragenden Erfinders Nikola Tesla - 1856 bis 1943 - an. Er entdeckte unter anderem den Wechselstrom, und als er auf die Existenz der Tachyonen und somit der freien Energie kam und gegen oben aufgeführte Denkrichtung und Machtinteressen verstieß, wurde er in die Armut und ins Verderben getrieben. Viele seiner über 1000 Erfindungen werden auch heute noch streng geheim gehalten und zumeist militärisch genutzt. An einem Beispiel möchte ich aufzeigen, welche „Blüten" dieses gegenseitige Missverstehen treiben kann: Ich habe einen sehr guten Bekannten. Obwohl er die heutigen, westlichen Bildungssysteme durchlaufen und als wissenschaftlicher Berater und freiberuflicher Ingenieur berufliche Erfolge erworben hat, konnte er sich seine Intuition erhalten. Amerikanische Ölfirmen beauftragen ihn mit der Ölsuche, wenn diese mit ihren technischen Geräten am Ende sind. Ganz „unwissenschaftlich", nach westlichen Begriffen geradezu grotesk geht nun dieser Experte vor. Sein Wundergerät ist nichts weiter als ein Biotensor. Einfach ausgedrückt, eine Wünschelrute! Mit dieser wird er überall dort fündig, wo sich wirklich Öl unter der Erde befindet. Aber weil es in ein analytisch, materiell geprägtes Weltbild nicht hineinpasst, dass dort, wo teuerste, hochtechnische Geräte versagen, mit einem „Stück Metalldraht" allerbeste Ergebnisse erzielt werden, bedient sich mein Bekannter folgender Methode: Er tritt immer mit einem Laptop neuester Bauart auf. Sein Biotensor ist mittels eines Kabels mit dem Rechner verbunden. Ein selbst gebasteltes Softwareprogramm druckt eindrucksvolle Daten aus, die niemand verstehen kann, aber auch nicht verstehen muss. Denn die wirklichen Ergebnisse ermittelt mein Bekannter intuitiv. Der Computer und das Ausgedruckte gelten lediglich als „wissenschaftliches" Alibi.

Mein Bekannter Dr. Dodo Liadé, geboren und aufgewachsen an der Elfenbeinküste (Afrika), hat mir folgendes über seine Heimat berichtet: Während seiner Kindheit wurde aus einem Geschirr, das auf den Feldern wuchs, gegessen und getrunken. Es waren getrocknete Kalebassenteile (Kürbisart), die die Form von Schüsseln, Trinkgefäßen, Tassen usw. hatten. Die Nahrung bestand hauptsächlich aus selbst angebauter Hirse, Bohnen, Kürbissen und ganz wenig frischem Fleisch. Getrunken wurde frisches Quellwasser, etwas Kuh- und Ziegenmilch. Die Menschen waren gesund, glücklich, zufrieden und bescheiden. Die Elfenbeinküste ist französisches Protektorat. Man wollte die „armen" Schwarzen nicht länger in ihrer „Primitivität" leben lassen, sondern mit den „Errungenschaften" der Zivilisation „beglücken". Als erstes bahn-

ten sich Cola- und kohlensäurehaltige Getränke ihren Weg, gefolgt von weißem, geschältem Reis, Süßstoffen und so weiter. Dann kam die Hygienewelle, mit ihrem Leitsatz: **Keim- und bakterienfrei!**
Der Bevölkerung wurde eingeredet, ihre natürlichen Essgeschirre seien von Keimen und Bakterien verseucht und würden deshalb krank machen. Weiter wurde die Wichtigkeit von Light-Produkten aufgrund der Kalorienarmut hervorgehoben. Cola, so verspricht die dortige Werbung, ist hygienisch einwandfrei in Plastikflaschen abgefüllt und deshalb zu bevorzugen. Der Weizen und der gschälte Reis wurden intensiv beworben und im gleichem Zug die Hirse als leer und unwichtig abgehandelt. Nach dem Motto: Nur der Unwissende, Unaufgeklärte isst noch Hirse, aber der dem „zivilisierten Mann" nahe stehende, intelligente Schwarze isst wie ein „zivilisierter" Mensch.
Der Erfolg: In diesem einst von gesunden, zufriedenen und glücklichen Menschen bevölkerten Land, leben nun Baguette, Reis und Weizen essende, cola-, süßstoff- phosphor- und kohlensäurehaltige Getränke trinkende, oft kranke, anfällige Menschen. Speisen und Getränke werden jetzt der „Hygiene" wegen ausschließlich auf Plastiktellern und aus Plastikgefäßen eingenommen. Aufgrund der hohen UV-Einstrahlung, enthalten diese Behältnisse einen relativ hohen Anteil an Weichmachern. Nirgends auf der Welt wird so viel Plastikware angeboten wie gerade auf dem afrikanischen Kontinent.
Übrigens die gleichen Verzehrgewohnheiten wie in Afrika konnte ich bei einem Segeltörn durch Französisch Polynesien (Gesellschaftsinseln) im Jahre 2001 beobachten.

Das prägnanteste Zitat, das aus dem Materialismus stammt: *„Ich habe in meiner Laufbahn als Mediziner schon hunderte, ja tausende Leichen seziert. In keiner fand ich eine Seele, die sich wiegen und messen ließ. Kollegen, dies ist der Beweis dafür, dass es keine Seele gibt".* Das sagte Prof. Dr. Rudolf Virchow, einer der gro-

ßen" Schulmediziner, der den Materialismus maßgeblich mitge-
prägt hat und deshalb auch hoch verehrt wird.

Um auf die Ernährung zurück zu kommen: Selbst heute noch sind
die meisten Mediziner über die Zusammenhänge zwischen Gesundheit und Ernährung wenig aufgeklärt. Ein Bekannter von mir
hat während seines Medizinstudiums kaum etwas über Ernährung
erfahren, nicht einmal Ausführliches über die rein materiellen,
mechanischen Hintergründe. Jede Zeitperiode hat ihre eigene
Qualität. Allmählich nähern wir uns einer neuen Zeit, geprägt
durch mehr Wissen, vor allem Wissen, das unserer Seele, unserer
Intuition entspringt. Die neue Epoche, die im Werden ist, ist eine
Epoche der Aufklärung, des Aufdeckens von Missständen aller
Art. Das Bekanntwerden verschiedener Manipulationen veranlasst

die Menschen zum Nachdenken. Durch Nachdenken kommt es in
der Regel zu Veränderungen. Diese wirken sich auf den einzelnen
Menschen sowie auf sein Umfeld aus. Das Aufdecken von Missständen erkennt man beispielsweise an der Tatsache, dass es be-

reits im Jahre 1992 Veröffentlichungen über einen hohen Anteil von allerlei Giften, radioaktiven Strahlungseinheiten usw. in unserer Nahrung gab. Das Buch „Iss und Stirb", von zwei Lebensmittelchemikern geschrieben, ließ mich schon vor 10 Jahren nach dessen Lektüre vor der konventionellen, mit Steuergeldern subventionierten Nahrung ekeln. Aufgrund von Gerichtsurteilen mussten einige Hersteller von Fertiggerichten ihre Produkte umbenennen. Trotz dieses Umstandes fand die Industrie Gutachter, welche den beanstandeten Speisen hervorragende Qualität zertifizierten. Bisher konnten selbst die negativsten Veröffentlichungen die Nahrungsqualität nicht positiv beeinflussen. Medienberichten zufolge hat sich die Situation sogar noch zugespitzt. Aus höherer Sicht betrachtet, bekommen wir anscheinend diese manipulierten Nahrungsmittel nur aus dem Grund, damit wir über Krankheit und Leid zur Erkenntnis finden und unser Bewusstsein ändern.

Dem Verstandesdenken entgegengesetzt steht das von der Intuition beeinflusste Denken. So ausgerichtete Gedanken und das daraus resultierende Handeln entspringen der rechten Gehirnhälfte. Menschen, die ihrer Intuition vertrauen, handeln aus der Eingabe. Ihre Gedankenrichtung ist geprägt durch das Kosmische, Spirituelle. Sie betrachten aufgrund ihrer inneren Strukturen das „Innere", das wirklich Religiöse (religio = Rückverbindung). Alle Naturvölker, deren Schamanen, Medizinmänner haben ihre Wurzeln in dieser Gedankenrichtung. Wissen, das aus der Rückverbindung kommt, wird in der westlichen Welt zur Zeit kaum anerkannt.
Aufgrund der sich allmählich verändernden Zeitqualität werden immer mehr Menschen sensibilisiert. Das heißt, sie kommen in den Zustand des Ausgleiches. Je mehr Menschen aus ihrer Intuition heraus handeln, desto schneller kommen wir zu einer lebensfördernden Wissenschaft mit einer menschenfreundlichen Technik, zu einer gesunden Natur mit gesunden Menschen. Wenn wir verstanden haben, dass durch eine naturgerechte Lebens- und

Ernährungsweise Leiden wie Rheumatismus, Allergien, Stoffwechselstörungen, Krebs, vorzeitige Alterserscheinungen, seelische und andere Probleme vermindert werden können, dann sollte es uns doch möglich sein, den Weg zu gehen, den uns die Natur weist.

Das logische, analytische Denken, das, wie berichtet, der verstandesorientierten linken Gehirnhälfte entspringt, wird schon seit sehr langer Zeit über unsere westlichen Bildungssysteme vermittelt. Es orientiert sich ausschließlich an dem Logos, also an der Persönlichkeit des Menschen. Dieses Ego, ICH benötigt zu seiner Existenz die nach außen hin sichtbare Selbstbestätigung. Wir erkennen dies an den unterschiedlichsten Titeln. Im Grunde genommen ist dagegen überhaupt nichts einzuwenden. Kritisch wird die Sache erst, wenn eine Gemeinschaft so von sich überzeugt ist, dass sie bestimmt, was für die Allgemeinheit richtig oder falsch sein soll. Wünschenswert ist es, wenn das Wissen mit Weisheit, die die Essenz des Wissens darstellt, und nicht auf Universitäten gelehrt werden kann, gepaart wäre.

Der Bevölkerung kann unter dem Deckmantel „wissenschaftlich anerkannt" alles verkauft werden. Wohin uns die heutige Schulwissenschaft, die mit Politik und Teilen der Wirtschaft zusammenarbeitet, geführt hat, zeigt der Zustand der heutigen Welt. Hier ein paar Beispiele: Klimakatastrophe, Waldsterben, Ozonloch, Abholzung des Regenwaldes und die damit verbundene Klimaveränderung, nun die Nahrungsmittelkatastrophe.

Im November 2000 war in einer Broschüre, die vom Verband der deutschen Agrarwirtschaft in Millionenauflage publiziert wurde, ein Bericht über Fleisch zu lesen. Der Bericht begann mit dem bekannten Werbeslogan „Fleisch hält fit und gesund". Des weiteren wurde die These aufgestellt, es schütze vor Krebs und Herzinfarkt. Internationale Wissenschaftler wurden zitiert. Alte Tricks der Zergliederung holte man aus der Mottenkiste hervor. Erkenntnisse anders denkender Menschen versuchte man im Vorfeld lächerlich zu machen. Die Aussagen der Broschüre gipfelten in: „Fit und gesund mit der Steinzeiternährung". Es verwundert, dass es möglich war, im angehenden 3. Jahrtausend solche Behauptungen aufzustellen. Ist das der Geist der neuen Zeit? Was hat der heutige Mensch mit der Steinzeit zu tun? Schon im vorigen Jahrhundert stand man auf gleicher Erkenntnisstufe.

Als Beispiel ein Artikel aus der Leipziger Zeitschrift des Jahres 1892, der dem Buch: „Mittel zum Leben, Mittel zum Heilwerden" von Klaus-Dieter Nassall entnommen wurde. Dieser Bericht ist in der Sprachform des 19. Jahrhunderts geschrieben. **Ein aufschreckendes Beispiel;** zur Warnung der Menschheit, aufgestellt von Dr. Friedrich von Hausegger:

„Eine unheimliche Sippe beginnt wieder die Ruhe des sich harmlos unserer Kulturfortschritte erfreuenden Bürgers in geradezu raffinierter Weise zu stören. Ich spreche nicht von den Sozialisten, noch von den Nihilisten, denn da es am Tage liegt, daß Dynamit kein der allgemeinen Wohlfahrt zuträgliches Mittel ist, reicht gegen diese eine wachsame Polizei aus. Ich spreche von den sogenannten Vegetariern, oder Vegetarianern, einer Gesellschaft, welche die natürliche Lebensweise und einige Lebensweisheit gepachtet zu haben glaubt. Sie predigt Enthaltung vom Fleischgenusse und tastet damit eine durch Jahrtausende sanktionierte Gewohnheit an, die einzige, welche ein bis nun noch nicht gelockertes Friedens- und Einheitsband um die verschiedensten Parteien im Völkerwettkampfe, Liberale, Nationale, Klerikale, Feudale usw. schlingt. Sogleich mit mir darüber einig, daß die von dieser Rotte vertretene kulturfeindliche Anschauung auf das äußerste bekämpft werden müsse, sah ich mich in den von ihnen verbreiteten Schriften um, in der bald erreichten Absicht, mir Waffen aus ihrem eigenen Lager zu holen. Wenn ich gleich im Essen nur Dilettant bin, so entnahm ich doch bald, daß sich diese Schriften häufig auf Gebieten bewegen, in welchen jedermann zum Mitreden berufen ist, so auf dem der Philosophie, der Kulturgeschichte, des Humanismus und so weiter. Da wird denn vor allem die

Behauptung aufgestellt, daß wir es nicht so gut auf der Welt hätten, als wir es haben könnten, daß Krankheit und Tod, so wie die Leidenschaften der Menschen uns mehr Unheil zufügen, als uns von der Natur zugedacht sei. Ich halte diese Ansicht nicht nur für unrichtig, sondern auch für verwerflich, denn sie ist geeignet, Unzufriedenheit und Hypochondrie hervorzurufen.

Es ist wahr, daß ich nicht gesund bin, es ist auch wahr, daß ich fast keinen ganz gesunden Menschen kenne, es ist endlich auch wahr, daß die Verstorbenenlisten uns fast durchaus Todesfälle infolge von Krankheiten und in nicht hohem Alter mitteilen. Allein der wissenschaftlich Gebildete weiß, daß wir durch statistische Gesetze regiert werden, denen man nicht beikommen kann; der vernünftig Denkende wird sich aber damit beruhigen, daß ja das, was andere trifft, nicht auch ihn treffen muß. Ich hätte daher Gleizes, Baltzer, Graham u. a. mit der vollen Beruhigung aus der Hand gelegt, daß ihre Voraussetzungen nicht geeignet seien, die gefesteten Grundanschauungen unserer Zeit zu erschüttern, wenn nicht einzelne, sich auffallend mehrende Fälle von sogenannten Belehrungen zur vegetarischen Lebensweise bewiesen hätten, daß selbst das Absurdeste Bekenner findet, wenn man ihm nicht sogleich auf das entschiedenste entgegentritt. Ich beschloß daher, das Verderbliche der Lehre durch ein Beispiel zu konstatieren, und wählte mich selbst als Objekt eines solchen. Warum nicht? Haben doch schon viele opfermutige Männer der Wissenschaft der Wahrheit zur Ehre an sich und anderen Ähnliches gethan durch Operationsexperimente, Injektionen von Giften, Einimpfen von Bakterien u. dergl. Also, ich beschloß, mich solange der Fleischnahrung vollständig zu enthalten und vegetarisch zu leben, bis die Folgen davon geeignet sein würden, anderen zum abschreckenden Beispiele zu dienen. Meiner Absicht kam es gut zu statten, daß ich brustleidend bin, ein Leiden, dessen Folgen, wie mir meine Ärzte versicherten, nur durch eine ausgiebige Ernährung mittelst Fleischkost und Bier(!) hintangehalten werden können. Dazu kam ein durch kein angewendetes Mittel zu beseitigender zweijähriger Rheumatismus im Arme, der beitrug, meine geschwächten Kräfte zu verzehren und mir nun in meiner menschenfreundlichen Absicht ein hilfreicher Bundesgenosse zu werden versprach.

Daß ich den mich behandelnden Ärzte von meinem Selbstmordversuche nichts mitteilte, ist begreiflich. Als ich aber nach einem halben Jahre streng vegetarischer Lebensweise ganz andere Resultate wahrnahm, als ich mir erhofft hatte, wurde ich ratlos. Mein so lange vergeblich behandelter Rheumatismus war wahrscheinlich infolge eines unwillkommenen Zufalles in einigen Wochen spurlos und ohne Wiederkehr verschwunden, meine Lungenverschleimung und mein Husten nahmen merklich ab, ich fühlte meine Kräfte und mit ihnen meine Lebenslust wachsen und zunehmen; mein Schlaf wurde ruhiger und andauernder, Kopfschmerzen, Schwindel, Verdauungsstörungen, welche mich früher bedenklich oft befallen hatten, kamen nicht wieder vor, ebenso hörte meine Disposition zu häufig wiederkehrenden heftigen Halsentzündungen gänzlich auf; allgemein beglückwünschte man mich zu meinem guten Aussehen; kurz, mein Zustand wurde so abnorm, daß ich das dringende Bedürfnis fühlte, einen Arzt zu Rate zu ziehen. Da ich sein unbefangenes Urteil hören wollte, erzählte ich ihm nichts von meiner That, sondern holte ihn nur aus, was er von der vegetarischen Lebensweise halte. Da warnte er mich eindringlich davor, belehrte mich, daß Vegetabilien nicht genügend Nahrung enthielten, daß sie daher in ungeheuren Quantitäten genossen werden müßten, wie sie nur ein außerordentlich starker Magen vertragen könne, daß zu ihrer Verdauung viel Bewegung notwendig sei, daß namentlich auch der Reiz, den das Fleisch übe, beitrage, die bei unseren Lebensverhältnissen erforderlichen geistigen Anstrengungen zu bewältigen, und daß aus diesen sowie aus vielen anderen physiologischen, chemischen, ethnologischen und medizinischen Gründen für den Menschen die gemischte Nahrung die einzige entsprechende Kost sei. Bei seiner beredten, durchaus wissenschaftlich geschulten Begründung sah ich ein, wie unrecht ich hatte, genau das Gegenteil von all dem Gesagten empfunden zu haben. Ich gestand ihm von meinem Versuch und entschuldigte mich, daß er so unwissenschaftlich ausgefallen sei. Er tröstete mich aber und meinte, was ich erfahren, sei ja möglich, denn als Kur gebraucht, habe der Vegetarismus manchmal günstige Wirkungen und wahrscheinlich habe meine Natur ihn nur als Kur aufgefaßt, dafür sei aber das halbe Jahr auch hinreichend, und nun möge ich nach den Wanderungen durch die Wüste nur wieder zu den Fleischtöpfen Egyptens zurückkehren. Ich atmete auf, denn jetzt erst, so sah ich, jetzt erst würde ich den mir gesteckten Ziele näher kommen. Ich setzte daher meinen Versuch unentwegt fort. Obgleich mein Wohlsein mit erschreckender Hartnäckigkeit noch immer zunahm, schöpfte ich doch Trost mit Sachverständigen aller Art, Ärzten, Chemikern, Landwirten usw., so wie aus der Lektüre streng wissenschaftlich gehaltener Schriften. Die einen erklärten mir mit Bestimmtheit, in einem, die anderen in zwei Jahren werde ich die nachteiligen Folgen meiner Lebensweise empfinden, die einen prophezeiten mir einen Schmerbauch, die anderen eine Abmagerung zum Skelette, und das war das mich Ermutigende, wahrhaft Entsetzliche. Zur Bekräftigung diente mir eine Schrift, in welcher haarscharf durch Berechnung aus den Verdauungsresultaten eines Vegetariers auf Grund gewissenhafter Experimente und mit Zuhilfenahme von Ergebnissen der Chemie bewiesen wurde, daß man bei der vegetarischen Lebensweise absolut nicht leben könne. Alles stimmte, nur das eine nicht, daß der Vegetarier wirklich fortlebte und sich aufnehmend wohl befand. Wie wird dieser Mensch seine Existenz vor dem Forum der Wissenschaft rechtfertigen können? Ich erklärte mir die Sache damit, daß unsere Generation schon zu verdorben sei, um bei einer als schädlich erkannten Lebensweise zu Grunde zu gehen. Kennen wir nicht Arsenikesser? Sind Nikotin, Koffein, Theein, Chinin u.a. nicht Gifte? Und wie viel verträgt man davon, ohne zu Grunde zu gehen? Auch meine fachwissenschaftlichen Berater kamen nicht in Verlegenheit. Ein Erwachsener vertrage viel; doch

möge man es ja nicht wagen, ein Kind bei dieser Lebensweise auf-
ziehen zu wollen. Mangelhafte Knochenbildung, Skrophulose, all-
gemeine Schwäche, Widerstandsunfähigkeit u. dergl. würden die
Folgen davon sein. Es ist eine Gewissenssache ein Kind solchen
Gefahren auszusetzen.

Ein heroischer Gedanke dämmerte mir auf. Ich wußte, daß ich
mein Kind nicht preisgeben konnte ohne mein Weib. Liest man
aber nicht, daß unsere Ahnen Weib und Kind geopfert, um das
Vaterland zu retten? Ist Nanna nicht der Leiche ihres Gatten Bal-
dur ins Feuer gefolgt? Und hat Sigrun nicht das Grab Helgis mit
ihm als Heimstätte geteilt? Mein Entschluß war gefaßt. Weib und
Kind fand ich todesmutig. Das Opfer war um so mehr geboten, als
ich Kinder mehrerer Familien kennen gelernt hatte, welche seit
mehreren Jahren vegetarisch genährt wurden, und dabei gegen
alles Gesetz blühend aussahen und von Krankheiten in überra-
schendem Maße verschont blieben, und als selbst die zum Teile
schon erwachsenen Kinder einer mir bekannten, vegetarisch le-
benden Familie, welche nie Fleisch gegessen hatten, sehr kräftig
schienen, sich der besten Gesundheit erfreuten und, wie man mir
mitteilte, nie der Hilfe eines Arztes bedurft hatten. Daß diese Täu-
schung der Natur auch an anderen Orten vorkam, entnahm ich
aus Schriften (Dr. Reich, Dr. Bilfinger, Hahn u.v.a.), in welchen
sogar die Behauptung aufgestellt war, daß erfahrungsgemäß die
vegetarische Lebensweise Kindern viel zuträglicher sei, ihr Ge-
deihen mehr fördere, sie mehr vor Krankheiten schütze und sie
eintretende Krankheiten leichter überstehen lasse als die Ernäh-
rung mit gemischter Kost. Dieser Verblendung mußte durch ein
Opfer im großen Stile entgegen getreten werden. Seit einem Jahr
leben auch meine Frau und mein Kind vegetarisch.

Der trügende Schein, welcher so manchen verleitet, sich dieser
gefährlichen Lebensweise zuzuwenden, was zu dem meist in einem
Stadium des Verfalles geschieht, in welchem nichts anderes mehr
zu helfen vermag, ist auch bei ihnen nicht ausgeblieben. Das
Wohlbefinden meiner Frau hat sich in gleichem Maße wie das

meinige gesteigert. Namentlich hat sie in kurzer Zeit den vollen Gebrauch ihrer seit vielen Jahren im höchsten Grade geschwächten Augen wieder gewonnen, daß sie nun anhaltend zu lesen und ohne Anstrengung fein zu sticken vermag, ein Erfolg, welchen früher kein Pinsel und keine Tinktur zu erzielen vermochten. Mein Knabe aber hat einen chronischen Magenkatarrh verloren und ist frischer denn je. Das war nun freilich zum kleinmütig werden. Der Mann von Grundsätzen und Glauben an die alleinselig machende Wissenschaft giebt aber einen opfermutigen Plan nicht so leicht auf. Spät erst, doch noch zu richtiger Zeit erfuhr ich, daß die vegetarische Lebensweise zwar dem Körper vorteilhaft sein könne, sicher aber einen bösen Einfluß auf das Gehirn und so auf die geistige Thätigkeit ausübe. Wie war ich erfreut, diesen geistschädigenden Einfluß wirklich bei mir und meiner Familie wahr zu nehmen. Wir alle ertappten uns nämlich dabei, den Prinzipien des Vegetarismus nicht mehr mit jener Schärfe und Überzeugungskraft begegnen zu können wie einst, ja die selben sogar widerstandsunfähig in uns aufzunehmen.

Wir fingen an, Cavier als einen bedeutenden Naturforscher anzuerkennen, welcher den Menschen für einen Fruchtesser erklärt, fingen an, uns der Ähnlichkeit unserer Gebisse mit den fruchtessenden Affen zu erfreuen, fingen sogar an, das für das Gedeihen der Industrie und Volkswirtschaft so notwendige Abschlachten unschädlicher und hochorganisierter Tiere für einen Überfluß, ja für eine Gemütsroheit zu halten, kurz, geistig geschwächt, wie wir waren, fielen wir den Vegetarismus vollständig in die Arme.

Was that's! Das Opfer ist gebracht; das abschreckende Beispiel ist hergestellt, und das war ja meine Absicht. Sollte vielleicht anderen, fachkundigeren und geistig minder Geschwächten, als ich bin, daran liegen, dem geschilderten Beispiel noch einige Schrecken des Vegetarismus hinzuzufügen, so wäre dies im Interesse der Sache gewiß höchst wünschenswerth".

Könnte diese Veröffentlichung, die vor über 100 Jahren verfasst wurde, inhaltlich nicht auch von heute sein? Das Wissen um unsere Ernährung scheint in der offiziellen Wissenschaft noch das gleiche zu sein wie damals vor 100 Jahren. Gestern wie heute die gleiche Argumentation. Wie kommt das? Seit etwa 200 Jahren, dem Beginn der klassischen Wissenschaft, betrachtet man den Menschen einfach ausgedrückt als „Verbrennungsmaschine". Als „Treibstoff" für diese „Maschine" wird die Nahrung angesehen. Wir Menschen sind aber Unikate und brauchen daher die spezifisch auf uns abgestimmte Ernährung. Ist dieses nicht der Fall, stellen sich die unterschiedlichsten Störungen ein. Erst ein Umdenken eröffnet uns neue Ernährungsformen, und wir fangen an zu begreifen, dass es in erster Linie nicht so sehr auf die grobstofflichen Substanzen unserer Nahrung wie Vitamine, Kohlenhydrate, Fette usw. ankommt, sondern auf feinstoffliche Substanzen, Schwingungen und Frequenzen, die in lebendiger Nahrung enthalten sind und unserem Körper Lebens- und Lichtimpulse übermitteln. Dieser Denkansatz basiert auf der Erkenntnis, dass jeder Konstitutionstyp die zu ihm passende Ernährung benötigt (mehr darüber erfahren Sie im Kapitel „Die Weisheit des Kochens").

Wir haben nun beide Richtungen zu betrachten (die logische sowie die intuitive Denkrichtung). Weder die eine noch die andere ist gut oder schlecht. Sie vermitteln nur andere Erfahrungen, die der jeweilige Mensch in seinen Erdenleben sammeln will. Die Anpassung an die heutige Zeitqualität erfordert eine Synthese von logischem und intuitivem Denken.

Bei genauer Beobachtung erkennen wir, dass zur Zeit vorwiegend bei den jüngeren Menschen eine Veränderung im Denken beginnt. Dieses macht sich natürlich auch im Essverhalten bemerkbar. Gerade sie verlangen immer häufiger nach einer leichten, natürlichen und Körper und Seele „fit machenden" Form der Ernährung. Mir haben Eltern von Studenten berichtet, dass diese sich in kleinen Gruppen zusammen geschlossen haben und ihr Essen selber zubereiten. Dieses geschieht aus Qualitäts- und nicht aus Kostengründen. Nur wer vorwiegend auf belastende Lebensmittel verzichtet, sich von „Fast food" und seinen Begleitern, auch wenn diese sich mit so klangvollen Namen wie „Diners food" tarnen, fernhält, überfordert seinen Körper nicht. Das soll nicht heißen, dass man nicht auch hin und wieder Fast food zu sich nehmen darf. Wem danach gelüstet, der kann dies ohne Schaden zu nehmen in geringen Mengen konsumieren. Schon Paracelsus sagte: Die Menge macht´s, ob etwas Gift oder Heilmittel ist.

Es ist kein Geheimnis, dass sich beim Verzehr von vorwiegend naturkonformer Ernährung das Denken zur ganzheitlichen Weltsicht hin verändert. Nur durch die Kraft klarer Gedanken, die einen umfassenden Überblick garantieren, finden wir Wege zu einer lebensfreundlichen Technik. Auch wenn es von vielen Menschen zur Zeit noch nicht angenommen werden kann - das „richtige" Essverhalten beeinflusst den Weg hin zu einem gesünderen Umfeld.

Die Hausfrau und Mutter, der Koch, die Köchin im Restaurant und in der Kantine, welche die neue Ernährungsform anwenden, bereiten den Weg hin zu einer menschenfreundlicheren Welt. Betrachten wir in diesem Zusammenhang die Mitarbeiterverköstigung der Firmen. Hier liegt ein großes Potenzial, das wert ist, von den Verantwortlichen erkannt zu werden.

Eine Firma, die den Anspruch erhebt, wirklich umweltfreundliche Produkte erzeugen zu wollen, muss zunächst beginnen, ihren Mitarbeitern, die diese Produkte entwickeln, produzieren und verkaufen sollen, eine umweltfreundliche, bekömmliche, natürliche und vollwertige Verpflegung anzubieten.

Ein so handelnder Betrieb kommt zu folgenden Vorteilen:

- Kostenlose Positivwerbung über alle Medien - nach außen
- Aufbruchstimmung in der Belegschaft - nach innen
- Gesteigerte Kreativität der Mitarbeiter
- Mit der Umwelt in harmonischer Resonanz stehende Erzeugnisse

- Höhere Glaubwürdigkeit bei den Kunden
- Erhöhter Abverkauf der Produkte
- Weniger Ausfälle durch kranke Mitarbeiter

Es liegt also auf der Hand, dass sich eine dem Menschen gerechte Verpflegung unmittelbar auf den Erfolg einer Firma auswirkt. Das ist im Grunde genommen auch vollkommen logisch. Denn nach dem Kausalitätsgesetz, dem Gesetz von Ursache und Wirkung, kommt genau das auf jeden zurück, was er aussendet. Anders ausgedrückt: Wer etwas zum Wohle seiner Mitarbeiter tut, bekommt dieses verstärkt zurück.

Das bedeutet umgekehrt: Wer seinen Mitarbeitern ausschließlich „billiges", minderwertiges Essen in Form von Fast food, Convenience food, Finger food u.a. anbietet, erfährt nach dem Resonanzgesetz Misserfolg. Wie wirken diese Gesetze? Ganz einfach - wie bei jeder menschlichen Beziehung auch. Wenn wir einen Menschen, mit dem wir täglich zusammenleben, achten und lieben, wird er sich wohl fühlen und dadurch aufblühen. Er erhält von uns stärkende Energien, die ihn befähigen, exaktere Leistungen zu erbringen. Und wie kann man einem Mitarbeiter am besten seine Achtung schenken? Indem man ihn mit den vollwertigsten Lebensmitteln - **Leben-vermittelnden-Produkten** - verköstigt.

Im umgekehrten Fall nutzen wir unseren Partner (Mitarbeiter) für unsere egoistischen Zwecke aus!
Dabei sollten wir bedenken, dass jede Missachtung der Bedürfnisse eines Mitmenschen im Grunde genommen schon eine kleine Misshandlung bedeutet. Hierdurch ziehen wir dem Partner Energie ab. Er wird leistungsschwach, unglücklich und krank. Wie kann man einem Menschen am effektivsten seine Missachtung zum Ausdruck bringen? Indem wir diesem das „Billigste", das Minderwertigste an Speisen anbieten! Stehen hinter diesen Absichten manipulative Wirtschaftsinteressen, so haben wir nach dem Resonanzgesetz Verflechtungen geschaffen, die langfristig

gesehen einen Ausgleich fordern. Allerdings muss auch der Konsument bereit sein, für die ihm angebotenen qualitativ hochwertigen Speisen den angemessenen Preis zu bezahlen. Dies fordert das Gesetz des Energieausgleichs.

Auslese des Stärkeren durch Kampf und Unterdrückung, sowie Vernichtung des Schwächeren - das war lange das vorherrschende Prinzip. Durch die Evolutionstheorie Charles Darwins, als Lehre über unsere Bildungssysteme verbreitet, wurden diese Aspekte im Fühlen, Denken und Handeln der Menschen fest verankert. Hier ist die Ursache für jedes Konkurrenzdenken zu suchen. Das ist der materielle Weg, ein Weg - der Ende der 30-er Jahre bis Ende der 40-er Jahre unseres Jahrhunderts in Bezug auf „Leben vernichtenden Kampf" seinen Höhepunkt erreichte. Heutzutage wird immer deutlicher: Die Phase des existenzvernichtenden Konkurrenzkampfes geht allmählich vorüber, auch wenn die täglichen Ereignisse in Politik und Wirtschaft uns noch ein anderes Bild vermitteln. Fest steht:

Kampf führt in den Ruin, Konkurrenzkampf in die Pleite

Die Darwin´sche Theorie kann somit als überholt, als nicht mehr weiterführend betrachtet werden. Zur Zeit kommen immer mehr Menschen zu Wort, die einen umfassenderen Einblick in das Zusammenspiel der Kräfte haben. Verständlicherweise haben sie in unserem zur Zeit noch vorwiegend „rational-wissenschaftlich" geprägtem Umfeld viele Schwierigkeiten zu überwinden. Aber diese Pioniere, ganzheitlich denkende Menschen, der „intuitiv-geprägten Wissenschaft" setzen sich immer mehr durch. Interessant ist, dass es vor allem Physiker und Biologen waren und sind, die durch ihre Hypothesen und Forschungen unser Weltbild hin zum Ganzheitlichen verändern.

Aus der heutigen Sackgasse können nur andere Denkrichtungen und ein daraus resultierendes Handeln führen. Dieses erkannte schon Albert Einstein, indem er sagte: *„Die großen Probleme die-*

ser Welt können nicht mit derselben Denkweise gelöst werden, mit welcher wir sie verursacht haben."

Ein neues Denken und Handeln muss die Essenz unseres Lebens erfassen und naturkonform sein. Der Psychologe, Pädagoge und Gärtner Eike Braunroth beschreibt diese Tatsache in seinem Buch „Kooperation mit der Natur" folgendermaßen: *„Der neue Weg heißt Kooperation mit der Natur. Das bedeutet, wir müssen mit allem, was lebt, kooperieren. Hier liegt der Schlüssel zu Gesundheit und Harmonie in unseren Gärten, Feldern, Wäldern, Ställen, Kantinen, Restaurants, Betrieben, Familien und letztendlich in uns selbst. Es ist ein Weg, der weg führt vom Logos, Ego, Kopf, Ratio, Auslese und somit weg von tödlicher Konkurrenz, weg von Kampf und Streit und natürlich auch weg vom Gift in unseren Lebensmitteln".*

Unser Weg, den wir gehen müssen, heißt: „Zurück zur Natur". Allerdings mit den Mitteln einer neuen Zeit. Wenn es uns gelingt, diesen Weg einzuschlagen, lösen sich viele Probleme fast wie von selbst. Zurück zur Natur darf nicht bedeuten zurück ins Mittelalter oder gar in die Steinzeit, die gerade werbewirksam von der Fleischindustrie in Szene gesetzt wird. Der Blick muss in die Zukunft gerichtet sein. Das Natürliche ist das Kommende. Orientieren wir uns im Denken an der Vorzeit, dann gehen wir mit großen Schritten an dem künftigen Zeitgeist vorbei. Entwicklungsmäßig sind viele Menschen bereits soweit voran geschritten, dass sie fähig sind, mit der Natur in positiver Resonanz zu stehen. Deshalb wird das Motto der neuen Zeit heißen: **„So eng wie möglich mit der Natur zusammen zu wirken".** Dass dies so sein wird, zeigen uns u.a. Themen in der Werbung. Hier rückt verstärkt das Bild der blühenden, gesunden, von der Technik unberührten Natur in den Vordergrund. Allerdings bewirken die beworbenen Produkte meistens etwas ganz anderes, als uns die Werbung suggerieren will. Wer die Natur kennt, weiß, dass alles seine Zeit zum Wachsen benötigt. Nur wenn ich heute säe, kann ich morgen ernten.

Wer morgen eine bessere Welt vorfinden möchte, der muss heute anfangen, daran zu arbeiten.

Dieses Arbeiten ist im Grunde genommen gar nicht so schwer. Dazu benötigen wir ein synchron funktionierendes Gehirn. Das bedeutet: Wenn wir zu sehr „kopfgesteuert" sind, müssen wir lediglich die Intuition zulassen. Verlieren wir uns ausschließlich in unseren Gefühlen, dann müssen wir um etwas mehr Logik bitten. Hier sind wir genau auf dem Punkt: Um etwas bitten, das ist das Geheimnis! Zu diesem Ergebnis kam schon Jesus, indem er sagte:

Bittet, so wird euch gegeben.
Klopfet an, so wird euch aufgetan.

Im Fadenkreuz der Zeit
Das Paradies Projekt

*Bevor sich eine Wandlung
in der Welt vollziehen kann,
muss sie erst in der
menschlichen Seele
vollzogen werden.*

Leo Tolstoi

Vieles deutet darauf hin, dass wir uns zur Zeit in einer Transfor-
mationsphase befinden. Deshalb werden in der Folge Möglichkeiten zur positiven Bewältigung dieser Herausforderung aufgezeigt.

Wie Sie noch lesen werden, bildet die Ernährung die Basis des materiellen Lebens - sie ist zu rund 40 % für unser Wohlbefinden und, wie Sie im Kapitel „Brennpunkt Zukunft" erfahren, zu einem nicht unerheblichen Teil für unsere Anpassungsfähigkeit an Umweltbedingungen verantwortlich. Aus diesem Grund zeige ich vorwiegend Themen aus dem Ernährungssektor zur Krisenbewältigung auf.

Nicht nur im Hinblick auf die Ernährung, sondern auf allen Gebieten der Wissenschaft wurde in der Vergangenheit großes Gewicht auf die Zergliederung (Analyse) des Ganzen gelegt. Das Resultat dieser Betrachtungsweise ist der Zustand, vor dem wir heute stehen.
Um ein natur- und menschengerechtes Leben weiterhin zu ermöglichen, muss durch Information die zur Erkenntnis führt, zu einem Umdenken angeregt werden.

Wenn wir beispielsweise das Überangebot an Waren aller Art betrachten - dann stellt sich uns die Frage:
Was bedeutet dies?

Der tiefere Sinn, der damit verbunden ist:
Wir sollen allmählich lernen, das für uns Passende auszuwählen. Immer, wenn wir uns mit Unpassendem umgeben, werden wir mit Problemen konfrontiert. Beispiele dafür sind die bekannten Lebens- und Gesundheitsprobleme, verursacht durch wahllosen Konsum minderwertiger Güter. Probleme sind wertneutral, ihr Sinn ist, uns zum Nachdenken anzuregen. Wichtig ist, die Bedeutung der damit verbundenen Symptome zu erkennen, und frühzeitig dagegen etwas zu tun. Manipulative Werbung weckt Wünsche, deren Erfüllung meist nicht unserem Wohle dient. Wir können also täglich wählen zwischen dem, was unserem Wohlbefinden abträglich ist, dafür aber vordergründig billig - und dem was unserem Wohlbefinden zuträglich ist - dafür aber vordergründig teuer

erscheint. Bei genauerem Hinsehen ist nämlich das Billige jenes, welches uns letztlich sehr teuer zu stehen kommt. Denken wir in diesem Zusammenhang nur an das immer unbezahlbarer werdende Krankensystem.

Wenn wir uns vor Augen führen, dass wir 80 % unseres Wohlbefindens selbst und nur 20 % bedingt beeinflussen können, dann wird es mit Sicherheit nur eine Frage der Zeit sein, bis wir als Menschheit unser Schicksal selbst in die Hand nehmen.

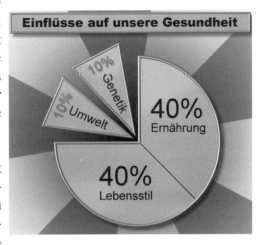

Wer sich bewusst mit natürlich erzeugten Gütern und Lebensmitteln versorgt, benötigt weniger Hilfe durch Heilpraktiker oder Ärzte, vor allem weniger Geld für Medikamente. Seine gestärkten Lebenskräfte schützen ihn vor allerlei krankmachenden Faktoren. Das Angebot an biologischen Erzeugnissen ist vorhanden und wächst zur Zeit stark. Es ist auch gut, dass gerade Gemüse und Dinkel verstärkt angeboten werden. Pioniere naturkonformer Landwirtschaft bauen jetzt auch Emmer (Zweikorn-Spelzgetreide) an. Er gehört neben dem Dinkel zu den wertvollsten Getreidearten.

Die Natur lehrt uns den Begriff der Einheit, deshalb ist es zum Vorteil für alle, wenn sich biologisch erzeugende Betriebe in einem gemeinsamen Verbund zusammenschließen. Konkurrenz, so wissen wir schwächt und führt letztendlich ins Abseits. Als eine ganz gefährliche Zeiterscheinung empfinde ich die Einflussnahme der Politik auf die Bio-Szene. Die Vergangenheit hat uns gelehrt, dass überall dort, wo Politiker ihre Hand im Spiel hatten, Verwirrungen und Chaos entstanden.

Auf dem Sektor der Landwirtschaft zeigen die Verwässerungen der Bio-Kriterien, dass es wohl nicht mehr lange dauern wird, bis auch hier Lobbyismus und Subventionen zu jener Abhängigkeit führen, wie sie in der konventionellen Landwirtschaft üblich ist. Durch politische Machenschaften ist das Vertrauen in die bestehenden Begriffe wie: Bio, Öko usw. geschwunden.

Ein neues Siegel wie „NurNatur" könnte ein Oberbegriff natürlich produzierender Betriebe sein. Unter diesem Logo, das einen neuen Anfang signalisiert, erzeugen Unternehmer Güter, bieten Märkte und der Einzelhandel in speziellen Vorrichtungen naturgerechte Produkte an. Restaurants und Gemeinschaftsverpflegung, Gesundheitshäuser, Altenheime die Wert auf gesundheitsförderndes Essen legen, schließen sich an.

Selbstverständlich muss auch unsere gesamte Lebensweise wieder im Einklang mit der Natur stehen. Wir müssen uns in ihre lebensfördernden Gesetze eingliedern und nicht meinen, diese verbessern zu müssen.

Nun werden Wege aufgezeigt, die Pioniere auf dem Sektor Lebensstil, Umgang mit der Natur und Ernährung, schon heute gehen. Für viele Leser mögen einige Gedanken neu sein. Es ist eine menschliche Reaktion, alles Neue erst einmal abzulehnen. Aber vielleicht wollen Sie über das eine oder andere nachdenken und somit in Ihr Wissen integrieren. In speziellen Situation werden Sie sich an dieses Wissen erinnern, es nutzen und dadurch beispielsweise eine missliche Situation meistern. Durch diesen Vorgang wird das angelesene Wissen zur Weisheit und kann dann zu Ihrem Vorteil von Ihnen gelebt werden.

Wege aus der Krise, die im Einklang mit der Natur stehen:
Eike Braunroth war schon in den frühen sechziger Jahren überzeugter Anhänger der biologischen Anbaumethoden. Zur damali-

gen Zeit eine futuristische Anbauweise, die von kaum jemandem ernst genommen wurde. Wie alle Biobauern hatte auch er das Problem: „Wie gehe ich auf naturgerechte Art mit den vielen Nacktschnecken, Wühlmäusen, Kartoffelkäfern, Blattläusen, usw. um?" All diese Tiere, die er als berechtigte Mitgeschöpfe ansah/ ansieht, zerstörten sein liebevoll gepflanztes Gemüse. Verzweifelt versuchte er ohne Gift und Chemie vor allem der Nacktschnecken Herr zu werden. Er sammelte sie ein, überbrühte sie oder ertränkte sie in Bier. Als sensibler, an Gott orientierter Mensch wurde ihm plötzlich bewusst, dass er sich über die Schöpfung erhob, dass er frei nach Belieben mordete! Er dachte tiefer über dieses Problem nach. Auf Grund seiner psychologischen Ausbildung kam er auf den Gedanken, dass auch hier das Gesetz von Ursache und Wirkung greift. So stellte er fest, dass er schon im Herbst beim Graben, dann bei der Aussaat, also ständig an die zarten Setzlinge, die vom „Ungeziefer" vernichtet werden, denken musste. Er begriff sehr schnell, dass er noch voll im Darwin´schen Denken verhaftet war. Sein Garten war also ein einziges Schlachtfeld. Demnach führte er einen sinnlosen Kampf gegen die Gesetze der Natur, den er niemals gewinnen konnte. Im Gegenteil, je mehr er kämpfte, desto stärker wuchs das Problem. Der Psychologe Braunroth experimentierte und erkannte, dass alle Pflanzen, Tiere, ja selbst sein eigener Körper auf bestimmte Gedanken reagierten. Er erkannte, dass die Tiere seine Freunde waren/sind und dass sie lediglich eine kosmische Ordnung wieder herstellen. Braunroth kam schnell zu der Erkenntnis, dass gute Ergebnisse ehrliche Absichten voraussetzen. Das System, das Braunroth entwickelte, heißt **„Kooperation mit der Natur"**
Dieser geschützte Begriff steht auf vier Säulen:

- Kontakt mit den Naturlebewesen (vor Betreten des Gartens gibt er diese Absicht bekannt. Er freut sich über den Kontakt zu den Lebewesen)
- Kommunikation auf geistiger Ebene (er teilt allen Lebewesen des Gartens mental mit, was er von ihnen erwartet, an-

dererseits erfasst er auf subtile Weise die Bedürfnisse der Pflanzen und Tiere)

- Kooperation ist die dritte Säule (er respektiert die Bedürfnisse im Garten anwesender Lebewesen, der Erde und des Menschen und schließt „Verträge" mit ihnen). Hier kommt das Gesetz von Ursache und Wirkung voll zum Tragen. Wie wir denken und handeln, so antwortet die Natur. Bei naturkonformem Denken, mit großen Erträgen (das ist der wahre Begriff von: „Macht euch die Erde untertan"), bei Kampf gegen sie mit Seuchen, Schädlingen oder Erregern.
- Der vierte und wichtigste Baustein seiner Idee ist die spirituelle Einstellung zur Schöpfung. Braunroth hat spezielle Wahrnehmungsformen gefunden, die uns auf der spirituellen Ebene mit den Lebewesen in Verbindung bringen.

Ein Seminar bei Braunroth wird jedem Landwirt, der mit der Natur zusammenarbeiten will, großen Nutzen bringen.

Braunroth steht mit seinen Thesen nicht allein. Fortschrittlich denkende Wissenschaftler haben bereits begonnen, einen Blick über den berühmten „Tellerrand" zu werfen. So arbeitet der englische Bio-Physiker Rupert Sheldrake an der Beweisführung seiner Theorie der morphogenetischen Felder. Sie besagt unter anderem, dass es Pflanzen, Tieren und Menschen möglich ist, Gleiches zum gleichen Zeitpunkt zu tun, ohne voneinander zu wissen oder einen direkten Kontakt zu einander zu haben. Dies geschieht selbst über weite Distanzen und Kulturen hinweg. In seinem Werk: „Das Gedächtnis der Natur" beschreibt er, wie sich in diese Felder alles, was auf Erden von allen Wesen gedacht und empfunden wird, einprägt. Der Psychologe C.G. Jung sprach in der ersten Hälfte des 20. Jahrhundert bereits von einem „kollektiven Unterbewusstsein".

Die meisten Menschen sind heute noch im mechanistischen, Darwinistischen Denkschema verhaftet. Aus eigener Erfahrung weiß ich, wie schwer das Annehmen einer ganzheitlichen Sicht sein kann.

Dr. med. Faridun Batmanghelidj formuliert es folgendermaßen: **„Um den Menschen wirklich zu helfen, müssen wir alles vergessen, was wir auf dem normalen Bildungsweg gelernt haben."** Das ist gerade das Schwierige - jenes, welches einst unsere unumstößliche Wahrheit war, müssen wir aufgeben. Wir sind erst einmal orientierungslos und bekommen dann allmählich wieder festen Boden unter den Füssen. Dieser feste Boden ist ein neues Denken, und gerade dies ist der Anfang des persönlichen Weges aus jeder Krise.

Ein neuer Weg:
Fleisch darf nicht zur Massenproduktion verkommen, sondern muss als Kreislauf der Natur verstanden werden.

Wie das funktioniert, und wie so etwas in die Praxis umgesetzt wird, möchte ich an Beispielen aufzeigen: In der Toskana wird bereits seit Etruskischer Zeit das Chanina - Rind sowie in der Maremma das Maremma - Rind gehalten. Beide Rassen wachsen alter Tradition entsprechend naturgerecht auf. Das Maremma–Rind sogar vollkommen frei, gehütet von den Butteri, den „Cowboys" der Toskana. Das Futter: Gras, Luzerne, Klee und frisches Heu. Diese Tiere bekommen also keine, Fleisch und Milch toxisch belastende Silage. Auf Kunstdünger wird gänzlich verzichtet.

Aus dem zarten, schmackhaften, leicht marmorierten Rücken der Tiere wird das berühmte „Bisteka Firenza" (Rinderkotelett) zubereitet. Der nicht so unterwürfigen Mentalität der Italiener ist es zu verdanken, dass es heute noch diese Spezialität gibt und deshalb auch noch Rinder, die in Freiheit leben dürfen.

Im Rahmen der EU-Verordnung die vorschreibt, das Rückenmark zu entfernen, dürfte es diese Spezialität nicht mehr geben. Nach welchen Kriterien Gesetze zustandekommen, ist ein Kapitel für sich (wir wollen es nicht weiter kommentieren). Von den bis heute 40 BSE-Fällen in Italien sind alle auf so genannte „Hochleistungsrinder" zurückzuführen. Das sind jene armen, mit

EU-Geldern geförderten Geschöpfe, die in den Massentierhaltungen mit artfremdem Futter und vielen Arzneimitteln aufgezogen werden. Sie produzieren abnorme 12 000 Liter Milch pro Lactationsperiode. Interessant ist, dass 96 % aller Rinder Europas aus nur vier Hochleistungsrinderrassen zu „Turbokühen" hochgezüchtet wurden. Diese Tiere sind weit von der natürlichen Spezies Rind entfernt, daher äußerst anfällig und streng genommen für den menschlichen Verzehr nicht geeignet.

Ein anderes Beispiel, ebenfalls aus der Toskana:
Zwischen Siena und Grosseto wurde von fortschrittlichen jungen Züchtern eine uralte Schweinerasse weiter gezüchtet. Bei dieser so genannten Chinta–Senese–Rasse handelt es sich um robuste, für die Freilandhaltung geeignete Tiere. Sie entsprechen nicht den Vorstellungen der konventionell produzierenden EU–konformen Landwirte. Diese Tiere wachsen langsamer, sind nicht so sensibel wie die mit Subventionen geförderten „EU-Turbomonster-Subventions-Schweine". Sie haben ein Kotelett weniger, können sich deshalb auf den Beinen halten und überleben gesund und naturgerecht. Sie wachsen ganz ohne Medikamente und andere Gifte auf. Ihr Futter besteht aus Wurzeln, Gras, Kartoffeln und im Herbst vorwiegend aus Eicheln. Wer den Leuten bei der Verarbeitung des Fleisches zuschaut, das vorwiegend zu Schinken und vor allem zur Salami Fina Finoccio verarbeitet wird, der erkennt, was es heißt, Freude und Wohlbefinden über die Nahrung an den Kunden zu vermitteln. Der Schinken reift ausschließlich in heimischen Kräutern „gesurt", ohne Beigabe von Nitrit über sechs Monate in speziellen Marmorbottichen. Die Salami, gewürzt mit wilden Fenchelblüten, Knoblauch, frischem Pfeffer und naturbelassenem Salz, ist mit industriell erzeugten Wurstwaren, die „aus deutschen Landen frisch auf den Tisch" landen, in keiner Weise zu vergleichen. Das Fleisch ist leicht bitter-herb-würzig und verleiht den Produkten den arttypischen Geschmack. Fleisch von Schweinen derselben Rasse, die nach gleichen Bedingungen aufwachsen, a-

ber im Herbst Kastanien fressen, ist etwas süßlicher und lieblicher im Geschmack.

Ein Beispiel aus der Schweiz:
Im Tessiner Maggia-Tal werden Ziegen freilaufend in den Bergen gehalten. Sie fressen während der Vegetationszeit saftige natürliche Wildkräuter und Gras. Im Winter wird mit selbstgeerntetem Bergwiesen-Heu gefüttert. Aus der Milch wird spezieller, wohl schmeckender Käse ganz ohne chemische Zusätze zubereitet. Naturbedingt ist im Winter das eigene Futter knapp. Nun gibt es drei Möglichkeiten,

- man entfernt sich von der Natur, füttert künstliches „Kraftfutter" mit den bekannten belastenden Zusätzen,
- es wird mit vergiftender Silage gefüttert,
- man geht mit der Natur und verringert den Tierbestand.

Die Bergbauern haben sich für den Weg, den ihnen die Natur zeigt, entschieden und aus der Not eine Tugend gemacht. Die jungen kräftigen Tiere, die schadlos den strengen Winter überleben können, lässt man am Leben, die anderen Tiere werden geschlachtet. Das Fleisch wird haltbar gemacht, indem daraus eine Hartwurst gefertigt wird. Diese gefragte Spezialität heißt Cicit. Gewürzt wird ausschließlich mit Wein, Pfeffer, Knoblauch, Muskat, Nelken und Zimt.

Ein Beispiel aus Bayern:
In der Nähe von Dorfen stellte ein progressiv denkender Landwirt vor mehr als 15 Jahren seinen Betrieb auf natürlichen Landbau um. Zum Schutze der freilaufenden Tiere pflanzte er um seine Felder heimische Bäume und Büsche wie Vogelbeeren, Holunder, Schlehen, Haselnuss und Eichen. Streuobstwiesen dienen den Tieren als Auslauf; das schadstofffreie Obst wird zu Bränden verarbeitet.
Was unterscheidet diesen Betrieb von anderen, die ebenfalls nach biologischen Richtlinien wirtschaften?

Aus den Wäldern, die zu diesem Hof gehören, wurde ein stämmiger Wildschweineber gefangen und mit einer unverzüchteten Hausschweinedame, die aus Schweden stammte, gekreuzt. Die Ferkel, halb Wildschwein, halb Hausschwein, sind äußerst vital und gesund, sie wachsen freilaufend auf und werden mit allerbestem selbst angebauten Futter versorgt. Produkte dieser Tiere - Fleisch, Schinken und Wurst - haben einen kernigen, unverwechselbaren, angenehmen Geschmack. Münchener Restaurantbesitzer, die sich das Bewusstsein für wirklich reine und echte Qualität bewahrt haben, bieten diese Erzeugnisse in ihren Häusern an. Die Akzeptanz bei den Gästen ist so groß, dass nicht genügend von dieser Qualität geliefert werden kann.

Neben den Schweinen hält dieser Bauer auch eine freilaufende robuste Fleisch-Rinder-Rasse. Gefüttert wird mit natürlich wachsendem Futter. Seuchen, BSE und andere Themen der subventionsgeschädigten Landwirte sind auf diesem Hof unbekannt.

Ein Beispiel aus dem Württembergischen:
Vor kurzem habe ich mir in der Nähe von Würzburg eine Produktionsgemeinschaft angesehen, die unter anderem auch auf dem landwirtschaftlichen Sektor mit Erfolg tätig ist. Die Gemeinschaft ist so strukturiert, dass jeder - auch der Erzeuger - gut existieren kann. Der Betrieb wirft Gewinne ab, staatliche Subventionen gibt es nicht. Aus diesem Grund ist der Betrieb auch gut strukturiert, orientiert sich an den wahren Bedürfnissen seiner Kunden und nicht an Richtlinien, die von Leuten ohne Sachverstand erlassen werden. Die Erzeugnisse sind von guter Qualität. Hier hat man die altbewährte, naturschonende Methode der Drei-Felder-Bewirtschaftung wieder eingeführt. Der Acker wird weder mit boden-, grundwasser- und menschenbelastender Gülle und Mist strapaziert noch wird mit irgendwelchen Giften gespritzt. Auf Masttierhaltung wird verzichtet, die Produkte sind ausschließlich vegetarisch/vegan. Gemüse und Obst - das wir seit längerem auf dem Münchener Viktualienmarkt kaufen - waren stets von bester

Qualität und Geschmack und sind aufgrund ihrer natürlichen Herkunft länger haltbar. Getreide wird alter Tradition gemäß mit dem Keimling vermahlen. Das Mehl wird lange genug bei kühler, trockener Luft in Containern aus gewobenem Leinen gelagert, damit es gut reifen kann. Somit sind die Bäcker in der Lage, mit einem kleberarmen Mehl, das von mageren Böden stammt ein hervorragendes Brot zu backen. In dieser Gemeinschaft wird auch an die Tiere gedacht: So werden beispielsweise die Getreidefelder nicht vollkommen abgeerntet; man lässt kleinere Inseln für das Wild stehen, das hier Nahrung und Zuflucht findet. Der Umgang, den man untereinander pflegt, ist menschenwürdig und höflich. Ich habe niemanden gesehen, der nicht auf angenehme Art zuvorkommend und kundenorientiert war.

Mein persönlicher Eindruck: Dies könnte ein gangbarer Weg sein, der wahrscheinlich aus der Krise, wie sie heute auf dem landwirtschaftlichen und nahrungstechnischen Sektor zu finden ist, führt.

Ein anderer Weg:
Vor mehr als 900 Jahren trat eine Frau vor die damalige Weltöffentlichkeit. In mehreren Büchern, die sie ihrem Schreiber diktierte, berichtet sie über Visionen, die sie in Bezug auf „richtiges" Leben und „richtige" Ernährung empfangen hatte.
Es handelt sich dabei um die Nonne und Äbtissin Hildegard von Bingen.
Viele werden einwenden: Das war ja im tiefsten Mittelalter, wir schreiben heute das Jahr 2003. Was damals galt, ist für die heutige fortschrittliche Zeit gar nicht mehr aktuell.
Prophezeiungen und Visionen haben eines gemeinsam: Sie sind nicht für die Zeit in der sie empfangen wurden, gedacht, sondern sie weisen immer in die Zukunft.
Vor 900 Jahren befand sich Europa im so genannten agrarisch orientierten Umfeld. Die breite Masse war bitter arm. Hungersnöte waren an der Tagesordnung. Die relativ geringe Anzahl von rei-

chen Menschen lag ungefähr bei 7 - 12 %. Diese hatten ganz andere Probleme, als an eine gesunde Ernährung und einen leistungsfähig machenden Lebensstil zu denken. Erst heute haben wir Wohlstand bis in die einfachsten Bevölkerungsschichten. Vor allem Essen gibt es im Überfluss und zu Billigstpreisen. Viele Menschen sind aufgrund geschickter Werbung dem Kaufrausch verfallen. Das wahllose Durcheinander und die Überbelastung der Sinne sind oft die Ursachen für Krankheiten, die immer unbezahlbarer werden. Wie schon erwähnt, befinden wir uns in einer Zeit der Orientierungslosigkeit. Es bedarf Informationen, nach denen sich die Menschen richten können.

Die Vorhersagen der Hildegard von Bingen geben uns Ratschläge, die genau in die heutige Zeit passen. Um den Rahmen des Buches nicht zu sprengen, wollen wir nur die wichtigsten Aussagen Hildegards in gestraffter Form wiedergeben.

Ernährung
Die wichtigsten Lebensmittel nach Hildegard

Getreide Als wertvollstes Lebensmittel nennt uns Hildegard den Dinkel, er vermittelt Kraft, Wärme und Lebensfreude.
Gemüse Fenchel, Edelkastanie, Bohnen, Sellerie, Rote Beete, Karotten, Pastinaken, Kichererbsen, Kürbis, Knoblauch, Zwiebeln, Rettich, Meerrettich, Spargel, Schwarzwurzeln, Topinambur, Spinat, Mangold, Erbsen und Algen.
Obst Äpfel, Birnen (gekocht, aber ohne Kochwasser), Quitten, Kirschen, Johannisbeeren, Brombeeren, Himbeeren, Maulbeeren, Kornelkirschen, Hagebutten, Mispeln, Datteln, Mandeln, Walnüsse, Zitronen und Orangen.
Salat Kopfsalat nur im Verbund mit gequollenen und gekochten Dinkelkörnern, Eisbergsalat, Lollo Rosso, Feldsalat.
Fleisch Geflügel und Pute, Strauß, Fasan, Lamm, Rind, Ziege, Reh und Hirsch.

Fisch Hecht, Saibling, Felchen, Bach- und Seeforelle, Kretzer, Barsch und Kabeljau-Dorsch

Eier Nach Hildegard sind die Eier nicht sehr empfehlenswert. Es gibt eine Möglichkeit, die Faulstoffe des Eies zu neutralisieren: Eier aufschlagen und aus der Schale ins kochende Salzwasser fallen lassen, zwei Minuten kochen.

Milchprodukte Biojoghurt, Kefir, Buttermilch, Weichkäse, Quark, Camembert, Frischkäse (für Beleibte) Hartkäse (für Dünne). Unnatürliche Milchprodukte wie LC 1 oder Yakult sind zu meiden.

Salz Nie salzlos essen. Salz macht warm. Wer salzlos isst, wird innerlich schwach. Achtung beim Salzen! Der natürliche Geschmack darf nicht durch Salz überdeckt werden.

Essig Hier wird ausschließlich der Weinessig genannt. Er darf bei den Speisen nicht hervorschmecken. Also Dressing immer mild halten.

Fett und Öl Butter, kalt gepresstes Sonnenblumenöl, Kürbiskernöl, Mandel- und Walnussöl

Getränke Quellwasser ist dem Mineralwasser vorzuziehen. Keine Kohlensäure. Tee (Fencheltee, grüner Tee, Gold- und Zitronenmelissentee. Als Teemischung: Brennnessel-, Salbei- Laventee 1:1 gemischt. Dinkelbier und gelöschter Wein.

Gewürze und Kräuter Galgant, Bertram, Ysop, Bachminze, Poleiminze, Fenchelsamen, Flohsamen, Griechenklee, Quendel, Melde, Beifuss, Rainfarn, Salbei, Knoblauch, Bachbunge, Langer- und Cubebenpfeffer, Dill, Diptam, Ingwer, Muskatnuss, Mutterkümmel, Oregano, Pelargonie, Weinraute und Zimt.

Ernährung nach Hildegard bedeutet nicht Vegetarismus. Fleisch darf generell nur in kleinen Mengen verzehrt werden. Die meisten Fleischarten sind zu Heilzwecken gedacht, z.B. Schweinefleisch. Nur schwache Menschen, die gestärkt werden müssen, dürfen, solange vom ganz jungem Schwein essen, bis sie wieder auf dem Wege der Genesung sind. Geflügelleber dient der Blutbildung.

Walfischfleisch wirkt allen Rheumaformen entgegen. Hirschfleisch, vor allem die Hirschleber, reinigt den Magen und wirkt ebenfalls gegen Rheuma. Straußenleber ist gut gegen Depressionen. Straußenfleisch wirkt gegen Übergewicht, Stuhlverstopfung und bei Epilepsie. Magere und schwache Menschen dürfen dieses Fleisch nicht essen. Rehleber ist gut gegen Bauchgrimmen und soll Krebs verhindern. Gelenkbeschwerden werden durch gekochte Kalbsfüße therapiert. Hühnersuppe wirkt gegen Schwäche. Ziegenfleisch heilt Eingeweide und stärkt den Magen.

Als Küchengifte bezeichnet Hildegard:
Erdbeeren, Pfirsiche, Pflaumen, Lauch (Porree)

Garmethoden nach Hildegard;
- an erster Stelle steht das Garen mit Hitze (Kochen, Braten, Backen),
- Garen durch Beizen (Salatdressing, Einlegen in Weinessig, Zitronensaft und/oder Salz),
- Garen durch Lagerung (Äpfel sind nach Hildegard verträglicher, wenn diese durch Lagerung schrumpelig geworden sind. Säure verwandelt sich in Fruchtzucker).

Rohkost und Frischkornmüsli machen nach Hildegard krank! Sie belasten das gesamte Verdauungssystem und können zu Fäulnis und Pilzerkrankungen im Darmbereich führen.

In der Medizin ist bekannt:

„Der Tod sitzt im Darm!"

Nicht nur die östlichen Gesundheitslehren berichten über die vier Elemente. Hildegard sagt dazu:

„**Wenn die vier Elemente (Feuer, Wasser, Luft und Erde) im Menschen ausgeglichen sind, befindet er sich in der Harmonie und ist gesund**".

Feuer: Augen, leicht, trocken, heiß, Choleriker
Wasser: Gefühl, Blut, schwer, nass, kalt, Phlegmatiker
Luft: Atem, Gehör, leicht, trocken, kalt, Sanguiniker
Erde: Fleisch, Knochen, schwer, trocken, kalt, Melancholiker

An den vier Temperamentstypen erkennen wir deutlich wie sich Feuer, Wasser, Luft und Erde im Gesicht des Menschen widerspiegeln. Je nach Temperament reagiert er unterschiedlich auf äußere und innere Reize. Ein sich in der Harmonie befindlicher Mensch vereint diese vier Eigenschaften ausgewogen in sich.

Krisenbewältigung setzt Umweltsanierung voraus.
Jahrhunderte lang wurden unsere Böden immer stärker ausgebeutet. Es wurde also mehr entnommen als hinein gegeben. Das führte dazu, dass sich die degenerativen Mikroorganismen auf Kosten der regenerativen vermehrten und somit das Ackerland ständig weniger Erträge abgab. Als vor rund 150

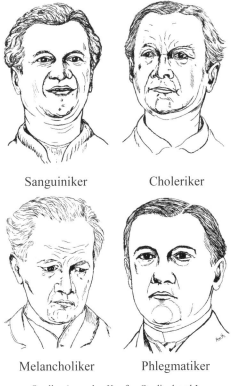

Sanguiniker   Choleriker

Melancholiker   Phlegmatiker

Quelle: Amandus Kupfer, Studienband I

Jahren die Vitalität und die damit verbundene Fruchtbarkeit der Pflanzen und Tiere viel von ihrer ursprünglichen Kraft verloren hatten, konnten Krankheiten und Ungeziefer größere Schäden verursachen. Die Qualität der Erzeugnisse ging immer weiter zurück. Trotz allem war damals die Erde im Vergleich zu heute noch voll lebensspendender Kraft. Die für unsere Augen nicht wahrnehmbaren winzigen regenerativen Bodenorganismen waren trotz aller Schwierigkeiten immer wieder in der Lage, die Herrschaft über die degenerativen Organismen zu erlangen. Die Natur war bis dahin fähig, sich aus eigener Kraft zu erholen.

Wie kam es dazu, dass die heutigen Felder die Kraft zur Regeneration scheinbar verloren haben?
Der schon oft erwähnte globale Einsatz von giftigen Spritzmitteln, mineralischem Dünger, Kalk und vor allem der Gülle schädigte die regenerativen Mikroorganismen. Bei der heutigen Gülle wirkt sich die widernatürliche Fütterung der Tiere verstärkend negativ aus.
Beispiel:
Silagefütterung, Kraftfutter und zu viel Getreide verursachen bei Rindern Darmprobleme. Kaum eine Kuh, die noch ohne Durchfall im Stall steht. Durch die Schwächung des Verdauungssystems wird das Immunsystem gehemmt. Bedingt durch häufige Erkrankungen werden den Tieren Medikamente verabreicht. Diese wiederum mit dem Urin ausgeschieden, und mit der Gülle in homöopathischer Verdünnung auf das Land verteilt. Derartige Zustände herrschen in allen konventionell arbeitenden Betrieben, ob es um Schweine-, Hühner-, Puten- oder andere Haltungen geht. Überall herrschen Fäulnis und Gestank (wo es fault, siedelt sich Ungeziefer - Flurputzer - an). Selbst die Kompostierung haben wir verlernt - auch hier Fäulnis statt Rotte (Fermentierung).
Übrigens, wer kennt den Unterschied zwischen Landluft und Farmerluft? Die Landluft wird von Tieren erzeugt, die artgerecht gefüttert werden und den nötigen Freilauf haben.

Beispiel: Eine artgerecht gehaltene und natürlich gefütterte Kuh kaut 60-mal wieder. Ihr Atem erzeugt eine für Mensch und Tier gesunde Luft.

GESUNDE LANDLUFT
Geeignet für Ferien auf dem Bauernhof.

Widernatürlich gehaltene Kühe, mit Silage und Kraftfutter gefüttert, fühlen sich unwohl und ekeln sich vor diesem Futter. Sie fressen trotzdem, weil der Überlebenstrieb stärker als der Widerwille gegen das Futter ist. Diese Tiere verlieren an Vitalität, werden gleichgültig, sie kauen nur noch 40- bis 50-mal wieder. Ihr Atem erzeugt eine für Tier und Mensch ungesunde Luft.

UNGESUNDE FARMERLUFT
Ungeeignet für Ferien auf den Bauernhof!

Diese Regel gilt für alle Tiere. Man erkennt den Unterschied zwischen gesunder und ungesunder Luft auch am Stall- oder Hofgeruch. Riecht es angenehm nach Fermentierung, haben wir es mit einer Landluft zu tun - hier können wir unbedenklich einkaufen. Stinkt es auf einem Hof, herrscht Fäulnis vor - diese verursacht die ungesunde Farmerluft. Wir sollten von diesem Bauern keine Erzeugnisse kaufen. **Womit hängt dies zusammen?** Fäulnis erzeugt Oxidation. Durch Oxidation werden die so genannten „freien Radikalen" erzeugt, von deren Schädlichkeit überall berichtet wird. In einem Betrieb, in dem die Oxidation vorherrscht, sieht es vorwiegend schmuddelig aus, vieles ist verrostet, der Geruch beißend und unangenehm. Über die Gülle werden die Oxidantien auf die Felder gebracht und über die Erzeugnisse zu den Menschen.
Im Betrieb, in dem naturkonform gewirtschaftet wird, riecht es angenehm. Hier entstehen so genannte Antioxidantien, die wir benötigen, um freie Radikale zu neutralisieren. Die Arbeitsweise

der Bauern hängt mit deren Informationsstand und mit deren Liebe zur Natur zusammen. Ein Boden, bewirtschaftet von einem Landwirt, der sich beispielsweise durch Vertreter seines konventionell eingestellten Verbands beraten lässt, und die entsprechenden Chemikalien einsetzt, enthält auf eine Handvoll Erde bemessen rund 100 bis 1 000 Mikroorganismen.

Die gleiche Menge Erde bei einem natürlich bewirtschafteten Acker enthält rund 10 Milliarden Mikroorganismen.

Dies bedeutet: Je lebendiger der Boden bei guter Fütterung der Kleinstlebewesen, desto lockerer die Erde, desto mehr Vitalkraft kann für die Pflanze freigesetzt werden.

Menschengerechte Landwirtschaft heißt demnach:

- Fütterung der Mikroorganismen - dadurch lockere Erde.
- Freisetzung der Vitalstoffe und Spurenelemente für die Pflanze.
- Keine Bodenbearbeitung durch Pflügen.

Somit erhält der Mensch Antioxidantien über seine Lebensmittel.

Als Folge davon:

mehr Lebensqualität, höhere Lebenserwartung, späterer Beginn des Alterungsprozesses und ein längeres Leben.

Gegen den Menschen gerichtete Landwirtschaft bedeutet:

- Massentierhaltung.
- Intensives, konventionelles Wirtschaften mit Kunstdünger usw. - dadurch verhärtete Böden.
- Minimale Freisetzung von Vitalstoffen und Spurenelementen.
- Dezimierte Anzahl von Kleinstlebewesen
- Pflügen, teilweise sogar mit schwerstem Gerät (Kettenfahrzeugen), nötig.

Der Mensch erhält Oxidantien über seine Nahrung.

Als Folge davon: weniger Lebensqualität, niedrigere Lebenserwartung, geschwächte Immunabwehr, Allergien usw.

Der massive Eingriff des Menschen stört das natürliche Gleichgewicht auch in der Welt der Kleinstlebewesen. Im Raum, der von den regenerativen Mikroorganismen frei gemacht wird, siedeln sich sofort degenerative Organismen an. Dadurch wird das Gleichgewicht in der Natur immer mehr gestört. Deshalb müssen konventionell arbeitende Bauern ständig höhere Beträge in unnatürliche und schädliche Hilfsmittel investieren, die das Leben in den Böden vom Leben zum Tod umkehren. Das heißt, die Anzahl jener Sauerstoff atmender Kleinstlebewesen, die für die Aufrechterhaltung des menschlichen Lebensprinzips benötigt werden, wird immer geringer. Bodenbakterien, die keinen Sauerstoff zum Leben brauchen, somit konträr zu unserem Lebensprinzip stehen und für uns Tod bedeuten, nehmen zu. Die Natur ist auf absolute Anpassung ausgerichtet. Für sie ist es egal, ob das Überleben auf Sauerstoff-, Stickstoff-, Kohlendioxidatmung usw. basiert.

Um überhaupt noch Erträge zu erzielen, wird auf Produktion „lebendiger" Erzeugnisse verzichtet. Ein Erzeuger, in diesem Fall der Landwirt, der gegen das Leben gerichtete Waren produziert, erhält natürlich auch vom „Leben" selbst seinen gerechten Lohn. Weil dieser aus verständlichen Gründen nicht sehr hoch sein kann, ist ein Überleben allein aus dem Gewinn seiner Produkte nicht mehr möglich.

Betrachten wir aus dieser Perspektive die Unsummen, die in die konventionelle Landwirtschaft fließen: einerseits immer höhere Subventionen, andererseits ausgemergelte Böden. Aus unserer Sicht: Degenerativ wirkende Organismen übernehmen die Herrschaft und belasten das Oberflächen- und das Grundwasser.

Um die Bevölkerung mit qualitativ einwandfreien Erzeugnissen zu versorgen, bedarf es eines informierten und freien Bauernstands. Jetzt wird mancher einwenden, diesen Bauernstand haben wir doch!

Die Wirklichkeit sieht anders aus: Landwirte werden von Chemie vertreibenden Firmen beraten. Dies geht in Richtung Mineraldüngung und Kalk - dadurch sterben die „positiven" Mikrobakterien - der Boden verhärtet. Zur Lockerung gibt es dann wieder chemische Lockerungsmittel. So geht es immer weiter. Der Einsatz von Chemie steigt ins Uferlose. Mit Subventionen werden konventionell erzeugende Bauern künstlich am Leben erhalten.

Ist ihre Hauptdaseinsberechtigung vielleicht nur noch die, als Stimmenpotenzial für Parteien zu dienen?

Immer mehr Bauern geben die Landwirtschaft auf. Betriebe der Agrarindustrie stoßen in dieses Vakuum.

Was wir benötigen, sind aber keine industriell produzierten, manipulierten Nahrungsmittel ohne lebensspendende Biophotonen.

Was wir brauchen, sind einwandfreie Erzeugnisse, die uns Lebenskraft (Lichtquanten) vermitteln, die unabdingbar für ein glückliches, gesundes Leben sind. Lebensmittel voller Kraft und Vitalität können nur von engagierten und informierten Landwirten, die über die Zusammenhänge des Lebens im Boden Bescheid wissen, erzeugt werden.

Wie kann aus der kranken Erde übergangslos ein gesunder Boden entstehen? Wie können aus subventionsabhängigen Bauern freie Landwirte werden?

Der japanische Agrarwissenschaftler Prof. Dr. Teruo Higa ist bei seinen jahrelangen Forschungen per „Zufall" auf eine großartige Möglichkeit gestoßen, die der Weg aus dieser Sackgasse der Boden- und Umweltzerstörung sein kann. Dr. Teruo Higa fand heraus, dass Mikroorganismen, die Sauerstoff zum Leben benötigen (Aerobier), mit Mikroorganismen, für die Sauerstoff tödlich ist (Anaerobier), in symbiotischer Gemeinschaft optimal zusammen leben können. Die Ausscheidungen der einen sind die Nahrung der anderen. Die Aktivität dieser Kleinstlebewesen regt die Regeneration der Pflanzen an, intensiviert ihr Wachstum durch die Nährstoffe, die diese Organismen ausscheiden. Hierdurch werden Wasser, Luft und Böden gereinigt, Ackerland aufgelockert. Felder, die mit dieser, so genannten „EM-Technologie" (Effektive Mikroorganismen) bearbeitet werden, bringen 4- bis 10-mal höhere Erträge als Felder, die nach herkömmlicher Weise bewirtschaftet werden. Wohlgemerkt, ganz ohne Kunstdünger, Chemie, Gülle und Gentechnologie. Zusätzlich wird die Bodenbeschaffenheit optimiert und vitalisiert. Das geerntete Gemüse und die Früchte weisen einen bedeutend besseren, aromatischeren Geschmack auf, als herkömmliche; die Haltbarkeit, der Vitamin- und Mineralstoffgehalt sind höher. Das hängt damit zusammen, dass Erzeugnisse aus EM-Technologie viel mehr Antioxidantien enthalten als andere. Dadurch werden nicht nur die oben erwähnten positiven Eigenschaften hervorgerufen, sondern darüber hinaus die Immunkraft des Verzehrenden (Tier und Mensch) gestärkt. Gerade die freien Radikalen (Oxidantien) sind jene Stoffe, hervorgerufen durch Autoabgase, Industrieemissionen, Gülle und Fäulnis im allgemeinen, die durch Antioxidantien neutralisiert werden.

Bei den freien Radikalen handelt es sich um „aktiven" Sauerstoff, der zerstörend auf die Zellen der Lebewesen (Mineral, Pflanze, Tier und Mensch) einwirkt. Sie verstärken die Korrosion (Rost, Verfall von Gebäuden, Verschleiß aller Materialien bis hin zu Krankheit und Alterung des Menschen). Physikalischen Versuchen zufolge konnte mit Detergentien (Waschpulver und Reinigungsmittel) sowie mit Toilettenabfällen verschmutztes, übelriechendes Wasser innerhalb von 24 Stunden durch „EM" soweit neutralisiert werden, dass es geruchsneutral war. Die „EM" fraßen die Verunreinigungen auf und hinterliessen Sauerstoff und Wasser. Mit anderen Worten: Alles, was wir Menschen für verschmutzt, stinkend und gesundheitsgefährlich halten, ist Nahrung für die „EM". Prof. Higa fand heraus: Regenwasser nimmt die Information der ersten Substanz, mit der es in Berührung kommt, auf. Ist diese Substanz schädlich oder gar giftig, gibt es diese Schadinformation in abgeschwächter Form weiter. In der Erde kann diese nicht vollkommen gelöscht werden, sondern erst durch

Verdampfen, das Sonnenlicht und die Ozoneinwirkung. Selbst Kochen und Destillieren hebt die Information nicht auf. „EM" bewirken eine Löschung in den meisten Fällen, wenn diese in den Böden reichlich vorhanden sind.

EM-Bokashi: Mit dieser Mischung aus Reiskleie, Fischmehl und „effektiven Mikroorganismen" werden rohe Küchenabfälle durch Rotte (Fermentierung) zu wertvollem Naturkompost verwandelt. Alle übelriechenden Ablagerungen werden beseitigt. Bokashi kann selbst hergestellt, oder als fertige Mischung bezogen werden

EM-Konzentrat: In der Verdünnung 1:200 mit Regen- oder Leitungswasser, eignet es sich hervorragend zum Bewässern von Bäumen und Pflanzen. Durch den von Bakterien aufbereiteten Boden erhalten die Pflanzen ihre natürliche Vitalität zurück, und diese stärken wiederum die Abwehrkräfte der Menschen. Beim Giessen der Pflanzen ist darauf zu achten, dass an diese nicht zuviel mit EM aufbereitetes Wasser gelangt, da sonst eine Fermentierung der Saugwurzeln einsetzen kann. Nach Berechnung von Experten sollen auf 1 Hektar Land maximal 70 Liter EM-Verdünnung ausgebracht werden.

Aufgrund der Tatsache, dass die natürliche Aufgabe der „Schädlinge" wie Nacktschnecken und dergleichen die Beseitigung von Fäulnis ist, reagieren diese auch nur auf Fäulnis. „EM" und Bokashi lassen keine Fäulnis aufkommen, deshalb wird die Hilfe anderer Lebewesen zur Beseitigung dieses Übels nicht benötigt. Fazit: Ein durch Leben (Mikroorganismen) vitalisierter Boden benötigt keine zusätzlichen „Flurputzer". **Wir als Erzeuger benötigen somit keine chemischen Keulen, um die natürlichen Zusammenhänge unseres Lebensprinzips ins Gegenteil zu verkehren.**

Ein weiterer Weg: Der biologisch-dynamische Landbau nach Rudolf Steiner (Demeter), setzt von allen „Bio-Erzeugern" die strengsten Maßstäbe an eine naturgerechte Landwirtschaft. Aus diesem Grund kann man auch darin einen gangbaren Weg aus der Krise sehen. Im biologisch-dynamischen Landbau wird ein geistiges Prinzip anerkannt. Der Mensch, so weiß man, besteht nicht nur aus dem physischen Körper, sondern besitzt auch Seele und Geist. Hierin gründet das Wissen darüber, dass der Boden nicht nur als Materie, sondern als lebendiger Organismus gesehen werden muss, und in der Natur neben den physikalischen Gesetzen auch geistige und kosmische Energien bestehen.

Ein umfassendes Verständnis für die Zusammenhänge in der Natur ist letztendlich die Voraussetzung für die Erzeugung naturkonformer Produkte, die dem Menschen angepasst sind. Nach deren Verzehr benötigt er keine körpereigene Lebenskraft, um diese Nahrung in sein System zu integrieren. Im umgekehrten Fall werden Lebenskräfte benötigt, um eine Anpassung an die lebensfeindlichen Nahrungsbestandteile herzustellen. Das führt in vielen Fällen zur Schwächung des Immun-Abwehrsystems.

Der Respekt vor der Kreatur verbietet eine Verstümmelung der Tiere. Untersagt sind aus diesem Grund: Enthornung der Rinder, Schnabel abschneiden beim Geflügel, Zähne abkneifen bei Ferkeln oder Schwanz kupieren bei Schafen, sowie die Haltung von Wildtieren in Gehegen. Aus dem Wissen der kosmischen Zusammenhänge heraus werden selbst biologisch-dynamisch wirkende Präparate - beispielsweise aus Quarzkristall, verschiedenen Pflanzen (Schafgarbe, Löwenzahn, Eichenrinde und Kamille), Kuhdung oder Hirschblase - hergestellt. Beim Zubereiten der Mittel finden neben jahreszeitlich bedingten Einflüssen (Michaeli) auch organische Einflüsse (Rinderschädel, Kuhhörner), die auf Erdboden und Pflanzen in grobstofflicher, feinstofflicher und energetischer Weise wirken, Verwendung. Die Wirkung ist uns aus der Homöopathie bekannt, wo das Wasser Träger der Information ist und die Potenz (geschüttelte Verdünnung) den Wirkungsgrad verstärkt. Jeweils zwei der Präparate verrührt man eine Stunde lang miteinander. Dieser Vorgang wird nach Rudolf Steiner dynamisieren genannt. Die so hergestellte Flüssigkeit wird fein auf Acker,

Wiese und Weide versprüht und trägt maßgeblich zur Heilung und Stärkung des Landes bei.

Ein Beispiel der homöopathischen Wirkungsweise nach Rudolf Steiner: Hirschblase gefüllt mit Schafgarbe unter den Mistkompost gemischt, verleiht diesem eine hohe Wertigkeit und steigert die Erträge durch die Kaliumharmonisierung des Bodens.

1992 wurde nach 12-jähriger Laufzeit die humusaufbauende Wirkung der Präparate im Vergleich zu organischer und konventioneller Bewirtschaftung nachgewiesen (Dissertation von Bachinger). Dass Gentechnik und damit verändertes Saatgut hier keine Themen sind, muss wohl nicht extra erwähnt werden.

Freie Landwirte und Erzeuger schaffen eigenverantwortlich nach einer vorgegebenen Philosophie ihre Produkte. Eine Kontrolle findet ein- bis zweimal jährlich nach dem Vieraugenprinzip statt.

Auf diese Weise kommt man dem Ziel näher, Lebensmittel von hoher Qualität herzustellen.

Nach Richtlinien der Demeterbetriebe ist eine viehlose Wirtschaftsweise nicht möglich. Man geht von der Vorstellung aus, dass ohne wirtschaftseigenen Dünger wie Mist, Kompost oder Gülle die Bodenfruchtbarkeit nicht erhalten werden kann.

Erklärtes Ziel ist vielmehr; die Steigerung der Bodenfruchtbarkeit und der Erhalt der Lebensgrundlagen. Wie im Kapitel BSE berichtet wurde, sehen Wissenschaftler im Ausbringen von Gülle und Fütterung mit Silage große gesundheitliche Probleme.

Obwohl im biologisch-dynamischen Landbau Gülle mit verschiedenen Präparaten wie Steinmehl oder Kräutermischungen aufbereitet wird, bleibt sie dennoch eine Belastung für alle Lebewesen.

Das Hauptproblem bleibt die Fütterung mit Silage.

Lebensqualität durch Neutralisation der Gülle.

In der Tierhaltung, vor allem in der Milchkuhhaltung, ist es unvermeidbar, dass Gülle anfällt. Es ist auch gar nicht so kompliziert, aus dieser einen für den Boden nützlichen Dünger herzustellen, der weder für Pflanzen, Tier noch Mensch schädlich ist.

Die Vorgehensweise:

- Durch Zusätze von effektiven Mikroorganismen (EM) in die Tränke und in das Futter wird auf die Darmflora der Tiere positiv eingewirkt.
- Durch tägliches Versprühen (leichter Nebel) über Tiere und Stall werden Schadkeime eliminiert.
- Die anfallende Gülle selbst wird vor dem Ausbringen mit einem Liter EM auf 1m³ (1 000 Liter) verrührt.

Alle diese Maßnahmen verhindern die Dominanz der Leichengifte (Merkaptan, Indol und Scatol) auf dem Hof, im Stall, in den Tieren und auf dem Feld. Der Herrgott hat uns Menschen mit einer Nase ausgestattet. Dieses Organ benötigen wir als Prüfinstrument, um zuträgliche Produkte von unzuträglichen zu unterscheiden. Mit einfachen Worten:

Alles, was stinkt, ist schädlich für uns!

Meiner Meinung nach sind Demeterlandwirte aufgrund ihres Verständnisses um kosmische Zusammenhänge als erste in der Lage, hier die Verknüpfungen zu erkennen. Der Begriff Dynamisierung beinhaltet auch die Anpassung an naturgerechte neue Erkenntnisse. Demnach sollte der Anpassung - an eine naturgemäße Fütterung (Heu, weniger Getreidezusätze, keine Silage) - nichts im Wege stehen. Ein Neutralisieren der Jauche (Gülle) wie oben beschrieben, müsste im Interesse der Demeterkunden einer ernsthaften Überlegung wert sein.

Jeder Schritt, der wegführt vom Konkurrenzkampf und hinführt zur Kooperation miteinander und der Natur, bedeutet eine Annäherung an ein Leben in Wohlstand, Gesundheit und Frieden.

Das Wissen um die Harmonie
Überlebensfaktor Nahrung

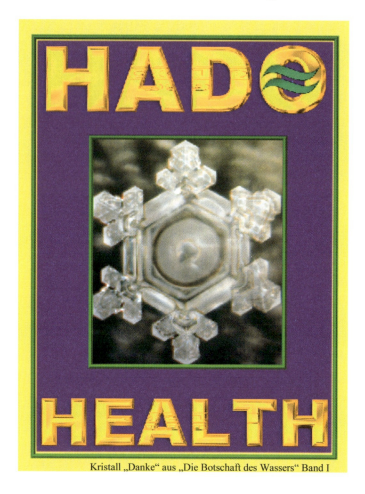

Kristall „Danke" aus „Die Botschaft des Wassers" Band I

Wer die Gaben und die Füller der Natur
mit Freude genießen kann,
der braucht sich um seine Gesundheit
nicht zu sorgen.

Ulrich Teichert

Wie ich im Kapitel „Neue Impulse" berichte, werden 40 % unserer Gesundheit über die Ernährung beeinflusst. Grund genug, uns mit gesunder Ernährung zu verköstigen – sollte man meinen.

Gerade auf diesem so wichtigen Gebiet herrschen unterschiedlichste Meinungen vor. Täglich neue Theorien über die Form der richtigen Ernährung. Esst mehr Fleisch, denn Fleisch gibt Lebenskraft, berichtet die Fleischindustrie. Die Milchindustrie mahnt: Esst mehr Milchprodukte, denn diese spenden Mineralien und Vitamine.

Rohkost und Müsli sind wichtig, denn der Kochvorgang zerstört Enzyme und Vitalstoffe, sagen die Rohköstler. Getreide ist der Träger des Lebens, sagen die einen, Getreide ist Gift für unsere Gesundheit, geben die anderen zu bedenken. Heerscharen von Diätfachleuten und Ökotrophologen zählen Kalorien, Vitamine, Mineralien und messen den Cholesteringehalt unserer Nahrung.

Kaum jemand, der noch weiß, was er ohne Bedenken essen kann.

Trotz dieser Fülle von „gesund machenden" Ratschlägen: Immer mehr Menschen leiden unter Allergien, Diabetes mellitus, ständiger Abgeschlagenheit, Unwohlsein, Autoaggression und vieles mehr. Die Wartezimmer der Ärzte sind überfüllt. Heute verdient der Arzt nicht an der Gesundheit der Menschen, sondern an deren Krankheiten. Ein solidarisches Krankenversicherungssystem deutscher Prägung ist wohl bald nicht mehr bezahlbar. Wäre ein Bonus-Malus System analog der Autoversicherungspämien ein Ausweg?

Aufgeschreckt durch täglich neue Skandale vermissen immer mehr Menschen die „vernünftige", Körper und Seele aufbauende Form ihrer Ernährung. Bei allem Suchen wird in der Regel übersehen, dass ein intaktes Bioterrain in unserem Körper von immenser Wichtigkeit ist. Nur der einwandfrei funktionierende menschliche Organismus ist in der Lage, Bestandteile aus der Nahrung aufzunehmen und physiologisch zu verwerten. In diesem Buch erfahren Sie, dass es nicht in erster Linie auf Mineralstoffe, Vital-stoffe, Kalorien und Vitamine ankommt, sondern vor allem auf die bioelektrische Natur unserer Lebensmittel. Gerade die bio-elektrische Natur der Nahrung ermöglicht uns unter anderem das Überleben in der Materie.

Die Anpassung an materielle und kosmische Bedingungen und Veränderung erfolgt durch Umstellung auf Nahrungsbestandteile mit hoher Bioverfügbarkeit.
Dieses kann erreicht werden durch

- den Verzehr frischer, biologisch einwandfreier Lebens-mittel,
- Schwingungsimpulse, erzeugt durch spezielle Formen und Farben,
- Negativ-Ionen,
- mental durch Gedankenkraft und Gebet.

Wer die letzten 3 Punkte (noch) nicht akzeptieren kann, sollte den ersten Punkt beherzigen, um mit der Auswahl der für ihn „richtigen" Nahrungskomponenten ein intaktes Bioterrain in sei-nem Körper herzustellen.

Es bleibt unbestritten:
Der wichtigste materielle Baustein hin zu einem Leben voller Gesundheit, Kraft und Wohlbefinden ist die passende Ernäh-rung.

Aber gerade auf diesem Gebiet gibt es wenig effektive Orientie-rungsmöglichkeiten. Wir wissen, dass es typbedingte Ernährungs-formen gibt - im Kapitel „Die Weisheit des Kochens" erfahren Sie mehr über dieses wichtige Thema. Trotz allem möchte ich in die-sem Buch versuchen, den Schwerpunkt auf eine allgemein ver-trägliche Ernährungsform zu legen. Grundsätzlich gilt:
Je naturbelassener - NATURNÄHER - die Zutaten unserer Speisen sind, desto wertvoller sind diese für unseren Körper.

Das ist ein Grund dafür, dass wir biologisch erzeugten Produkten den Vorzug geben müssen.

Lebensmittel wie raffinierter Zucker, ausgemahlenes Weizenmehl, normales Küchensalz (Natrium-Chlorid), heiß gepresste oder durch Lösungsmittel gewonnene Öle, Glutamat, alle mit künstlichen Vitaminen angereicherten Zutaten, mit Nitrit versetzte Fleischwaren, genmanipulierte Speisenkomponenten, künstliche Aromen - kurz gesagt: Alle denaturierten Zutaten sind strikt zu vermeiden.

Jeder muss sich daruber im klaren sein, dass der Mensch ein Teil der Natur ist, in sie integriert ist, und nur mit ihr in Kooperation leben und auf längere Sicht betrachtet überleben kann.

Nehmen wir Speisen in uns auf, die - aus welchen Gründen auch immer - nicht mehr ihrem natürlichen Ursprung entsprechen, kommt es zu Fehlinformationen und somit zu Fehlsteuerungen in unseren Körperzellen, die bei ständiger Wiederholung in eine Krankheit münden.

Beim Zubereiten von Speisen ist es von großem Vorteil, wenn auf tierische Fette verzichtet wird, und statt dessen kalt gepresste Öle Verwendung finden. Hierbei ist zu beachten, dass der Brennpunkt bedeutend niedriger ist als bei chemisch behandelten Ölen. Das bedeutet: nicht mehr zu heiß braten (am besten mit kalt gepresstem Sonnenblumenöl), dafür aber schonender zu dämpfen und zu dünsten. Ihr Körper dankt es Ihnen mit mehr Lebensfreude und Anpassungsfähigkeit an neue Umweltbedingungen.

Der größte Teil der Menschen leidet an Belastungen und Krankheiten, die durch tierisches Eiweiß verursacht werden.

Deshalb sollte der Verzehr von Fleisch, auch aus artgerechter Tierhaltung und humaner Schlachtung, zumindest stark reduziert werden.

Der reduzierte Fleischanteil kann optisch aufgewertet werden, indem das Fleisch z.B. auf ein Gemüsebett oder mit Gemüse-

streifen vermischt, serviert wird. **Bereiten wir Ragouts oder Pasta asciutta und ähnliche Speisen zu, verwenden wir Fleisch lediglich als zusätzliche Würze. Die Hauptkomponente besteht aus grobem Dinkel- oder Emmerschrot, bzw. aus frischen Gemüsewürfeln.**

Sie sollten diese Zubereitungsform versuchen - es wird Sie mit Sicherheit überzeugen.

Angemachter Salat wird geschmacklich und optisch aufgewertet durch gebratene Geflügelteile und Fleischstreifen; darüber hinaus wird die Speise durch den geringeren Fleischanteil ernährungsphysiologisch verbessert.

Wer sich über einen längeren Zeitraum vegetarisch ernähren oder total auf vegetarische Kost umstellen möchte, sollte auf die Würzung seiner Speisen besonderen Wert legen. Wenn Sie das Optimale für Ihr körperliches und seelisches Wohlbefinden herausholen wollen, versuchen Sie es doch einmal mit Gewürzen wie Galgant, Griechenklee, Ingwer, Poleiminze, Bertram, Ysop, Kurkuma, Koriander, Kardamom, Muskatblüte und der wunderbar duftenden Pelargonien-Gewürzmischung.

Vermeiden Sie alle Fertiggewürzmischungen, die Glutamat enthalten. Stellen Sie den Gebrauch von Koch- bzw. Speisesalz ein. Verwenden Sie niemals jodiertes oder rieselfähiges Salz. Würzen Sie statt dessen mit reinerem, unraffiniertem Natursalz. Der höhere Preis muss Ihnen Ihre Gesundheit wert sein und kann relativiert werden, indem Sie sich einen neuen Kochstil zulegen (hierüber erfahren Sie in den Kapiteln „Die Weisheit des Kochens" und Salz-Urstoff des ...) mehr.

Durch richtiges Würzen und richtiges Salzen werden die Verdauungssäfte schonend angeregt. So wirkt natürliches Salz in geringer Dosierung anregend auf alle Körperfunktionen. Dadurch kommt es zu einer guten Elektrolyse, und weniger Wasser wird im Körper gespeichert. Voraussetzung: richtiges Trinkverhalten. Das beste Getränk ist mineralarmes, lebendiges Wasser ohne Zusatz von Kohlensäure.

Über den Tag verteilt Fencheltee getrunken, verhindert Blähungen, fördert die Hautdurchblutung und verleiht Ihnen eine heitere Grundstimmung.

In dem vorliegenden Buch befassen sich einige Kapitel mit den wichtigsten Grundelementen unserer Nahrung. Bedenken Sie bitte, dass dort immer ausführlich <u>nur</u> über eine einzige Facette eines Ganzen berichtet wird. Tatsache ist, dass auch die gesündesten Nahrungsbestandteile im Übermaß genossen wie Gift wirken und unseren Körper schädigen.

Im Kapitel „Die Weisheit des Kochens" werden die Bruchstücke zu einer Einheit geformt.
Ich werde immer wieder gefragt:
- Ist es gesünder, ganz auf Fleisch zu verzichten?
- Oder darf ich etwas Fleisch verzehren?

Tatsache ist:
Zuviel Fleisch belastet unseren Körper und führt in den meisten Fällen zu unterschiedlichsten Stoffwechselerkrankungen (das gilt für tierisches Eiweiß im allgemeinen, also auch für Fisch und Eier). Wer nach Fleisch Verlangen hat, der soll es auch essen. Dies mit Freude getan, und in geringen Mengen, wirkt sich mit Sicherheit positiv auf den Körper aus. Das gilt nur für Fleisch aus artgerechter Tierhaltung, nicht aber für die Gifte, die Sie bei konventionell erzeugtem Fleisch oft in großen Mengen mitverzehren.

Ganz wichtig ist:
- **Niemals mit Gewalt auf etwas verzichten wollen.**
- **Durch erzwungenen Verzicht geraten Sie immer in Abhängigkeiten.**

Tatsache ist aber auch: Wer kein Verlangen nach tierischem Eiweiß mehr in sich verspürt oder es nur ganz selten und dann nur in geringer Menge verzehrt, hat zweifelsohne einen gesundheitlichen und mentalen Vorteil. Der Physiker Prof. Dr. Franz Albert Popp hat dieses Thema auf folgenden Nenner gebracht:

Der Mensch ist weder Fleischesser, noch ist er Vegetarier.
Der Mensch ist ein Lichtsäuger!

Wichtig sind auch die Behältnisse, in denen Lebensmittel aufbewahrt werden. Lebensmittel, die dem Anspruch bioenergetisch einwandfrei entsprechen wollen, dürfen nicht in Plastikbehältern aufbewahrt werden. Das allerbeste, lebendigste Wasser, das sich länger als zwei Stunden in einer Flasche aus Plastik befindet, ist ernährungsphysiologisch betrachtet vollkommen wertlos. Glas genügt allen Anforderungen, die an naturgerechte Aufbewahrungsbehältnisse gestellt werden. Es ist darauf zu achten, dass die Verschlüsse plastikfrei sind. Hier können aus Naturkautschuk (Gummiringe) oder Naturkork gefertigte Verschlüsse eingesetzt werden.

Weil das gesamte Leben aus Schwingung besteht, muss bei einer naturkonformen Verhaltensweise auch die Schwingung der Farben Berücksichtigung finden. Die höchste Schwingung für den Menschen hat die Farbe Gold. Aus diesem Grund sollten die wertvollsten Ingredienzien in goldfarbenen Glasbehältnissen in den Handel kommen. Die nächsthöhere Farbschwingung hat die Farbe Violett. Getränke und Lebensmittel in violettfarbenen Flaschen und Gläsern erhalten zusätzlich durch diese Farbe ein höheres Lebenskraftpotenzial, das sich auch auf die Haltbarkeit des Inhalts auswirkt. Hellblau ist die Farbe des Schutzes und der Kühle.

Die Farbgebung der Gläser und Flaschen kann auf den Inhalt abgestimmt sein. Lebensmittel, die uns Erfrischung bringen, werden vorzugsweise in hellblaue Glasbehälter abgefüllt. Hellgelb ist die Farbe der Fröhlichkeit, Hellgrün die der Gesundheit.

Weil die Energie den Gedanken folgt, ist es sehr wichtig, auf fördernde Gedanken beim Säen, Aufwachsen und Ernten der Pflanzen genau so zu achten wie bei der Aufzucht von Tieren.
Für die Küche gilt: Die besten Zutaten sind wertlos, wenn die Speisenzubereitung ohne Freude, Zuwendung und Lust an der Arbeit und vor allen Dingen ohne Liebe geschieht.

In diesem Zusammenhang ein Zitat des Dalai Lama:

Widme dich der Liebe und dem Kochen mit ganzem Herzen

Viriditas
Die Natur weist den Weg

Es gibt kein Endgültig,
wer zeigt uns dies besser als Bäume.
Sie stehen starr und kahl in Eis und Schnee,
umhaucht von rauen Winden.

Sprießende Knospen,
Blüten und Blätter,
sie sprechen zu uns
vom ewigen Wandel der
göttlichen Natur.

Ulrich Teichert

Den alten Griechen war die Farbe Grün als solche nicht bekannt. Sie erlebten alles in Begriffen. So stand der Begriff **chloros** für „frisch, „feucht" und „lebendige Erneuerung". Erst später wurden von „Farbtheoretikern" die verschiedensten Begriffe in unterschiedliche Farbnamen abstrahiert. Heute weiß man, dass die Symbolik und Wirkung der Farben auf unterschiedlichen Schwingungsfrequenzen beruhen. Nach dieser Theorie wird ein bestimmter Farbeindruck durch eine adäquate Wellenlänge bewirkt. So weist die Farbe Blau eine relativ hohe Schwingungsfrequenz auf - sie steht für Schutz und Ruhe. Die Farbe Rot ist aufgrund ihrer niedrigen Frequenz der Materie am nächsten und symbolisiert unter anderem Kraft und Kampf.

Die Wurzel des Wortes „Farbe" liegt im Althochdeutschen und lautet „farawa, was soviel wie „die Eigenschaften eines Wesens oder Gegenstandes erkennen lassen", bedeutet.
Weil die Farbe Grün sich in der Mitte der Schwingungsfrequenzen befindet, zeigt sie Harmonie, Gesundheit, Lebendigkeit und Erneuerung an. Dass wir Menschen nicht unbedingt unsere Augen benötigen, um Farben und Licht zu sehen, sondern es auch erblindeten Menschen möglich ist, die Welt in den lebendigsten Farben

wahrzunehmen, schildert uns der mit 8 Jahren erblindete Jacques Lusseyran in seinem Buch

„Das wiedergefundene Licht"

„Auf meinem inneren Bild erschienen Namen, Zahlen, überhaupt alle Gegenstände nicht amorph, auch nicht schwarz und weiß, sondern sie wiesen alle Farben des Regenbogens auf!! Nichts gelangte in mein Inneres, das nicht mit einer gewissen Lichtmenge getränkt gewesen wäre - alles - von den lebenden Wesen bis hin zu den Ideen - schien aus einem ursprünglichen Licht ausgestanzt. In wenigen Monaten war mein persönliches Universum zu einem Farbenatelier geworden."

Es scheint tatsächlich so zu sein, dass Farben nicht nur abstrakte Vorstellungen sind, sondern auch wahrnehmbare Begriffe. Dieses wurde mir schlagartig bewusst, als ich mit meiner Crew am Münchener Flughafen auf unseren Flieger nach Los Angeles wartete. Neben mir saßen einige Leute, die ebenfalls zum Segeln fliegen wollten. Mit einem dieser Herren kam ich näher ins Gespräch. Im Laufe der Unterhaltung teilte mir mein Gegenüber mit, dass er blind sei. Erschrocken fragte ich ihn: „Was wollen Sie denn in der Südsee, wenn Sie nichts sehen können?" Der junge Mann klärte mich auf: Dass er sehr wohl die Pracht dieser Inselwelten wahrnehme, er höre den Wellenschlag, der seinen Klang in Landnähe verändere, er erkenne jede Insel an ihrem eigenen Geruch. Weil es für ihn bisher noch nirgends auf der Welt so viele unterschiedliche Wohlgerüche und so viele **Farben**!! gegeben habe, fahre er nun zum wiederholten Male dorthin.

Je mehr ich dem „Blinden" zuhörte, desto mehr veränderte sich mein anfängliches Gefühl des Bedauerns hin zu einem Gefühl der Bewunderung. An diesen Beispielen war wieder einmal die große Kraft der Erneuerung, der Anpassung der Natur an sich verändernde Gegebenheiten zu erkennen. Das Geheimnis der Anpassung scheint in beiden Fällen die Kunst des Zulassens gewesen zu sein. Beide Menschen hatten eines miteinander gemeinsam: Sie haderten nicht mit ihrem Schicksal, sie kämpften nicht dagegen an, sondern sie ließen zu. Das heißt, ihre Grundeinstellung blieb im Einklang mit der Natur. Dadurch konnte diese die Neuanpassung vornehmen.

Der große Dichter und Denker Johann Wolfgang von Goethe schrieb über die Farben: „Sie sind die Geschichten, die das Licht erzählt." Nach Louis Kahn ist Licht nicht nur der Ursprung aller Farben, sondern der Ursprung aller materiellen Dinge. Materie ist seiner Meinung nach verbrauchtes Licht. Weise Menschen sagen:

„Licht ist die Sprache Gottes, mit der er über die Farben mit der Schöpfung kommuniziert." In Bezug auf die Grünung beziehungsweise die Erneuerungskraft der Natur, die mit der Farbe Grün korrespondiert, wird diese Tatsache deutlich.

Diese Zusammenhänge kannte bereits Hildegard von Bingen. Sie war es, die den Begriff „Viridität" (Viriditas), der mit Grün- und Erneuerungskraft der Natur gleich gesetzt werden kann, vor über 900 Jahren prägte. Diese Idee der Grünung symbolisiert die Vitalprozesse eines allgemeinen biologischen Ganzheitsprinzips in der Natur. Die gesamte Natur ist auf Leben - Überleben - programmiert. In ihr steckt so viel Energie, dass Pflanzen zum Beispiel durch Steine hindurch wachsen, indem sie diese stellenweise auflösen. Die Hauptträger der Grünkraft sind die Pflanzen - sie symbolisieren in unseren Breiten den Kreislauf des Lebens durch ihr scheinbares Absterben im Herbst und dem erneuten Ergrünen im Frühjahr. Je ursprünglicher und unverzüchteter die Pflanzen sind, desto höher ist ihr Kraftpotenzial, das sie uns zur Verfügung stellen. In der Folge wollen wir aufzeigen, wie wir in der Praxis die Heil- und Erneuerungskräfte der Natur für uns nutzen können.
Weil dies in erster Linie über Pflanzen und deren Erzeugnisse wie Früchte, Samen (Gewürze) usw. funktioniert, werden wir hier einige Beispiele schildern.

Interessantes über Wildblüten, Wildgemüse und Wildfrüchte
Es gab Zeiten, da war es undenkbar, ohne Kräuter heilend auf kranke Menschen einzuwirken. Weise Frauen und Männer wussten um die gesundmachenden Kräfte, die in den Pflanzen verborgen liegen. Alle großen Heiler der Antike behandelten ihre Patienten vorwiegen mit den Kräften der Pflanzen.
Es folgte eine finstere Epoche, Kräuterkundige wurden von einer uns allen bekannten Institution als Hexen oder Hexer bezeichnet, ihrer guten Taten wegen verfolgt und dem Tode durch Feuer übergeben. Nachdem die Allmacht dieser Institution vorüber war, leb-

te das alte Wissen langsam wieder auf. Nun kam von anderer Seite, allerdings in bedeutend abgemilderter Form, die Verbannung. In das mechanistische, materielle Weltbild der nachfolgenden Mächte passten natürliche Vorgänge nicht hinein. Diese verwiesen alles, was mit Natur und Natürlichkeit in Verbindung stand, in die „Ecke" des Aberglaubens. Wild- und Heilkräuter wurden als Unkraut bezeichnet, ihre heilenden Kräfte nur dann anerkannt, wenn diese in chemischer, stark veränderter Form zu einem Medikament umfunktioniert waren. Wissende und Heilkundige wurden als Scharlatane abgehandelt. Hätten sich weise Menschen nicht an die damals herrschende Macht angepasst und ihre Kunst verschwiegen, wäre das alte Wissen verloren gegangen.

Im Zuge der sensibler werdenden äußeren Einflüsse haben Wild- und Heilkräuter eine Renaissance gefunden. Das Wissen um ihre Wirkung, das plötzlich wie aus dem Nichts aufzutauchen scheint, grenzt fast an ein Wunder. Kräuter sind wie gesagt das Vermächtnis, das uns weise und mutige Frauen und Männer überlieferten. Kräuter heilen nicht nur unseren Körper - über sie können wir Kontakt zur Natur aufnehmen. Durch sie können wir die natürliche Umwelt erst voll und ganz wahrnehmen. Wer sich wirklich entspannen will, der sollte sich mit ihnen beschäftigen. In Zeiten der Sorge und des Kummers kann für jemanden, der sich nicht zu weit von der Natur entfernt hat, das Aufbrechen einer Knospe ein Zeichen der Hoffnung sein. Nicht das scheinbar Harte ist das Starke, sondern das Weiche überwindet das Starre. Dieses zeigt uns der Hundssalat, der den Beton durchbricht (s. Seite 197).
Leben - Überleben - durch **Anpassung** - auch das lehren uns die Pflanzen, indem sie selbst in den verschmutztesten Großstädten gedeihen: Sie wachsen am Straßenrand, sprießen aus den Fugen der Betonplatten oder den Rissen im Asphalt. Ihre Überlebenskraft und Zähigkeit sind Ehrfurcht gebietend. Ihre Anpassungsfähigkeit sollte allen, die sich durch ihre Lebensbedingungen eingeengt und eingeschüchtert fühlen, ein Vorbild sein. Ein Vorbild

dafür, wie man auch die widrigsten Lebensumstände mit Beharrlichkeit meistern kann. Pflanzen schenken den toten Straßenrändern Leben. Wer sie betrachtet, dem öffnen sie das Herz und heben seinen Geist empor.

Bevor wir uns mit dem praktischen Teil der Pflanzen befassen wollen, noch eine kleine Geschichte: Pflanzen sind unter anderem Anzeiger; sie zeigen immer das an, was der Boden, aber auch der Mensch benötigt. Früher war dieses Wissen allen erfolgreichen Heilern bekannt - hierin lag die Kunst ihrer zielgenauen Diagnosefähigkeit. Deshalb gingen diese naturkundigen Menschen, wurden sie zu einem Patienten gerufen, zunächst einmal um den Hof herum, und nahmen die dort wachsenden Pflanzen in Augenschein. Erst danach besuchten sie den Kranken und bereiteten diesem aus jenen Heilpflanzen, die am häufigsten auf dem Anwesen vorkamen, die heilende Medizin.

Ich habe dieses selbst erfahren: Meine Frau und ich waren für längere Zeit auf Reisen. Unsere Tochter zog vorübergehend in unser Haus, um die Pflege der Katze zu übernehmen. Nachdem wir zurück waren, blieb unsere Tochter noch für weitere zwei Monate bei uns. Gewohnt, die Wildpflanzen in unserem Garten zu beobachten, fiel mir auf, dass sich Frauenmantel auf unserem aus Wildblumen bestehenden Rasen ansiedelte. Ich fragte meine Frau, ob sie irgendwelche frauenspezifische Gesundheitsprobleme verspüre. Als sie dieses verneinte, bat ich sie, mit unserer Tochter darüber zu sprechen. Tatsächlich stellte sich heraus, dass bei dieser frauenspezifische Probleme im Anmarsch waren. Aufgrund des frühen Bekanntwerdens konnte das Problem schnellstens behoben werden. Zwei Monate, nachdem unsere Tochter das Haus wieder verlassen hatte, war auch der Frauenmantel nicht mehr da!

Wildgemüse

Sie sind Natur pur. Ihr oft etwas rauer Geschmack ist für unseren verwöhnten Gaumen - gewöhnungsbedürftig. Wer sie einmal gegessen hat, weiß, dass von ihnen Kräfte ausgehen, die nicht nur unser Verdauungssystem wohltuend beeinflussen, sondern uns ein ganz neues Körper- und Mentalgefühl vermitteln.

Löwenzahn Er wächst in unseren Breiten überall, sodass er von vielen Menschen als „Unkraut" bezeichnet wird. Die wertvollen Inhaltsstoffe sind Inulin, Gerbstoff, Bitterstoffe, ätherisches Öl, Cholin, Provitamin A, Vitamin B und C, Mineralsalze. Er wirkt blutreinigend, harntreibend, abführend und regt die Gallensekretion an. Verarbeitung in der Küche: Junge Blätter fein gehackt in Kräuterquark, in Joghurt-Dips oder warme-kalte Kräutersaucen geben. Grob geschnittene Blätter dem gemischten Salat hinzufügen, oder in Butter und Zwiebeln leicht anschwitzen und als gedämpftes Gemüse verzehren.

Brennnessel Sie wachsen ebenfalls überall in unseren Breiten und gelten ebenfalls so wie der Löwenzahn als „Unkraut". Die wertvollen Inhaltsstoffe: Acetylcholin, sehr hoher Chlorophyll-, Vitamin - C- und Eisengehalt, Gerbstoffe, Histamin, Mineralsalze. Sie wirken adstringierend, blutbildend, blutreinigend und harntreibend. Verarbeitung in der Küche: In Zwiebel und Butter gedünstet wie Blattspinat zubereiten. Oder in gedünstetem Zustand zerkleinert, mit Sahne und etwas Mehl wie Creme-Spinat servieren.

Gänseblümchen Ebenfalls eine überall in Mengen wachsende Pflanze. Die wertvollen Inhaltsstoffe: Saponin, ätherisches Öl, Schleimstoffe, Bitterstoffe, Gerbstoffe und organische Säuren. Sie wirken auswurffördernd, blutreinigend, harntreibend und entzündungshemmend. Verarbeitung in der Küche: Blüten und Blätter als Ganzes in den Salat oder fein gehackt in Saucen, Dips oder Suppen geben.

Bärlauch Er wächst auf ungedüngten, schattigen Bergwiesen, feuchten Auen und humusreichen, feuchten Waldhängen. Er ist reich an folgenden Stoffen: Vitamin A, B1, B2, C, E und P. Das

Allicin ist ähnlich aufgebaut wie das im Knoblauch - dadurch ist seine Wirkung auch ähnlich, nur viel harmonischer. Weitere Wirkstoffe sind Jod, Selen, Germanium, antibiotikaähnliche Stoffe. Er ist blut- und darmreinigend, blutdrucksenkend und wirkt gegen Hautleiden. Verarbeitung in der Küche: In Streifen geschnitten auf Butterbrot, fein gehackt in Quarkspeisen, Suppen, Saucen und Dips. Er lässt sich auch hervorragend als Spinat verarbeiten, in Semmelknödel einarbeiten, als Lasagne-Füllung verwenden oder in den Salat mit hinein geben.

Große Klette Wir finden sie an Wegrändern, Gräben, Ödland und Waldwiesen. Die wertvollen Inhaltstoffe: Saponin, ätherische Öle, organische Säuren, Schleimstoffe, Gerbstoffe, Vitamin A und C. Die Klette (vorwiegen die Wurzel) wirkt blutreinigend und als äußerliche Waschung gegen Hauterkrankungen. Verarbeitung in der Küche: Junge Klettenblätter fein geschnitten in den Salat geben. Als Mischgemüse mit Brennnesseln und Hirtentäschel mit Zwiebelwürfel leicht in Butter gedünstet, mit Galgant, Pelaregonien-Gewürzmischung abgeschmeckt und vor dem Servieren mit einem Hauch Salzsole verfeinert, schmeckt dieses „Gesundheitsgemüse" hervorragend zu Bratkartoffeln. Die Wurzeln mit einer Bürste gut schrubben, in Butter und etwas Wasser dünsten und in einer leicht sämigen Sauce als Gemüse servieren.

Wildfrüchte

Wilde Früchte und Beeren finden wir überall in der Natur. Die ursprünglichen Kräfte wurden nicht durch Züchtung verfälscht, daher vermitteln sie uns mehr Vitalität als ihre gezüchteten Vettern, die in unseren Gärten stehen. Im Gegensatz zu früheren Zeiten wird das „Ernten" wilder Früchte nicht mehr von der Not bestimmt. Es ist zum freudigen Hobby geworden, das uns als „Sammler" mit der Natur verbindet und in uns ein Verständnis für deren Zusammenhänge wecken kann.

Brombeere Bis 2 m hochwachsender Strauch, mit Stacheln besetzte, aufrecht rankende Stängel. Die Blüten sind weiß bis zart rosa. Standort: Waldränder, Lichtungen, Hecken, Feld- und Wegränder. Verwendung: Die blauschwarzen Früchte werden zu Marmelade, Gelee oder Saft verarbeitet. Heiß getrunken hilft er gegen Heiserkeit und Erkältungen. Getrocknete Blüten und Blätter sind ein beliebter Haustee, der unter anderem gegen chronische Durchfälle hilft. Getrocknete Brombeer- und Himbeerblätter, zu gleichen Teilen gemischt, ergeben einen beliebten Haustee.

Hagebutte Wildrosenstrauch, der mehrere Meter hoch werden kann. Die Blüten sind ungefüllt und von rosaroter Farbe. Standort: An steinigen Hängen und Böschungen, Weg- und Waldrändern, Bahndämmen.
Verwendung: Aus den leuchtend roten Früchten werden die behaarten Samen entfernt. Das Fruchtfleisch wird zu Marmelade oder Mus verarbeitet. Hefe- und Schmalzgebäck wird durch die Fruchtsäure der Hagebutte bekömmlicher. Der hohe Vitamin-C-Gehalt steigert die Abwehrkraft und wirkt Erkältungskrankheiten entgegen.

Holunder Dieser bis 7 m hoch wachsende Strauch war schon bei den Kelten aufgrund seiner vielseitigen Heilkräfte eine hoch angesehene Pflanze. Unsere Vorfahren pflanzten um ihre Anwesen Holunder, weil sie der Meinung waren, dass dieser große Schutzwirkung ausübe. Standort: Laubwälder, Waldränder, Ufer, Auen, Hecken. Verwendung: Die glänzend schwarzvioletten Beeren werden zu Saft, Marmelade, Mus, Wein, Kompott, Suppe mit Apfel und Schleheneinlage sowie dem in Österreich geschätzten Holerröster zubereitet. Durch Bier- oder Backteig gezogen, in Fett schwimmend ausgebacken und anschließend mit Staubzucker eingepudert, werden aus den schnee-weißen Blüten die berühmten Holerkücherl. Tee, zubereitet aus den getrockneten Blüten, ist ein schweißtreibendes Mittel gegen Erkältung und Rheuma.
Schlehe Ein bis zu 5 m hoch wachsender dorniger Strauch mit

weißen, zarten Blüten. Standort: Waldränder, Hecken, felsigen Berghänge. Verwendung: Schlehen nach dem ersten Frost ernten - dieser nimmt den Früchten den bitter-sauren, zusammenziehenden Geschmack. Dann können daraus Saft, Marmelade, Likör, Mus und Wein hergestellt werden. 2/3 Birnenmarmelade und 1/3 Schlehenmarmelade gemischt ergibt eine sehr wohlschmeckende und bekömmliche Marmelade. Schlehen wirken gegen Appetitlosigkeit und sind darmreinigend. Aus den Blüten kann ein leichter Abführtee zubereitet werden.

Wildblüten

Die Blüte ist die „Krone" der Pflanze - in ihr sind alle Eigenschaften der Pflanze in subtiler Form versammelt. Als Schmuck und Dekoration werden Blüten schon seit Urzeiten eingesetzt: Sie erfreuen unser Auge, und wirken stimulieren auf die Seele. Den Brauch, Blüten als optisch-farbliche Aufwertung der Speisen zu verwenden, ist bei vielen naturverbundenen Völkern seit langem üblich. Die intensive Farbgebung (Farbschwingung) wirkt bei Wildblüten stärker als bei gezüchteten Pflanzen.

Speisen, mit (wilden) Blüten dekoriert, regen unsere Fantasie an, wirken stimulierend auf die Geschmacksknospen, vermitteln eine heitere Gemütslage und sind aufgrund ihrer Inhaltsstoffe obendrein noch gesund. Vorausgesetzt, wir wissen um diese Dinge und betrachten dieses Geschenk der Natur aus diesem Blickwinkel. Anders ist es, wenn wir der Meinung sind, hier handle es sich um Unkraut, oder wenn wir denken: Blüten seien für den Menschen unbekömmlich oder gar giftig.

Kleine Algenkunde

Viel Sonnenenergie wird im „Gemüse des Meeres", den Algen, gespeichert. Sie enthalten in der Regel zehnmal mehr verwertbare Mineralstoffe als Landpflanzen und sind reich an Vitaminen sowie Spurenelementen und darüber hinaus kalorienarm. Algen enthalten das natürliche, lebenswichtige Spurenelement Jod, stärken die Immunabwehr, fördern die Verdauung, binden Schadstoffe wie Quecksilber, Blei, Cadmium und führen diese der natürlichen Ausscheidung zu. Um die Wertigkeit der Algen wissen die Japaner schon seit mehr als 10 000 Jahren, denn seit dieser Zeit sind Algen ein fester Bestandteil der japanischen Küche. Was viele nicht wissen: Auch unseren Vorfahren, den Kelten und Wikingern, war das Essen von Algen nicht fremd. Noch heute sind Algen bei deren Nachfahren in Nordwesteuropa ein nicht wegzudenkender Nahrungsbestandteil. In Irland, der Bretagne und der Normandie werden frische Algen für den europäischen Markt geerntet und aufgrund deren hoher Qualität sogar nach Japan exportiert.

Viele Menschen reagieren bei der Vorstellung, Algen zu essen, ein wenig verwundert. Kaum jemand weiß um die Wertigkeit dieser Pflanzen. Einem Großteil unserer Lebensmittel sind Algenauszüge beigegeben, ohne dass wir uns darüber Gedanken machen. Diese Zusätze sind allerdings aus ihrem natürlichen Verbund herausgenommen und deshalb nicht mehr so wertvoll wie frische, natürliche Algen. Die vegetarische Küche erlangt durch die Verwendung von frischem Meeresgemüse eine solche Vollwertigkeit, dass Ernährungsfehler kaum noch auftreten können. Algen, die dem menschlichen Verzehr dienen, werden ausschließlich in reinen Gewässern abseits der Flusseinleitungen, Verklappungszonen und Schifffahrtswege geerntet und sind deshalb unbelasteter als Landpflanzen.

Meereslattich (Laitue de mer) Wächst in den kalten Gewässern der Bretagne. Farbe grün. Länge 10 bis 50 cm. Er ist sehr reich an verwertbarem Eisen, begünstigt das Blutgleichgewicht und die Blutreinigung. Meereslattich ist eine knusprige Alge; die Form erinnert an Eichblattsalat, deshalb wird sie in der Küche hauptsächlich rohen Salatmischungen hinzugegeben. Vegetarische Gemüse- und Getreidepfannen können mit Meereslattich verfeinert werden. Erntezeit: März bis Juli und September bis November.

Wakame Ist die einzige Algenart, die in Europa in Kulturen angebaut wird. Sie kommt vorwiegend in der Bretagne vor. Farbe braun, Länge 3 bis 4m. Sie ist reich an Proteinen, verwertbarem Kalzum, hilft bei Verdauungsproblemen, stärkt Fingernägel und Haare.

Da Wakame etwas nach Meer und Krabben schmeckt, eignet sie sich gut zum Herstellen von Gemüse-Reispfannen. Die Alge vor der Verarbeitung kurz abbrühen. Erntezeit: März bis Juli und September

Dulse Wächst im Atlantik, hauptsächlich in Irland. Farbe rot bis violett. Länge 20 bis 30 cm. Sie ist reich an Proteinen und Vitamin A. Sie hilft bei Magen- und Darmproblemen. Die zartfleischige Alge eignet sich besonders gut zum Herstellen bekömmlicher Speisen, kombiniert aus rohen Gemüsen, Nüssen, Rosinen, Früchten und Algen, mariniert mit Limettensaft und Mandelöl. Erntezeit: Februar bis Juli

Meeresbohne (Haricotes de mer) Sie wächst an den felsigen Küsten Irlands und der Bretagne. Farbe braun, Länge 2 bis 4 m. Sie ist sehr reich an Vitamin A und C. Sie hilft bei Störungen des Lymph-, Venen- und Nervensystems. In der Küche können wir alle Getreide- und Gemüsepfannen mit dieser Alge aufwerten. Meeresbohnen werden, bevor sie zu den Speisen kommen, leicht angebraten. Sie vertragen einen längeren Kochvorgang, können deshalb auch dem Gemüse zum Kochen beigegeben werden. Erntezeit: März bis Juli

Kombu Wächst im asiatischen Raum und kommt getrocknet in den Handel. Sie ist reich an Vitaminen, verwertbarem Eisen und Kalzium. Kombu stärkt die Immunkraft. Frittiert wird Kombu den verschiedenen pikanten Speisen hinzugefügt. Hülsenfrüchten beim Kochen zugegeben, verringert sie die Kochzeit und neutralisiert zum Teil die Harnsäure, dadurch erhöht sich die Verträglich-

keit bei Menschen mit Verdauungsstörungen (z.B. Gicht)
Fischer-Salat (Salat de Pecheur) Eine bunte Mischung aus getrockneter Nori, Dulse und Seelattich. Diese wertvolle Kombination wird einfach und problemlos über die fertigen Speisen gestreut. Fischer-Salat sollte an keinem guten Salatbuffet fehlen.

Allzu viel ist ungesund

Diese Weisheit gilt insbesondere für den Verzehr von getrockneten Meeresalgen. Meeresalgen enthalten sehr viel Jod. Dieses Spurenelement ist wichtig für den geordneten Ablauf mancher Stoffwechselfunktionen. Es gibt Menschen, die Jod nicht vertragen. Deshalb sollten Algen nur in geringen Mengen in den Speisen enthalten sein. Getrocknete Meeresalgen haben in der Regel beim Aufquellen ein ca. 16-mal größeres Volumen als frische, deshalb ist hier besonders auf die Portionierung zu achten. Je nach Art schwankt der Jodgehalt zwischen 20 und 4200 µg (Mikrogramm) pro Gramm Trockengewicht. Wer nicht sicher ist, ob eine Jodunverträglichkeit vorliegt, oder wer Probleme mit seiner Schilddrüse hat/hatte, sollte vor dem Verzehr von Meeresalgen seinen Arzt fragen.

Algen

Jodgehalt der verschiedenen lypophilisierten Algen von Aquacole d`Quessant

Tabelle nach Mirelle J. Guillou

Kombu Breton (Laminara digitala)	320 µg pro 1g
Wakame (Undaria pinnatifida)	245 µg pro 1g
Haricot de mer (Himanthalia elongata)	180 µg pro 1g
Nori (Porphyra umbilicalis)	130 µg pro 1g
Dulse (Rhodymenia)	100 µg pro 1g
Ao Nori (Enteromorpha)	60 mg pro 1g
Laitue de mer (Ülva lacttuca)	50 µg pro 1g

Quelle: Trias Verlag

Jodgehalt einiger Algen in mg pro 100g essbarer Teile

Nori	Kombu	Wakame
0,5	300	25

Dulse	Hiziki	Arame
150	40	300

Agar-Agar	Spirulina
0,2	0,01

Quelle: Japan Nutritionist Association food tables - ergänzt

Ihre täglich benötigte Jodmenge

Altersgruppe	Empfohlener Tagesbedarf in Mikrogramm / Tag
Säuglinge bis 11 Monate	50 bis 80
Kinder 1 bis 9 Jahre	100 bis 140
Kinder ab 10 Jahre, Jugendliche und Erwachsene	180 bis 200
Schwangere	230
Stillende	260
Tatsächliche Jodaufnahme	
Kinder	30 bis 40
Erwachsene	70 bis 80

Quelle: Deutsche Gesellschaft für Ernährung

Kleine Gewürzkunde

Nicht nur die Sinnesorgane, sondern auch das Drüsen- und Lymphsystem werden durch Gewürze beeinflusst. Echte, naturbelassene Gewürze wirken auf uns wohltuend. Dagegen mindern solche mit Gammastrahlen keimfrei gemachte, oder mit künstlich hergestellten Zusatzstoffen und Aromen, die Erneuerungskraft unserer Körperzellen. Das zu milde Würzen führte dazu, dass bei vielen die Geschmacksnerven und Riechorgane nicht mehr richtig trainiert sind. Hier liegt der Grund dafür, dass einerseits unsere Speisen geschmacklich immer mehr abflachen, andererseits unser Wohlbefinden sich ständig verringert. Aufgrund der vielfältigsten

Inhaltsstoffe, die unter anderem die Verdauungssäfte und den Speichelfluss anregen, sind Gewürze und Kräuter für unsere Gesundheit sehr wichtig.

Die Lebensmittelindustrie versucht hier mit Hilfe von künstlich hergestellten Aromastoffen Abhilfe zu schaffen. Diese Stoffe bauen den Körper nicht auf, sondern bewirken bei längerem Verzehr Allergien und andere Krankheiten. In einer Küche, die den Anspruch erhebt, Speisen herzustellen, die auf den Körper und das Gemüt belebend wirken sollen, müssen Gewürze und Kräuter nach folgenden Kriterien ausgewählt werden:

- biologisch angebaut,
- auf nicht überdüngten Böden angebaut,
- schonend, nicht zu heißgetrocknet,
- nicht radioaktiv bestrahlt,
- nicht überlagert,
- langsam, ohne Reibewärme vermahlen

Natürliche Gewürze und Kräuter entwickeln Duftstoffe, die über die Riechorgane transportiert werden und nicht nur die Verdauungssäfte anregen, sondern auch Herz, Lunge und Leber aufnahmebereit machen. Das Lymphsystem befördert feinste Teilchen der Duftstoffe in das Gehirn, das dadurch aktiviert wird. Ein durch natürliche Duftstoffe eingestimmter Körper erhöht seinen Sauerstoffumsatz, steigert die Durchblutung und wird durchwärmt. Dadurch wird er in die Lage versetzt, die Nahrung besser zu verarbeiten. Die gesund machende Wirkung der Kräuter und Gewürze ist in Vergessenheit geraten - jetzt wird sie wieder neu entdeckt. Schon in alten Kulturen wusste man über ihre Heilkraft. Vor allem die Veden vermitteln uns viel Wissen darüber. Auch Hildegard von Bingen sah in ihren Visionen viele Kräuter und Gewürze und deren Heilkraft für den Menschen. Selbst Karl der Große wusste um die gesundheitsfördernde Wirkung der Kräuter. Im Jahre 812 wurde per Erlass jedem Kloster der Anbau von heilenden Kräutern vorgeschrieben. **Nützliche Handhabung:** Frisch geerntet entfalten Kräuter die stärksten Kräfte. Die Wirkung getrockneter Kräuter erhöhen wir, indem wir diese zwischen den Händen zerreiben. Die wertvollen Duftstoffe der Gewürze werden frei, wenn wir diese mit der Gewürzmühle frisch mahlen. Für alle Gewürze und getrockneten Kräuter gilt: Gläser in den Farben Golden, Violett und Blau sind die besten Behältnisse für deren Aufbewahrung. Nach meiner langjährigen praktischen Erfahrung bin ich zu der Überzeugung gekommen, dass die „Hildegard-Gewürze" und Gewürzmischungen einen nicht unerheblichen Einfluss auf die Bekömmlichkeit der Speisen ausüben. Interessanterweise finden wir hier oft einen Anklang an jene Gewürze, die uns aus den vedischen Schriften und der traditionellen chinesischen Medizin überliefert sind. Zu berücksichtigen ist noch die lokale Lage, abhängig von den klimatischen Bedingungen. Hier sollten je nach Essgewohnheit die einen Gewürze oder Kräuter bevorzugt und auf andere verzichtet werden. Um den Rahmen dieses Buches nicht zu sprengen, werden nur einige wenige in Betracht kommende Gewürze erläutert. Weiterführende Literatur finden Sie im Anhang.

Galgant Ist reich an Galangol und Alpinol (Pfefferschärfe), ätherischen Ölen und den Vitaminen A, B1 und C. Er gehört in die Familie der Ingwergewächse. Galgant stammt aus China, Indonesien und Indien. Er kommt in Pulverform oder in kleinen getrockneten Wurzelstücken in den Handel. In der naturnahen Küche verwenden wir ihn sowohl in „salzigen" als auch in „süßen" Speisen. Dem Essen verleiht Galgant eine angenehme Schärfe - vor allem Fleischgerichte werden durch ihn bekömmlich. Er kann mit den Speisen mitgekocht, aber auch einfach über die fertigen Gerichte gestreut werden. Aufgrund seiner herzstärkenden, vitalisierenden, demagnetisierenden und durchblutungsfördernden Wirkung sollte er in der Küche reichlich Verwendung finden.

Tipp: *Will man zuckerreduzierte Marmeladen herstellen, fügt* *man 4 bis 8 % Galgant, gemessen auf das Gesamtgewicht, hinzu und erhöht somit die natürliche Konservierung. Galgantpulver in Tablettenform wirkt gegen Krämpfe.*

Bertram Ist reich an ätherischen Ölen und dem Polysaccharid Inulin. Bertram wächst in Nordafrika, Syrien, im Kaukasus und dem gesamten Mittelmeerraum. Er fördert eine gute Verdauung, reinigt die Körpersäfte, stärkt die Abwehrkräfte und macht uns einen „klaren" Kopf. Durch den Verzehr von Bertram können Ernährungsfehler bedingt korrigiert werden. Die Pflanze gehört zu den Korbblütlern aus der Familie der Kamille. In der Küche verwenden wir die gemahlene Wurzel. Das angenehm harzig, leicht bitter schmeckende Pulver wird in geringer Menge entweder über die fertigen Speisen gestreut, oder mitgekocht.
Vegetarischen Speisen, Saucen und Dips verleiht Bertram eine interessante Geschmacksnote. Er eignet sich auch gut zum Verfeinern von Wild-, Geflügel-, Lamm-, Kalb- und Fischgerichten.

Tipp: *Achten Sie beim Einkauf darauf, dass Sie die echte römische Bertramwurzel (Radix Pyrethri romani) erhalten. Die deutsche Bertramwurzel (Radix Pyrethri germanici) ist wirkungslos und nicht so gut im Geschmack.*

Quendel (wilder Thymian) Er ist reich an Vitamin A, B1, B2 und C, Menthol, Bitter- und Mineralstoffen. Quendel wächst in den gesamten europäischen Bergregionen. Er kann auch im Garten auf ungedüngten Böden in sonniger Lage kultiviert werden. Quendel macht Speisen besser verdaulich - er wirkt krampflösend, ist gut gegen Erkältungen, fördert die Durchblutung, demagnetisiert und hilft bei Hautausschlägen. In der Küche wird er an Stelle von Thymian eingesetzt z. B. in pikanten Saucen, Brotaufstrichen, zum Würzen von Fleischgerichten, Eintöpfen, Bratkartoffeln, Reis, Kernotto (Dinkelreis). Auch Marinaden und Salatdressings sowie Quarkaufstrichen verleiht er eine interessante Note.

Tipp: *Aufgrund seiner vorbeugenden Wirkung bei Haut-entzündungen ist Quendel zum Würzen von Schweineschinken gut geeignet. Lammschinken wird durch Quendel erst zu einer Delikatesse.*

Thymian Ist reich an Vitamin A, B1, B2 und C. Neben dem Hauptwirkstoff Thymol finden wir Bitter- und Gerbstoffe sowie Mineralien und Spurenelemente. Er wirkt gegen Erkältungen, Migräne, Kopfweh und fördert die Verdauung. Daneben stärkt er das Herz und ist erhellend für die Psyche. Thymian ist das typische Wurstgewürz. Weiterhin nimmt man ihn zum Würzen von pikanten Brotaufstrichen, Geflügelgerichten und Eintöpfen.

Tipp: *Gartenfrischer Thymian, fein gehackt über Kartoffelgratin oder mit Frischkäse belegtem Brot gestreut, ist eine wohl duftende Delikatesse.*

Rosmarin Ist reich an Vitamin A, B1, B2, C, ätherischen Ölen wie Cinol, Borneol, Rosmarinkampfer, Bitter- und Gerbstoffen. Er wirkt leicht Blutdruck erhöhend und gegen Erschöpfungszustände. Der Volksmund sagte, Rosmarin lässt die Liebe erblühen. Rosmarin verleiht all Ihren Gerichten eine südländische Note. Bei Gerichten aus Lammfleisch ist er kaum wegzudenken. In vegetarische Speisen zaubern Sie mit Rosmarin einen unwiederstehlichen appetitanregenden Duft.

Tipp: *Legen Sie auf die Speisen, die im Römertopf oder einer geschlossenen Reine zubereitet werden einen kleinen Zweig aus frischem Rosmarin. Ihren Gästen wird beim Abheben des Deckels das „Wasser im Mund" zusammenlaufen.*

Ysop Ist reich an Vitamin A, B1, B2 und C, Mineral- und Bitterstoffen. Da er in ganz Europa vorkommt, kann er problemlos im Garten kultiviert werden. Ysop wirkt gegen Infektionen, reinigt den Körper, ist leber-, lungen- und magenstärkend. In der Küche wird Ysop für Saucen, Suppen, Quarkspeisen und vor allem zum Würzen von Eintöpfen verwendet. Speisen aus Geflügel, Kaninchen, Kalb- und Ziegenfleisch erhalten durch Ysop eine würzige Strenge.

Tipp: *Ysop getrocknet in Pulverform oder die frischen Blätter immer mitkochen, nicht roh über die Speisen oder in den Salat geben.*

Poleiminze Ist reich an Saponinen, Minzöl, Bitter- und Gerbstoffen. Sie kommt in ganz Europa vor und kann ohne weiteres im Garten angebaut werden. Poleiminze reinigt das Verdauungssystem, wirkt Aufstoßen, Sodbrennen und Völlegefühl entgegen. Bei Dr. Wighard Strehlow lesen wir, dass Poleiminze die Wirkung von 15 Kräutern in sich vereinigt: Zitwer, Gewürznelke, Galgant, Ingwer, Basilikum, Beinwell, Lungenwurz, Osterluzei, Scharfgarbe, Eberraute, Engelsüß, Odermennig, Storchenschnabel, Bachminze. In der Küche findet Poleiminze in Kräutersaucen, Dips und Gemüsegerichten Verwendung. Gerichten aus Ziegen- und Hammelfleisch verleiht sie einen sehr guten Geschmack.

Tipp: *Gartenfrische Poleiminze, in Essig eingelegt, verleiht diesem eine nicht alltägliche Würze.*

Mutterkümmel Ist reich an ätherischen Ölen, Harzen, Vitamin A und B1. Er kann in unseren Breiten problemlos im Garten angebaut werden. Mutterkümmel bewirkt, dass Käse besser verdaut werden kann. Er wird nicht mitgekocht, sondern über den Käse gestreut bzw. kurz vor dem Verzehr auf die angerichteten Speisen gegeben. Mutterkümmel findet Anwendung bei allgemeiner Allergie, Käseunverträglichkeit und Lebensmittelallergie. Kranke Menschen, vor allem Herzkranke, sollten auf Mutterkümmel verzichten.

Tipp: *Mutterkümmel und Schwarzkümmel (Türkenkümmel) sind nicht dasselbe.*

Majoran, Dost (Oregano, wilder Majoran) Ist reich an Vitamin A, B1, B2 und C, ätherischen Ölen wie Thymol und Cymol, Mineralien und Spurenelementen. Er wirkt nerven- und magenstärkend, beseitigt Rheuma, Gicht, Blähungen und fördert die Fettverdauung. Majoran ist das ideale Gewürz für Eintöpfe, pikante Brotaufstriche und gebratene Kartoffeln.

Tipp: *Speisen, denen Sie eine italienische Note verleihen wollen, sollten Sie etwas Dost hinzufügen.*

Muskatnuss Ist reich an ätherischen Ölen, psychotropen und psychoaktiven Stoffen. Sie wächst auf den Molukken und den karibischen Inseln, vor allem auf Grenada. Muskatnuss wirkt blutreinigend, entgiftend, erheiternd und stärkt die Konzentrationsfähigkeit. Der Verzehr zu großer Mengen führt zu Verstopfung, ja, es kann sogar zu Halluzinationen kommen. Muskat ist ein vielseitig verwendbares Gewürz: Es verleiht allen Kartoffelgerichten einen guten Geschmack. Aus Aufläufen und Wurstwaren ist es nicht wegzudenken. Die hellrote, zarte Haut, die die Nuss umhüllt, nennt man Makis (Muskatblüte). Makis ist feinwürziger und intensiver im Duft als die Nuss selbst. Makis wird vorwiegend in der Wurst- und Gebäckherstellung verwendet.

Tipp: *10g geriebene Muskatnuss, 10g gemahlener Zimt und 5g Gewürznelkenpulver mit 250g Dinkelfeinmehl vermischen, mit etwas Wasser zu einem festen Teig kneten, zu einer Rolle formen, in ca. 1cm dicke Scheiben schneiden und im vorgeheiztem Rohr bei 190°C zu Plätzchen ausbacken. Diese Plätzchen gegessen, machen uns gelassen.*

Senfkörner Sind reich an Senfölen, Bitterstoffen, Vitamin A, B1,

B2 und C, Schwefel, Phosphor, Kalium, Eisen und natürlichem Antibiotikum. Senfkörner reinigen die inneren Organe und stärken die Darmflora. Auf dem Tisch sollte immer eine Gewürzmühle mit Senfkörnern stehen, die wie beim Pfeffer üblich über die warmen Speisen sowie den Salat gemahlen werden.

Tipp: *Keimlinge aus Senfkörnern reinigen, entschlacken und entwässern Ihren Körper. Deshalb sind diese Keimlinge bestens für eine Kur im Frühjahr geeignet. Nach Hildegard v. Bingen verursachen Senfkörner ein stumpfes Gemüt.*

Griechenklee-Gewürzmischung Diese Gewürzmischung besteht aus 1 Teil Bockshornklee, 2 Teilen Mutterkümmel und 6 Teilen weißem Pfeffer. Dieses Gewürz eignet sich hervorragend zum Würzen aller pikanten Speisen. Es wirkt gegen Erschöpfungszustände, beruhigt, regt aber gleichzeitig den gesamten Organismus an und wirkt appetitanregend. Griechenklee sollte in keiner Küche fehlen.

Pelargonien-Gewürzmischung Diese Mischung besteht aus pulverisierten Pelargonien, Bertram und Muskatnuss. Es ist ein sehr feines Gewürz, das pikanten wie süßen Speisen eine besondere Note verleiht.

Kardamom Wir unterscheiden zwischen weißem und schwarzem Kardamom. Er wirkt gegen Völlegefühl, Erschöpfung, Trägheit, Überproduktion von Schleim, reinigt den Atem und stärkt die Konzentrationsfähigkeit. Er verleiht den Speisen eine exotische Note. Im Orient wird gemahlener Kardamom dem Kaffee beigegeben. Er mildert die Negativwirkungen des Kaffees erheblich.

Soweit der kleine Überblick über Algen, Kräuter, Beeren und Gewürze, die mit dazu beitragen können, in unserem Körper die Grün- und Erneuerungskraft zu stärken. Wir können dann harmonischer auf die ständig wechselnden Umweltbedingungen reagieren. Ich möchte dieses Kapitel nicht abschließen, ohne Ihnen an einem eindrucksvollen Beispiel, das die Natur mir gab, zu zeigen, mit welcher unvorstellbaren Kraft die Viridität (Erneuerungskraft) in der Natur wirkt.

Meine Frau und ich gehen abends gern spazieren. Auf unserem Rundgang kommen wir auf etwa 700 m Höhe an einigen Apfelbäumen vorbei. Einer dieser Bäume ist schon sehr alt. Seit einigen Jahren hat er nicht mehr die Kraft, gleichzeitig mit den anderen Apfelbäumen zu blühen. In diesem Frühjahr blühten die Bäume bereits Mitte April. Der alte Baum stand bis Anfang Juni kahl und scheinbar leblos da. Erst Mitte Juni, als seine Kameraden bereits kleine grüne Äpfel trugen, hatte er all seine Energien gesammelt

und begann zu blühen. Das Interessante an diesem Baum ist, dass er fast nur Blüten aber wenig Laub trägt, scheinbar reicht seine Kraft für ein normales Blattkleid nicht. Bis zum Herbst bildet er dann einige Früchte aus, die überraschenderweise sogar noch reif werden.

Die Weisheit des Kochens
Überliefertes Wissen aus alter Zeit

Nun werden viele den Kopf schütteln und sagen: „Was hat denn Kochen mit Weisheit zu tun?" Ich sage Ihnen: „Sehr viel"!
Wie wir gesehen haben, läuft fast alles über Programmierungen ab. Die Übermittlung von Programmierungen geschieht über das Clustering des Wassers. Wie dies funktioniert, wird an den Wasserkristallabbildungen der Kapitel „Wasser" und „Brennpunkt Zukunft" deutlich. Weil unsere Gedanken eine stark prägende Kraft haben, prägen sich deren Informationen bei der Speisenzubereitung über die kristalline Form des Wassers in das Kochgut ein. Diese Informationen werden ebenfalls über das Wasser an den Verzehrer weitergegeben. Jetzt wissen wir auch, warum sich die alten Chinesen ihren Köchen gegenüber so zuvorkommend verhalten hatten und stets darauf bedacht waren, diese bei guter Gesinnung zu halten. Über dieses Wissen verfügten die Veden eben-

falls. Hier galt im Zusammenhang mit dem Speisen: Esse nur dort, wo mindestens ein Koch in der Küche steht, den du kennst und dem du vertraust.

Nach meinem Dafürhalten gibt es zwei Möglichkeiten der weisen, gesundheitsfördernden Speisenzubereitung: Die erste Möglichkeit ist das fürsorgliche Kochen, das keiner Ausbildung bedarf und vom Herzen kommt. Diese Kunst der Zubereitung möchte ich Ihnen am Beispiel „wie Oma kocht" verdeutlichen - diese Kunst kann nicht erlernt werden. Die zweite Möglichkeit des weisen Kochens hängt mit dem Intellekt zusammen – es geht um jenes Wissen über wichtige physiologische und psychologische Zusammenhänge beim Zubereiten und Verzehr der Mahlzeiten.

Diese Kunst (besser gesagt, Fertigkeit) kann erlernt werden. Obwohl auch zu dieser Zubereitungsart Intuition, vor allem aber Liebe gehören, wird hier der Verstand benötigt, um Handlungen in der vorgeschriebenen Weise vorzunehmen. Diese Kunst, die das Kochen und weitere Aspekte des Lebens betrifft, übermittle ich Ihnen anhand von Ayurveda (Wissen vom langen Leben). Kommen wir zur Kunst des fürsorglichen Kochens:

Warum essen die Enkelkinder so gerne bei Oma?
Diese Frage beschäftigte mich in der Vergangenheit immer wieder. Endlich ist mir dies klar geworden. Die Antwort ist ganz einfach: Es ist Aufmerksamkeit, Zuwendung und Liebe, die Oma bei der Herstellung der Speisen beachtet und auch ihren kleinen Gästen angedeihen lässt. Mit der Wiederentdeckung dieser scheinbar selbstverständlichsten Attribute des Lebens könnte auf unserer Welt ein neues Paradies entstehen.

Fangen wir der Reihe nach an.

Das Zubereiten:
- Oma kennt die Lieblingsspeisen der Enkel und kocht nichts anderes, selbst wenn diese einige Zeit lang täglich

nur „ihren Kaiserschmarrn" essen möchten. Haben sich mehrere Kinder am Tisch versammelt, beharrt sie nicht darauf, dass alle das Gleiche verzehren müssen. Weil sie weiß, dass jeder seine Vorlieben hat und auch unterschiedliche Speisen benötigt, macht es ihr keine Mühe, dies zu akzeptieren.

- Oma kocht mit Ruhe, Freude, Zuwendung und Liebe. Ihre ganze Aufmerksamkeit gilt dem Wohl der kleinen Gäste.

- Oma besorgt vorwiegend Lebensmittel aus der Region, weil sie traditions- und qualitätsbewusst ist. Am liebsten kauft sie auf dem Bio-Hof ein, weil sie nur Gutes für ihre Schützlinge will. Sie weiß, dass diese Lebensmittel - aber auch die richtige Kombination der Speisen zueinander - die Körper der Kleinen nicht belasten.

- Oma weiß intuitiv: Kinder haben noch den ursprünglichen Bezug zu anregenden, milden Gewürzen und Gewürzkräutern (Nelken, Zimt, Salbei, Kümmel, Petersilie, Majoran, Oregano, Thymian, Basilikum). Der Duft der zubereiteten Speisen erfüllt das ganze Haus und weckt bei den Kindern Vorfreude auf die Mahlzeit.

- Oma richtet sich nicht nach starren, vorgegebenen Zeiten, sondern nach dem Appetit der einzelnen Kinder. Sie zwingt keines zum Essen und ist auch bereit, etwas außerhalb der Reihe zuzubereiten.

- Oma hat Zeit, Einfühlungsvermögen und merkt genau, wie der Körper des Kindes auf verschiedene Einzelheiten der Nahrungskomponenten reagiert.

Das Anrichten:

- Großmutter füllt lächelnd und mit froher Miene die Speisen auf schöne Teller, denn sie ist gedanklich bei der schmatzenden Kinderschar.

- Großmutter verziert das Essen mit bunten Blumen, die sie von der Wiese oder aus dem Garten geholt hat. Kinder lieben Buntes - sie benötigen es zum Anregen ihrer Fantasie. Hübsche Blüten schmecken auch ganz fein, und gesund sind sie auch, hat Großmutter gesagt. Weil Kinder gerne spielen, wollen sie gesund sein.

Das Servieren:

- Oma stellt mit glücklichem Gesicht das Essen auf den Tisch, denn sie sieht, wie die Kinderschar mit erwartungsvollen Gesichtern hungrig auf die Speisen wartet.
- Oma achtet darauf, dass es niemandem an etwas fehlt. Sie veranlasst auch niemanden, seinen Teller vollständig leer zu essen. Jedes Kind braucht nur so viel zu essen, bis es satt ist.
- Oma sorgt dafür, dass alle am Tisch in Ruhe und Gelassenheit ihr Mahl verzehren können. Die Enkel folgen ihr gern, denn wenn sie bei Oma gegessen haben, fühlen sie sich hinterher rundherum wohl.
- Oma lässt die Kinder nach dem Speisen noch einige Zeit am abgeräumten Tisch verweilen, denn sie weiß: Das Essen muss sich setzen. Hektisches Umherlaufen mit vollem Bauch, das wissen auch die Kleinen, macht schlaff und sogar krank.

Das Ambiente:

- Großmutter hatte vor dem Speisen den Tisch liebevoll gedeckt. Den Kindern schmeckt es viel besser, wenn der Tisch schön ausschaut.
- Großmutter hat den Wiesenblumenstrauß, den die Kleinen ihr gebracht haben, mitten auf die Tafel gestellt. Alle Kinder freuen sich darüber. Nach dem Essen erzählt sie ihnen, wie die Blumen heißen.
- Großmutter hat alles nett hergerichtet, denn sie weiß, nur in einer gepflegten Umgebung schmeckt das Essen, und vor allem kann man sich in einem nett gestalteten Umfeld

besser entspannen. Selbst die munteren Kinder spüren dies, ohne dass es ihnen bewusst wird. Das ist der Grund dafür, dass sie so gerne bei Großmutter essen und dass sie immer putzmunter und gesund sind.

Mit ihrem Verhalten fördert diese weise Frau bei den Kindern die Veranlagung zu einem korrekten Sozialverhalten. In diesen Kindern werden auf spielerische Art und Weise ohne Druck und Zwang die Grundlagen gelegt, die für ein selbstbewusstes, gesundheitsorientiertes, freies und im positiven Sinn gesehen anpassungsfähiges Leben erforderlich sind.

Was können wir von dieser weisen Oma lernen?

Wer sich seine Natürlichkeit bewahrt hat, dessen Leben verläuft im Einklang mit den kosmischen Bedingungen. Ein Mensch, der gemäß den Gesetzen der Natur lebt, sammelt Erfahrungen und gelangt in der Regel auf diesem Wege zur Weisheit. Demzufolge wird eine Frau, die in Harmonie mit den Naturgesetzen lebt, im Alter zu einer „Weisen". Intuitiv fühlt sie naturbedingte Zusammenhänge und gibt diese an die Nachwelt weiter. Im konkreten Fall ist es die Weisheit des richtigen Umgangs mit der Ernährung, die sich auf das gesamte Leben, nicht nur das der Kinder, auswirkt. Im Normalfall ist das „Weise-Sein" die Auszeichnung des Alters. Es ist noch gar nicht so lange her, da war der Ausdruck „Alte" eine hohe Auszeichnung. Dieses Wissen haben einige Indianerstämme Nordamerikas in unsere heutige Zeit herüber gerettet. Die höchste Ehre, die dort einer Frau zuteil werden kann, ist die Bezeichnung „Grand Mum". Eine Bekannte von mir hat diese Auszeichnung bekommen und ist sehr stolz darauf.

Und was gilt in unserer Kultur eine alte Frau?

Deutlicher als durch die einseitig hochgepuschte „Jugendverehrung" können uns unser naturfernes Denken und Handeln nicht offenbart werden. Jugend ist genau wie das Alter nichts Gutes und nichts Schlechtes - sie ist sogar etwas sehr Schönes. Jugend hat etwas mit Frische, Schwung, Dynamik, Forschheit und Unbeschwertheit zu tun. Andererseits steht sie aber auch für Unruhe, Schnelllebigkeit und bis zu einem gewissen Grad auch für „Unreife". Betrachten wir die Probleme, vor denen wir zur Zeit stehen. Entspringen sie nicht der einseitigen Beachtung der Jugendlichkeit? Heute werden Menschen aus Altersgründen aus dem Arbeitsleben entlassen, weil diese gerade mal 40-Jahre alt geworden sind! Wir sehen es überall in dieser schnelllebigen Welt: **Die Weisheit des Alters ist (noch) nicht gefragt.**

Um ein besseres Miteinander und mehr Gesundheit zu erlangen, müssten wir nur das Handeln der Großmutter in unsere täglichen Lebensabläufe transferieren, und schon wird sich alles um uns herum anders gestalten. Denn was die weise Großmutter ihren Enkeln in Form einer liebevollen Versorgung angedeihen lässt - all das ist es, was auf den Menschen erhaltend und gesundheitsfördernd einwirkt. Genau dieses Verhalten ist dasjenige, was wir in der heutigen Zeit dringend benötigen.
Es bleibt unbestritten: Omas Regeln gelten nicht nur für Kinder! Sie gehören zu den wichtigsten Elementen, die auch zu einer lebenswerten Welt der Erwachsenen zählen.

Die Grundlage jeder Kultur beginnt beim Essverhalten - umgekehrt kann über das Essverhalten Einfluss auf Kulturen genommen werden.
Betrachten wir vor diesem Hintergrund die Amerikanisierung in Europa: Zuerst kamen Hamburger, Fast-food, Coca-Cola und vieles mehr. Und heute? Heute ist zumindest ein beachtlicher Teil der Deutschen zu „Amerikanern" mutiert. Aber Stillstand gibt es nicht - alles befindet sich im Wandel. Der amerikanische Food-Markt tendiert in Richtung Organic-food, der europäische wird folgen, auf dem deutschen Verpflegungssektor sind die ersten Anzeichen, die in Richtung „Bio" gehen, unübersehbar. „Organic"

und „Bio" sind nicht nur in Bezug auf die Speisen zu sehen - sie sind der Ausdruck einer neuen Kultur - einer neuen Lebenseinstellung und der damit verbundenen Lebensart, die unaufhaltsam auf uns zukommt.

Was wären die Konsequenzen, wenn wir uns in unserem Leben nach Großmutters Regeln richten würden?
Schlagartig würden alle Diätformen, die keine Organerkrankungen betreffen, vom Markt verschwinden. Die Zubereitung der Speisen würde wieder mit der notwendigen Zuwendung, Sorgfalt, Freude und Liebe geschehen. Es würde plötzlich viel mehr gesunde als kranke Menschen auf der Welt geben. Das Miteinander würde sich friedlicher gestalten, Aggression und Streit wären die Ausnahmen. Der Konkurrenzkampf, die Hektik und die gegenseitige Übervorteilung im Geschäftsleben wären in diesem Ausmaß nicht mehr gegeben Die Grundtendenz der Menschen würde von Zufriedenheit geprägt sein und nicht von der zur Zeit herrschenden Unersättlichkeit.

Dass gesundheitliche Komplikationen zum Teil mit der Ernährung zusammenhängen, aber auch deren Ursache mentaler und emotionaler Art sein können, belegen folgende Beispiele:

- Die Forscher Meyer Friedman und Ray Roseman beobachteten über einen Zeitraum von 6 Monaten den Cholesterinspiegel bei einer Gruppe von Steuerberatern. Die Ernährung blieb immer die Gleiche. Im April stiegen der Arbeitsaufwand und der damit verbundene Stress rapide an. Ohne dass die Fettzufuhr verändert wurde, stieg der Cholesterinspiegel. Nachdem Arbeitsaufwand und Stress nachließen, normalisierte sich der Gesundheitszustand der Steuerberater.

In diesem Fall war der Auslöser nicht das Essen, sondern der Stress.

- Wissenschaftler versuchten herauszufinden, warum Eskimos keine Cholesterin- und Herzprobleme, aber auch keinen Bluthochdruck kannten, obwohl sie fast ausschließlich Tierprodukte aßen. (Es gibt meines Wissens nach kein höher gesättigtes cholesterinhaltigeres Fett als Walfischspeck). Als die Eskimos mit der amerikanischen Lebensart in Berührung kamen, zeigten sich bei diesen all die Zivilisationskrankheiten, die sie zuvor nicht kannten.

Hier sind eindeutig die denaturierte Zivilisationskost und der mit amerikanischem Lebensstil verbundene Stress die auslösenden Faktoren gewesen.

- Dass die Nahrungsart und deren Menge, soweit sie nicht denaturiert ist, als Kraftpotenzial kaum ins Gewicht fallen, belegt ein Indianerstamm Nordmexikos. Ihre traditionsgemäße Nahrung besteht aus einer halben Tasse Mais und aus einer halben Tasse Maisbier täglich. Trotz dieser für unsere Vorstellung extrem kargen Kost wird ein Bewegungspensum von 20 bis 40 Kilometer pro Tag geschafft.

Man sieht also, Kraft gibt es auch ohne Fleisch.

- Obwohl Versuche, die an Tieren vorgenommen werden, niemals auf den Menschen zu übertragen sind, ist das Ergebnis einer Studie, die an Kaninchen durchgeführt wurde, interessant. Man wollte den Fettgehalt der Ernährung im Zusammenhang mit Herzkrankheiten erforschen. Deshalb erhielten die Tiere eine fettreiche Kost. Die Tiere wurden auf verschiedene Studenten verteilt und von diesen gefüttert. Überraschenderweise hatte eine Kaninchengruppe über 60 % weniger Herzerkrankungen als der Rest. Man fand heraus, dass der Student, der diese Gruppe fütterte, sich liebevoll der Tiere annahm und sie häufig streichelte.

Hier ist die Zuwendung der Grund für eine stabilere Gesundheit.

Es wird immer klarer: Kochen ist mehr als nur ein Erhitzen und Bearbeiten von unterschiedlichsten Nahrungskomponen-

ten. Es ist ein alchymischer Vorgang, bei dem Lebensmittelbe-
standteile, kosmische Einflüsse, Gedanken, Worte, Emotionen,
beeinflusst durch Farbfrequenzen, und die Elemente zu einem
neuen Ganzen verschmelzen.

Von ausschlaggebender Bedeutung für den Konsumenten ist die
Qualität des durch diesen Vorgang erzeugten Produkts. Sind alle
Bestandteile wohl aufeinander abgestimmt und aufbauend, dann
erzeugen wir „Gold". Das heißt: Wir fördern mit dieser Kombination Gesundheit und Lebensfreude. Ist dies nicht der Fall, und die
Zutaten und Einflüsse sind chaotisch und lebensfremd, so erzeugen wir „Blei". Das bedeutet Degeneration, Unwohlsein und
Krankheit bis hin zum Krieg. Neuerdings ist auch die naturwis-
senschaftliche Forschung zu dem Ergebnis gelangt, dass die Frequenzen der Pflanzenfarbstoffe (Flavonoide) einen nicht unerheblichen Einfluss auf das Befinden der Menschen ausüben.

Wie Worte, oder besser gesagt, wie deren Schwingungsfrequenzen sich auf Lebensmittel auswirken, soll folgendes Beispiel verdeutlichen: „Gekochter Reis wurde in zwei identische Gläser gefüllt. Danach wurde jeden Tag mit dem Reis gesprochen, und
zwar zum einen Glas „Danke", zum anderen „Dummkopf". Dies
wurde einen Monat lang praktiziert und beobachtet. Zwei Kinder-
gruppen sprachen einen Monat lang mit dem Reis, sobald sie von
der Schule nach Hause kamen. Als Resultat war der Reis, zu dem
die Kinder „Danke" sagten, fast fermentiert und wies ein sanftes,
malziges Aroma auf, er war von goldgelber Farbe. Der Reis im
anderen Gefäß, zu dem die Kinder „Dummkopf" gesagt hatten,
war schwarz geworden und verschimmelt. Sie sagten, der Gestank
sei unbeschreiblich gewesen."

Im folgenden Abschnitt betrachten wir die Lebens- und Küchen-
weisheiten aus vedischer Sicht.

Vor ca. 5000 Jahren wurde im alten Indien das Ayurveda, das
Wissen vom langen Leben, niedergeschrieben. Dem vedischen
Schriftgut zufolge ist der Mensch ein einheitliches Wesen, beste-
hend aus Körper, Seele und Geist. Bevor ich auf die Bioenergie-

Typen näher eingehe, möchte ich aufzeigen, wie sich vedischem Wissen gemäß unsere tägliche Nahrung auf die Körpersysteme und den Charakter auswirkt.

Einflussnahme der Nahrung auf die Psyche: Die unterschiedlichen Speisen nähren den feinstofflichen Körper, der sich nach Ayurveda aus Psyche, Intellekt und Ego zusammensetzt, sowie den grobstofflichen Körper mit den subtilen Bestandteilen der Dreierkomponente, die aus Makellosigkeit, Passion und Passivität besteht. Nach der Dreierkomponente werden die Nahrungsmittel unterteilt in:

1. Lebensmittel mit **makelloser Qualität:** Frische, saftige, ölige, nahrhafte und natursüße Speisen. Sie bringen emotionale Harmonie, haben eine hohe energetische Wertigkeit und sollten unbelastet von Schadstoffen sein. Folgende Lebensmittel gehören dazu: Getreide, Butter, Ghee (siehe Kapitel Salz), Honig, Vollrohrzucker, frisches grünes Gemüse, Kräuter, Hülsenfrüchte, einheimisches reifes Obst, unbehandelte Nüsse und Trockenfrüchte.

2. Lebensmittel mit **leidenschaftlicher Qualität:** Scharf gewürzte, sehr salzige, saure, heiße und trockene Speisen. Dazu zählen: Scharfe Gewürze, Knoblauch, Zwiebel, Alkohol, Kaffee, schwarzer Tee, kohlensäurehaltige Getränke, fette Speisen und stark gewürzte Saucen. Diese aufputschenden Nahrungsmittel sollten höchstens ein Drittel der täglichen Nahrung ausmachen. Weil diese Nahrung die kämpferischen Aspekte in uns verstärkt, benötigen wir sie noch im heutigen Alltagsleben. Wir müssen es uns zur Gewohnheit werden lassen, mit diesen Nahrungskomponenten bewusster umzugehen.

3. Nahrungsmittel mit **passiver Qualität:** Sie fördern Pessimismus, Geiz, Gier, Ignoranz, Faulheit und Unsicherheit. Für die Verdauung dieser Nahrung benötigen wir viel Energie. Zu dieser Gruppe zählen: Aufgewärmte, verbrannte, tot gekochte und verdorbene Nahrung.

Desweiteren: Speisereste, Konserven, Tiefgefrorenes, Fertiggerichte, hochprozentiger Alkohol, starke Medikamente, auch Fleisch, Fisch und Eier sind Nahrungsmittel minderer Qualität. Diese Nahrungsmittel schaden der Gesundheit!

Interessante vedische Regeln zur Nahrungsaufnahme:
Die gewohnte Menüfolge wird im Ayurveda komplett auf den Kopf gestellt. Zuerst werden die süßen, dann die sauren und salzigen und zum Schluss die scharfen, bitteren und herben Speisen verzehrt.

Menüfolge als Beispiel

Vorspeise: Süßes Obst
Hauptgang: Broccoli mit Zitronenghee und Basmatireis
oder
Buntes Paprikagemüse süß-sauer mit frischem Ingwer und Rosinen, dazu Kurkumareis (Paprikaunverträglichkeit kann durch Mitkochen von Äpfeln ausgeglichen werden).
Nachspeise: Bittere und herbe Kräuter und Samen knabbern.

Wirkung von Getränken:
- Jedes Getränk vor einer Mahlzeit eingenommen, kann das Gewicht reduzieren.
- Während des Essens eingenommen, schützen Getränke vor Gewichtsveränderungen.
- Trinken nach dem Essen kann erhebliche Gewichtszunahme bewirken.

Soweit der kleine, wichtige, Einblick in das uralte Wissen der Veden. Betrachten wir vor diesem Hintergrund unsere tägliche Nahrung, dann kennen wir den Grund für die vielen kranken Menschen und vor allem auch die Ursache für das Chaos in der Welt. **Damit jeder Einzelne für sich die auf ihn persönlich passen-**

den Nahrungskombinationen ermitteln kann, kommen wir in der Folge zu den Bio-Energie-Typen.

Bei der Typzuordnung ist zu beachten, dass es ausschließlich Mischtypen gibt. Bei den meisten Menschen herrschen zwei Typmerkmale vor. Sind die drei Grundrichtungen ausgewogen, handelt es sich um Menschen, die sich in der Harmonie befinden.

Als Anhaltspunkt für die Typenbestimmung ist jedem Bio-Energie-Typ ein Bild zugeordnet.

Der Vata-Typ = Luft-/Äthertyp: Er ist von schlanker bis magerer Natur, geistig und körperlich sehr beweglich,  intellektuell sehr interessiert. Unter ihnen finden wir Genies, Mystiker und Visionäre, aber auch den „zerstreuten Professor", den Phantasten, den „Hansdampf in allen Gassen", den Vereinsmeier. Geschmacksrichtungen, die zu bevorzugen sind: süß, sauer, salzig. Die tägliche Nahrungsaufnahme sollte möglichst aus drei warmen Mahlzeiten bestehen, die zu regelmäßigen Zeiten eingenommen werden. Der Vata-Typ benötigt Gesellschaft beim Speisen. Fasten ist nicht günstig, höchstens zwei bis drei Tage im Monat, dann aber mit Säften aus frischen, reifen Früchten, vermischt mit warmem Wasser. Vata-Menschen sollten viel trinken, vor allem warmen Kräutertee, mit Wasser verdünnte Fruchtsäfte, auch gewärmte Kuhmilch mit etwas Kardamom, Zimt, Nelken und/oder Galgant gewürzt. Rohkost vertragen diese Menschen nicht so gut. Wenn Rohkost, dann in geringen Mengen und in relativ viel Öl einige Zeit garen lassen. Speisenverträglichkeit: Grundsätzlich alles gewärmt.

Sehr gut verträglich: Dinkel, Emmer, Süßkartoffeln, Algen, Karrotten, Petersilie, Avocado, gekochte Zwiebeln, Spargel, Trauben, Zitronen, Limetten, Ananas, Ziegenmilch, Kirschen, Mangos, Papayas, Datteln, Feigen, Mandeln, Walnüsse, Pinienkerne, Sesamöl, Rote Beete, Radieschen, Himbeeren, Gewürze (mit Ausnahme der scharfen und Salz).

Gut verträglich: Hafer, Vollreis, grüne Bohnen, frische Erbsen, Kolrabi, Brunnenkresse, Gurken (nur gut gekaut), Kürbisse, Bananen, gekochte Äpfel, Aprikosen, Pfirsiche, Orangen, Oliven, Kokosnussöl, Mandelöl, Tofu, Buchweizen, Auberginen, Sonnenblumenkerne, Kürbiskerne und Galgant.

Weniger günstig: Hirse, Gerste, Roggen, Hülsenfrüchte, Kartoffeln, Kohl, Spinat, Tomaten, Endivien, Kopfsalat, Melonen, Pilze, Mais, Sellerie, Äpfel, Birnen und Margarine.

Zu meiden sind: Sojabohnen, trockene Getreideflocken, rohe Zwiebeln, Trockenfrüchte, Erdnüsse, Sojaöl, Maisöl, alles vom Schwein, weißer Zucker und Kakaoerzeugnisse.

Die Vata-Grundeigenschaften sind leicht, trocken und kalt - dadurch kann es zu folgenden Störungen kommen: Kopfschmerzen, Impotenz, Nervenschwäche, Schlaflosigkeit, Abmagerung, Lähmungen, Rheuma, Blähungen und vorzeitiges Altern.

Der Pitta-Typ = Feuertyp : Er ist der Mitteltypus zwischen Vata und Kapha. Sein Körperbau ist muskulös und kräftig. Diese Menschen sind ehrgeizig und intellektuell interessiert. Ihre Kreativität hat Methode und kommt in technisch-wissenschaftlichen Bereichen zur Geltung. Unter ihnen finden wir Erfinder, Wissenschaftler, Schriftsteller, Techniker, aber auch Spekulanten, Abenteurer, Playboys und Choleriker. Geschmacksrichtungen, die dieser Typus bevorzugen soll: süß, bitter und herb. Milchprodukte mit

Ausnahme der sauren und fermentierten sind für diesen Bio-Typus förderlich. Rotes Fleisch, mit Ausnahme des Wildes erhöht Pitta und ist zu meiden. Der Pitta-Mensch soll süß essen, aber wenig weißen Zucker (zu bevorzugen ist reiner, naturbelassener Vollrohrzucker). Süß harmonisiert „Pitta-Emotionen". Zu vermeiden sind saure und salzige Speisen sowie scharfe Gewürze. Die Pitta-reduzierende Diät erfordert kühlende Nahrung (Wasser, Früchte, Gemüse, Milch). Alkohol sollte nur in geringen Mengen und ausschließlich zu den Mahlzeiten konsumiert werden. Wichtig ist, dass die Speisen nach Kriterien der Leberdiät zubereitet werden, also nicht zu fett und nicht zu stark gebraten sind.

Mit Ausnahme des Winters ist Rohkost für den Pitta-Typ geeignet. Fasten ist ungünstig, da es die „Pitta-Energie" erhöht". Falls Fasten doch erwünscht ist, dann nur zweimal monatlich mit je einem Tag durchführen. Als Fastennahrung dienen süße Fruchtsäfte mit etwas Wasser vermischt. Wichtig ist, dass der Pitta-Mensch viel trinkt (Wasser, Kräutertee, Fruchtsäfte und Milch, vor allem Ziegenmilch). Da dieser Bio-Typus sehr emotional ist, dürfen während der Mahlzeit keine Problemthemen besprochen werden.

Speisenverträglichkeit:

Sehr gut verträglich: Milch, Buttermilch, Sahne, Butter, Dinkel, Emmer, Blumenkohl, Sellerie, Äpfel (auch roh), süße Trauben, Koriander, Kartoffeln, Ziegenmilch und Galgant.

Gut verträglich: Hüttenkäse, weißes Fleisch, Reis, Hafer, Dinkel, Emmer, Gerste, Kichererbsen, Bohnenkerne, grüne Bohnen, Kohl, Gurken (nur gut gekaut), Tofu, Blattsalate, Brokkoli, grüne Erbsen, Feigen, Datteln, Himbeeren, Ananas, Pflaumen, süße Orangen, Mangos, Kokosnüsse, Sonnenblumenkerne, Sonnenblumenöl, Kümmel, Fenchel, Minze, Zimt, Spargel und Tomaten.

Weniger günstig: Eier, Kefir (aus Kuhmilch), Quark, Joghurt, gesalzener Käse, Fisch, Mais, Roggen, Linsen, Hirse, gekochte und gebratene Zwiebeln, Spinat, Karotten, Rettich, Rote Beete, Kresse, Zitronen, saure Früchte, Bananen, Aprikosen, Pfirsiche, Kirschen, Erdbeeren, Mandeln, Sesam, Walnüsse, Oliven, Maisöl, Rapsöl, Margarine, Algen und Kresse.

Zu vermeiden sind: rohe Zwiebeln, Erdnüsse, Erdnussöl, Schweinefleisch, Lammfleisch, Rindfleisch, Muscheln, Pfeffer, Knoblauch, Senfsamen und weißer Zucker.

Die Pitta-Grundeigenschaften sind heiß und trocken. Dadurch kann es zu folgenden Störungen kommen:
Entzündungen, Übersäuerung, Infektionen, Leberkrankheiten, Hautkrankheiten und hoher Blutdruck.

Kapha-Typ = Erd-Wasser-Typ: Sein Körperbau ist kräftig, untersetzt bis dick. Diese Menschen sind gelassen, beständig, bodenständig, konservativ, körperlich und seelisch belastbar. Unter ihnen finden wir den Landwirt, den Gastwirt, den Manager alten Stils und den Unternehmer. Die Geschmacksrichtung: Bitter, scharf und herb sollen die Grundlage seiner Ernährung sein. Für diesen Typ sind warme, trockene Speisen geeignet.

Kapha-Typen sollen fasten und im allgemeinen wenig essen. Förderlich sind zwei warme Mahlzeiten täglich. Mittags und abends vor dem Sonnenuntergang. Nach dem Essen sollte der Erd-Wasser-Typ nicht schlafen. Wenig schlafen gilt auch im allgemeinen. Es soll wenig getrunken werden, vor allen aber keine kalten Getränke. Warmer Kräutertee, temperiertes Naturwasser und gewässerte Milch sind geeignete Getränke für diesen Typus. Etwas Kaffee mit einer Messerspitze gemahlenem Kardamom ist erlaubt. Kleine Mengen Weißwein zu den Mahlzeiten sind ebenfalls günstig. Speisenverträglichkeit: Grundsätzlich alles temperiert.

Sehr gut verträglich: Emmer, Dinkel, Kohl, Broccoli, Karotten, Sellerie, Birnen (nur gekocht), Äpfel (auch roh), Knoblauch, Pfeffer, Senfsamen, Kardamom, Galgant, Bertram und Zimt.

Gut verträglich: Dinkel, Emmer, Basmatireis, Gerste, Hirse, Buchweizen, Mais, Tofu, Linsen, Bohnenkerne, Kartoffeln, Peperoni, grüne Erbsen, Rote Beete, Petersilie, Radieschen, Spargel, Blumenkohl, Blattsalate, Wasserkresse, Trockenfrüchte, Kürbiskerne, Sonnenblumenkerne, Sonnenblumenöl, Milch, Magerkäse, Buttermilch, Sojamilch, Geflügel, Hase, Wild, Muskat, Kümmel, Koriander, Fenchel, Bockshornkleesamen, Basilikum und Minze.

Weniger günstig: Sojaprodukte, Kichererbsen, Hafer, Vollreis, Zwiebeln, Tomaten, Gurken, Algen, grüne Bohnen, Zucchini, Pilze, Auberginen, Kürbisse, Zitrusfrüchte, Pflaumen, Trauben, Ananas, Kirschen, Feigen, Mangos, Papayas, Erdbeeren, Himbeeren, Walnüsse, Kokos, Sesam, Butter, Pinienkerne, Pistazien, Cashewnüsse, Margarine, Kefir (aus Kuhmilch), Joghurt, Vollmilch, saure Sahne, Eier, Quark, Fruchtzucker und Saccharose.

Ganz zu meiden sind: Weizen, weißer Reis, Bananen, Erdnüsse, Erdnussöl, Olivenöl, Schweinefleisch, Rindfleisch, Lammfleisch, raffiniertes Salz, weißer Zucker, Rohrzucker, Melasse und Ahornsirup.

Die Kapha-Grundeigenschaften sind: schwer, kalt und feucht. Dadurch kann es zu folgenden Störungen kommen: niedriger oder hoher Blutdruck, Fettleibigkeit, Gallen- und Nierensteine, Wassersucht, Verschleimung, Diabetes und Atemwegserkrankungen.

Wer die Weisheiten, die in diesem Kapitel niedergeschrieben wurden, annähernd beherzigt, der befindet sich auf dem Wege, jene Anpassungen, die ein sich im ständigen Wandel befindliches Leben erfordert, zu erfüllen. Verbunden mit der Quintessenz des nächsten Kapitels, können die hier aufgeführten Weisheiten zu einer Neuorientierung im Leben führen.

Brennpunkt Zukunft
Wie Umweltstress bewältigt wird

Wer freiwillig die bestbezahlte Arbeit der Welt tut
- die Arbeit an sich selbst -
bedarf nicht mehr des Druckes,
ausgeübt durch Leiden

Erhard F. Freitag

Mit dem Begriff Lebensstil assoziierte man bis vor kurzem (und in vielen Organisationen auch heute noch) das nach „außen", also der Welt gegenüber präsentierte Auftreten. Das so genannte „top Outfit", die Selbstdarstellung im Geschäftsleben. Die ganze Aufmerksamkeit wurde in das Erscheinungsbild gelegt; echte, wahre

Gefühle und Bedürfnisse lernte man zu unterdrücken. Wichtig war gutes „Styling", Geschäftsflüge in der Business-, wenn möglich in der Firstclass. Große Limousinen, möglichst mit Chauffeur. Alle Managementausbildungen und Lebensstilberatungen vermittelten das ausschließlich an der Äußerlichkeit orientierte Weltbild. Die einseitige Zurschaustellung des „Äußeren" sowie der ausschließliche Gebrauch der Logik entsprachen voll und ganz dem Zeitgeist. Einem Zeitgeist, der unserer Leistungsgesellschaft entsprach. Bei diesem Verhalten kam nur eine Facette des Lebens zum Tragen. Erfolg wurde ausschließlich an Äußerlichkeiten gemessen, deshalb war der am „Schein" gemessene Lebensstil für die damalige Zeit auch richtig. Eine derart geprägte Lebensweise berücksichtigte nicht die Ganzheit des Menschen. Das ist die Ursache dafür, dass es bei den Allermeisten, die sich diesem Verhalten unterwarfen, zu gesundheitlichen und verdeckten psychischen Problemen kam. All diese Krankheitsformen fasste man in dem Modebegriff „Managerkrankheit" zusammen.

Zur Zeit stehen wir an der Schwelle einer neuen Zeitepoche. Wir verlassen eine Ära, die getragen war von der durch Mikroelektronik möglich gemachten Information. Gerade die Flut der Informationen hat in erster Linie mit dazu beigetragen, dass ein Großteil der Menschen erkennt, dass es mehr geben muss als den Kopf und das Ego. Sie begreift, dass es einen Zusammenhang zwischen der Krankheitsflut und dem heutigen Denken und Handeln geben muss. Viele sind dabei, sich den neuen Anforderungen anzupassen und ihr Bewusstsein allmählich neu auszurichten. Sie sind nicht mehr willens, nach den alten Mechanismen weiterzuleben.

Bei der Suche nach Alternativen erkennen sie, wie wichtig es ist, auch aus der Gefühlswelt heraus zu agieren. Entscheidungen dürfen nicht weiterhin wie bisher, nur aus dem Kopf heraus getroffen werden. Das letzte Wort hat die Intuition zu sprechen, da sie mit den tiefsten menschlichen Bewusstseinsschichten in Verbindung steht, zu denen unser Verstand keinen Zutritt hat. Wer aus der Intuition heraus handelt, der handelt aus der Ganzheit - dem Leben –

heraus. Dessen Bewusstsein wird nicht weiter von der Angst, sondern vom Selbstvertrauen dominiert. Das Bewusstsein eines so handelnden Menschen ist weiter entwickelt als das des reinen Verstandesmenschen. Hier beginnt allmählich die Verbindung mit den Abläufen der Natur, das bedeutet eine Rückbesinnung auf unsere Wurzeln (religio = Rückverbindung). Warum sind Menschen, die wahrhaftig religiös sind, weniger krank und voller Vertrauen in das Leben? Sie haben eine echte Basis und Orientierung! Je mehr Menschen sich mit ihrem Urgrund, dem Leben selbst, verbinden, desto schneller kommt es zu einem Paradigmenwechsel (verändertes Weltbild), desto weniger Menschen orientieren sich weiterhin an der Krankheit, sondern beginnen ihren Fokus auf Gesundheit auszurichten. Diese Denkrichtung wird dazu führen, dass zukünftig nicht mehr an der Krankheit Geld verdient werden kann -- diese werden wir uns finanziell ohnehin nicht mehr lange leisten können, sondern an der Vorbeugung (Prophylaxe). Den neuen Gegebenheiten müssen sich nicht nur Wirtschaft und Politik, wenn sie überleben wollen anpassen, sondern der einzelne Mensch wird seinen Lebensstil vollkommen auf „Gesundheit" ausrichten müssen.

Leo A. Nefiodow, Fraunhofergesellschaft, St. Augustin, drückt dieses in seinem Vortrag vom 12.4.02 wie folgt aus: **Der Gesundheitsmarkt wird die Wachstumslokomotive des 21. Jahrhunderts sein.** Die Wirtschaftsgeschichte lehrt uns, dass tiefe Rezessionen im Wechsel mit langen Phasen der Prosperität in einem Abstand von ungefähr 40 bis 60 Jahren auftreten. Diese Schwankungen werden „Kondratieff-Zyklen" genannt. Zur Zeit befinden wir uns in der Spätphase des fünften Kondratieff–Zyklus, der seine Antriebsenergie aus der Entwicklung und Anwendung der modernen Informationstechnik bezieht. Um einen tiefgreifenden wirtschaftlichen Abschwung zu vermeiden, der erfahrungsgemäß am Ende eines Kondratieff-Zyklus auftritt, müsste jetzt konsequent in die Märkte des sechsten Kondratieffs investiert werden.

Leo A. Nefiodow sieht diesen Markt der Zukunft auf dem Gesundheitssektor, wobei er Gesundheit im ganzheitlichen Sinn versteht, also auf körperlicher, geistiger, ökologischer und sozialer Ebene. Auf jeden Einzelnen bezogen bedeutet dies: **Je eher ich meine Einstellung und mein Leben auf Gesundheit ausrichte, desto eher befinde ich mich im Gleichklang mit dem neuen Weltbild.**

Was verstehen wir unter einem an der Gesundheit orientierten Lebensstil? Bevor wir den Begriff, „gesundheitlich orientierter Lebensstil" definieren, müssen wir uns das Gegenteil, den bis heute gelebten krankheitsorientierten Lebensstil genauer anschauen. Ausgehend von dem Wissen, dass unsere Sprache nicht nur manifestierend - erschaffend- wirkt, sondern uns auch das Umfeld widerspiegelt, erkennen wir, dass dem Wort Krankheit bisher ein überdimensioniertes, gedankliches Potenzial eingeräumt wurde. Wohin wir auch schauen - überall sind wir mit dem Begriff **krank** konfrontiert: Krankenhäuser, Krankenstationen, Krankentransport, Krankenwagen, Krankengeld, Krankenkassen und so weiter.
Einige Kassen haben es mit dem Begriff **Gesundheit** (Gesundheitskasse) versucht. Der Erfolg blieb jedoch aus. Wahrscheinlich wurde die Vordergründigkeit dieser Taktik erkannt. Weil es eine Tatsache ist, dass alles, was unsere Aufmerksamkeit erhält, wächst, konnte sich das Krankensystem zur heutigen Größe aufblähen. Wenn wir die überdimensionierten Krankenhäuser oder die Paläste der Krankenkassen betrachten, bekommen wir einen Begriff von der Intensität unserer in diese Richtung gelenkten Aufmerksamkeit. Dass mit diesem System viel Geld verdient wurde/wird, sehen wir am Umfang und der wirtschaftlichen Macht der Pharmaindustrie, der schulmedizinischen Ärzteschaft und weiterer diesbezüglichen Einrichtungen. So gewaltig dieses Krankenwesen auch ist - es konnte ohne unser Dazutun nicht zu dieser Größe anwachsen.

Was haben wir zu dieser Entwicklung beigetragen?
- Wir haben die Verantwortung für unsere Gesundheit in die Hände der Ärzte abgegeben.
- Wir haben aus Angst vor der Krankheit den Versicherungen Macht über uns gegeben.
- Wir haben den Politikern nicht Einhalt geboten, als diese über unsere Köpfe hinweg Gesetze verabschiedeten, die allem nutzten, nur unserer Gesundheit nicht.

Wir haben die Macht aus der Hand gegeben und wundern uns jetzt, dass, wenn wir eigenverantwortlich etwas für unsere Gesundheit tun wollen, diese Institutionen mit uns umspringen wie mit unmündigen Kindern. Zum Schluss muss jeder trotz seiner hohen Beitragszahlungen an die Krankenkassen, will er eigenverantwortlich für seine Gesundheit etwas tun, die Kosten dafür selbst übernehmen.

Kurz gesagt, der bisherige Lebensstil war geprägt von,
- unserer Angst vor der Eigenverantwortlichkeit und in der Folge mit der damit verbundenen Bevormundung durch andere,
- vom Mangel an Vertrauen zu uns selber und somit in das Leben,
- vom Schein, den wir um uns herum aufzubauen versuchten, dessen Ursache die totale Kopflastigkeit war.

Ein Symptom der heutigen Zeit ist, dass durch äußeren Schein Menschen manipuliert und in die Irre geführt werden können.
Ein Beispiel zu oben Gesagtem: Vor einigen Jahren wurde im 3. bayrischen Fernsehprogramm eine Sendung über eine Klinik in der Nähe Chicagos ausgestrahlt. Von der dargestellten Einstellung der Krankenhausbetreiber ihren Patienten gegenüber war ich sehr angetan. Was mich vor allem faszinierte: 20 Ökotrophologinnen (Ernährungswissenschaftlerinnen) trugen Sorge dafür, dass jeder

Patient die auf seine Krankheit abgestimmte Speise bekam. Als sich mir die Gelegenheit bot, in Chicago zu sein, und ich auch noch einen Bekannten hatte, der Verbindungen besaß, diese Klinik zu besichtigen, setzte ich alles dran, dorthin zu kommen. Zunächst war es so wie im Fernsehen berichtet. Es war auch der Raum mit den 20 Ernährungsfachleuten da. Pausenlos kamen scheinbar speziell auf die Patienten abgestimmte Speisenbestellungen über das Rohrpostsystem. Unzählige computergesteuerte Drucker ratterten und warfen scheinbar differenzierte Speisenkombinationen aus, die mittels Rohrpost an die Küche weitergeleitet wurden. Meinem Wunsch, auch die Küchenräume zu besichtigen, wurde erst nach mehrmaligem Bitten meines Bekannten entsprochen.

Alle meine Erwartungen, zum ersten Mal einen fortschrittlichen, am Patienten orientierten Küchenbetrieb zu erleben, brachen in sich zusammen. Was wir zu sehen bekamen, war zunächst ein großer weißer Klumpen, der auf dem Küchenboden lag. Mitarbeiter spritzten per Schlauch, warmes Wasser darauf. Wie sich herausstellte, handelte es sich bei dem Klumpen um einen im Block gefrorenen Tiefseefisch, dessen Stücke, sobald sich diese vom Klumpen lösten, in die Friteuse zum Ausbacken gemeinsam mit den Pommes frites kamen. In einem Wasserbad standen 5- und 10- Liter Dosen und Eimer mit Gemüse und Ketchup. Die Dosen waren so, wie sie aus dem Lager kamen, einfach geöffnet zum Erwärmen in das heiße Wasser gestellt. An einem Fließband stehende Mitarbeiter füllten die Speisen - teils aus dem heißen Fett kommend, teils aus den Dosen und Eimern entnommen - auf Platten. Weiteres Personal bereitete halbierte Semmeln, in die Hamburger hineingelegt wurden, sowie Pommes frites mit Ketchup bzw. mit Mayonnaise zu, die ebenfalls auf Platten angerichtet wurden. Die Abrisse der Bestellungen kamen auf die Gloschen (Deckel, die das darunter befindliche Essen warm hielten).

In diesem Zusammenhang stellte sich mir die Frage: **War dieses**

absolut wertlose Allerweltsessen die von Wissenschaftlern auf spezielle Krankheiten abgestimmte Heilnahrung? Diese Speisen konnten allenfalls als Füllmaterial ohne jede Lebenskraft bezeichnet werden. Das gesamte Drumherum reinstes Blendwerk. Die in diesem Krankenhaus hergestellte Nahrung konnte sicherlich keinen Beitrag zur Genesung der Patienten leisten. Wer Pech hatte, dem raubte diese Verpflegung auch noch seine letzte Lebenskraft.

Den Nutzen, den eine optimale Vollwertkost für die Gesundheit bedeutet, hatte man hier ausschließlich für Werbezwecke pervertiert.

Zu diesem Verhalten passt am besten der Begriff „Manipulatives Marketing". An die Gesundheit der Patienten wurde mit Sicherheit nicht gedacht. Wer einmal in deutschen Krankenhäusern war, wird bemerkt haben, dass hier das Essen auch nicht besonders reich an Lebenskraft - Lichtquanten ist. Allerdings solche Zustände wie in diesem, dazu noch über die Medien hoch gelobten Krankenhaus habe ich bisher nie wieder erlebt.

Ein an der Gesundheit orientierter Lebensstil bedeutet dagegen: Absolutes Vertrauen in unsere eigene Kraft und das Leben zu haben. Jeder von uns muss begreifen, dass er persönlich für sich die höchste Autorität ist. Nur er allein trägt für sich und sein Tun die volle Verantwortung.

Das Wissen darüber, dass uns nur Ereignisse erreichen, die mit uns, das heißt mit unserer inneren Einstellung, also mit den Gefühlen, Gedanken, Worten und Taten, korrespondieren, kann uns dazu veranlassen, das bisherige Handeln zu hinterfragen, und wenn nötig die Gedankenstrukturen zu korrigieren.

Fazit: Wer beispielsweise gesund sein will, der muss seinen Fokus auf Gesundheit richten. Angst zieht immer das an, wovor wir uns ängstigen. Haben wir vor Strahlen Angst, dann geraten wir möglicherweise in Situationen, in denen wir von Strahlen tangiert werden. Haben wir vor Einbrechern Angst, so zieht unser Angstgefühl unter Umständen Menschen mit räuberischen Absichten an. Dies hängt mit dem Resonanzgesetz zusammen. Soweit das Thema Angst. Nun ein Beispiel zum Thema Eigenverantwortung: Wachen wir am Morgen mit starken Rückenschmerzen auf, so können wir einerseits einen Termin mit einem Arzt vereinbaren, der uns Tabletten oder Spritzen gibt, und uns darüber hinaus für einige Zeit krank schreibt (dies ist das so genannte krankheitsorientierte Verhalten vieler Menschen). Andererseits können wir aufstehen, unserem Körper gesundheitsorientierte mentale Anweisungen geben, beispielsweise „ich bin gesund", „ich fühle mich gut" usw. Von der Wirkung dieser Anweisungen müssen wir allerdings vollkommen überzeugt sein und sie im vollem Vertrauen und bildlicher Vorstellung öfters formulieren. Dann gehen wir unserer täglichen Beschäftigung nach. Eventuell zeitweilig auftretende Unpässlichkeiten müssen wir zu ertragen bereit sein. Auch ist es erforderlich, sich zu fragen: Was will mein Körper mir mit diesen Symptomen sagen? Denn jede Krankheit, jede Unpässlichkeit ist ein Zeichen von Unordnung in unserem physischen und psychischen Körpersystem. Um in die Harmonie (Ordnung) zurückzukommen, gibt es unterschiedliche Wege.

Der erste Schritt ist, der Wille zur Information. Hier stehen uns verschiedene Möglichkeiten offen: Bücher lesen, Seminare und Vorträge besuchen, eine Ausbildung absolvieren. Wer informiert ist, der ist nicht auf einseitigen Rat angewiesen, sondern in der Lage, z. B. bei Krankheit zwischen mehreren Heilmethoden zu wählen. Dadurch verlieren äußere Autoritäten ihre Macht über uns. Um das Gesagte zu verdeutlichen, ein Beispiel aus meinem Leben: Vor kurzem plagten mich fast unerträgliche Schmerzen in meinem linken Knie. Anstatt zu einem Arzt zu gehen, um mir dort z.B. eine Cortison-Spritze verabreichen zu lassen, suggerierte ich mir Gesundheit. Die Schmerzen ließen aber nicht nach; auch deren Botschaft wurde mir nicht bewusst. Einige Tage humpelte ich

in die Arbeit. Fuhr auch noch stundenlang Auto, um in einer ent-
fernten Stadt einen Vortrag zu halten. Zunächst behandelte ich das
Knie mit Homöopathika; als diese nicht halfen, erinnerte ich mich
an einen Tipp aus der Hildegardmedizin. Zurück am Arbeitsplatz,
bat ich meinen Küchenchef, mir Kälberfüße zu kochen. Sofort
nach deren Verzehr ließ der Schmerz nach. Nun kann ich wieder
beschwerdefrei laufen. **Was habe ich in diesem Fall gemacht?**
Durch diese Aktion wurden meine körpereigenen Abwehrkräfte
(Homöostase) so lange aktiviert, bis diese wieder ausreichten, die
Belastungen zu eliminieren. Der andere Weg wäre gewesen, die
Symptome der akut entzündlichen Erkrankung durch Medikamen
te zu unterdrücken und durch Unterforderung die körpereigenen
Regulationskräfte verkümmern zu lassen. Eigenverantwortliches
Handeln bedarf einiger Übung - der so genannten kleinen Schritte.
Das Sprichwort „**Es ist noch kein Meister vom Himmel gefal-
len**" gilt auch hier. Seit einigen Generationen leben wir in Abhängigkeit von äußeren Autoritäten. Wir sind im übertragenem Sinn
nicht mehr Herr im eigenen Haus. Dieses Verhalten musste
zwangsläufig zur Verkümmerung der psychosomatischen Regel-
mechanismen führen. Was können wir unternehmen, um die latent
in uns schlummernden natürlichen Kräfte wieder zu wecken?
Werden wir uns doch der Quelle unserer Lebenskraft und Lebensfreude bewusst.

- Dies erreichen wir, indem wir uns so oft wie irgend möglich
  in die Natur begeben, deren Schönheit betrachten und erkennen, dass wir ein Teil von ihr sind. Die Meisterschaft auf
  diesem Gebiet haben wir erlangt, wenn wir in der Lage sind,
  mit ihr intuitiv zu kommunizieren. In der Bewunderung der
  Natur steht uns ein Medium zur Verfügung, unser Potenzial
  an Lebenskraft wieder aufzufüllen.
- Wichtig sind häufige, aber mäßige Sonnenbäder und Bewegung in frischer, gesunder Luft. Ein Waldspaziergang ist
  eine besondere Wohltat.
- Ein weiterer Faktor ist das Wissen um die, unserem Konsti-

tutionstyp entsprechende Form der Ernährung. Siehe Kapitel „Die Weisheit des Kochens".

- Außerdem müssen wir wissen, dass Gedanken Kräfte sind, die sich immer verwirklichen. Der Satz „Gedanken sind frei", darf nicht so interpretiert werden, dass wir denken können, was wir wollen. Für alles, was sich aufgrund unserer Gedanken ereignet, haben wir die volle Verantwortung zu tragen. Ob wir dies nun glauben oder nicht, spielt keine Rolle. Wir sind dem Gesetz von Ursache und Wirkung unterstellt.

- Durch intensives Training werden die lebenswichtigen ganzheitlichen Gefühlssensoren, die mit der rechten sowie der linken Gehirnhälfte zusammenhängen und uns vor den Gefahren der Umwelt schützen, neu aktiviert. Hier kann eine umstimmende Einleitung durch Meditation und Kontemplation der Anfang sein, gefolgt von Körperübungen und leichtem Sport.

- Als nächstes erfolgt eine Reaktivierung der Funktionen unserer Sinnesorgane. Das bedeutet: Training der Geruchsnerven durch Gewürze, Kräuter und Düfte. Training der Geschmacksnerven durch blindes Verkosten verschiedener Speisen, um diese durch deren arttypischen Geschmack zu identifizieren. Schärfung der Sehnerven durch Farbresonanzen sowie die Bewusstmachung der Farbfrequenzmechanismen in unserem Körper (lernen, Farben zu fühlen).

- Reaktivieren der Gefühlssensoren in den Händen durch Ertasten und gefühlsmäßiges Aufnehmen der verschiedenartigsten Materialien.

- Die Sensorik der Fußsohlen sensibilisieren. Dies erreichen wir durch bewusstes Barfusslaufen in der Natur oder auf vorbehandelten Steinen, die mit speziell programmierten Pailletten durchsetzt sind.

- Lesen weiterführender Literatur, Besuch von einschlägigen Seminaren.

Beim Trainieren der intuitiven und gefühlsbedingten Abläufe ist unbedingt darauf zu achten, dass hier nicht eine Einseitigkeit in die Überbetonung der Gefühlswelt stattfindet. Zu viel Intuition und Gefühl bringt uns schnell weg von der Realität; wir verlieren den sprichwörtlichen „Boden unter den Füssen". Erst wenn die Ausgewogenheit zwischen Verstand und Herz hergestellt ist, befinden wir uns in unserer Mitte - ab diesem Zeitpunkt sind wir innerlich stark und gesund.

In einem harmonischen zwischenmenschlichen Miteinander ist von Wichtigkeit, dass

- auf einen akzeptablen, menschlichen, korrekten Umgang geachtet wird,
- ein adrettes äußeres Erscheinungsbild vorhanden ist,
- die Kleidung gepflegt und der momentanen Situation angepasst wird,
- Sitten und Tischsitten nicht verrohen,
- ehrlich und offen miteinander kommuniziert wird,
- Herz und Gefühl gezeigt werden dürfen und dies auch akzeptiert wird,
- jeder die Eigenschaften und somit die Persönlichkeit der Mitmenschen toleriert.

Der Lebensstil der neuen Zeit wird eine Synthese aus Logik und Intuition sein. Wer diese Synthese in sich vollzogen hat, dem eröffnet sich ein Weltbild, das getragen ist von einem neuen Selbstbewusstsein. Dies befähigt ihn, unabhängig von Werbung und der Meinung anderer sein Leben zu gestalten. **Wie können Schritte zum veränderten Selbstbewusstsein aussehen?** Zur Zeit leben noch etwa 95 % der Menschheit im Bewusstsein des Mangels.

Beispiele: Bewusstseinsmäßig mangelt es an sauberem Wasser, sauberer Luft, lebendiger Nahrung, Frieden in der Welt, Gesundheit, Geld, Zufriedenheit, Vertrauen, fähigen und ehrlichen Politikern, erfolgreichen Wirtschaftslenkern usw. Manche Personen und Situationen wollen wir, aus welchen Gründen auch immer, nicht haben, stemmen uns mental oder in unseren Handlungen dagegen. Wir bekämpfen positive Einflüsse, anstatt sie anzunehmen.

Durch Kampf blockieren wir nicht nur die Erneuerungskraft der Natur, sondern wir verstärken zusätzlich jene Situationen, die wir eigentlich nicht wollen. Dies geschieht nach der Gesetzmäßigkeit „was beachtet wird, das wächst". Wie ist so etwas möglich? Leben ist, wie wir an anderer Stelle berichteten, fließende Energie. Auch unsere Gedanken sind nichts anderes als Energie, die wir zu einer bestimmten Form zusammengefasst haben. Indem wir die für unser Empfinden unsichtbare gedankliche Energieform auf einen bestimmten Punkt richten, verstärken wir die dort vorhandene Energie. Weil es aus höherer Sicht weder Gutes noch Schlechtes gibt, verstärkt sich gerade das, worauf wir unsere Gedanken gelenkt haben. Weil nun die Mehrheit am intensivsten an jene Dinge denkt, die sie eigentlich nicht haben will, treten gerade diese Situationen verstärkt in den Vordergrund.

Nun wissen wir auch, was geschehen wird, um zu den von Zukunftsforschern wie Matthias Horx, Leo A. Nefiodow usw. vorausgesagten Veränderungen zu gelangen. Demnach wird sich unser Denken ändern! Dieses neue Denken orientiert sich am Zulassen und am Überfluss, frei von jeglicher Be- und Verurteilung. Wir werden wertneutral allen Gegebenheiten gegenüber stehen. Disharmonie genauso schätzen lernen wie Harmonie. Dadurch schaffen wir Freiräume für das Wirken der Viriditas, der Grün- oder Erneuerungskraft der Natur, durch die letztendlich alles zum Besten gelenkt wird. Wer dies begriffen hat, der geht von der Überzeugung aus, dass uns beispielsweise immer genügend saubere Luft, reines Wasser, lebendige Nahrung, Gesundheit, Frieden, Geld usw. zur Verfügung stehen. Mit anderen Worten: Wir verändern unser Umfeld in dem wir unser Denken ändern. Wir können auch sagen: Wir sind ständig damit beschäftigt, uns den Gegebenheiten anzupassen, die wir im übertragenem Sinn selbst kreiert haben. Forschungen in der Quantenphysik bestätigen diese Theorie. In Versuchsreihen wurde bewiesen, dass sich die kleinsten Bausteine der Materie unserer Absicht gemäß formen. Im Teilchenbeschleuniger bei Genf stellte man fest, dass Materiebausteine auf unsere Beachtung hin reagieren. Erstaunlicherweise wurden sie nur dann sichtbar, wenn Übereinstimmung mit der Absicht der Beobachter gegeben war.

Es steht also eindeutig fest:
Materie formt sich je nach Bewusstsein!

Je mehr Menschen diese Tatsachen als Realität annehmen können und danach leben, umso eher finden wir Lösungen für alle heutigen Probleme (die im Grunde nichts weiter sind als der Spiegel unserer heutigen Glaubenssätze).
Wie die Natur mit dieser Problematik umgeht, hat der Schweizer Umweltfachmann und ganzheitlicher Naturforscher Roland Arnet in 10jähriger Forschungsarbeit herausgefunden. Wir alle hören und lesen täglich von den Gefahren, die beispielsweise vom Elektrosmog (Handy, Computer, Fernsehen usw.) ausgehen. Diese Strahlungseinwirkungen stellen tatsächlich eine sehr ernst zu nehmende Gefahr für unsere Gesundheit dar. Dieses Problem bleibt solange bestehen, bis wir gelernt haben, damit umzugehen. Bevor ich darauf eingehe, welche Möglichkeiten wir haben, mit diesen Belastungen umzugehen, wollen wir zunächst betrachten, wie sich die Natur auf derartige Faktoren einstellt. Denn auch die Natur leidet sehr stark unter der degenerativen Einwirkung von elektromagnetischen Strahlen (Wellen). Die Natur entwickelt Strategien, die ihr helfen, mit diesen Belastungen zu überleben.
Von den vielen Dokumentationen Roland Arnets habe ich eine herausgesucht, an der das Verhalten von Bäumen, die plötzlich

mit Elektrosmog und Elektrostrahlen konfrontiert wurden, eindrucksvoll demonstriert wird. Wenn wir das unten stehende Bild betrachten, so sehen wir eine Streuobstwiese mit einigen Apfelbäumen darauf. Diese Bäume gediehen auch immer sehr gut und üppig. Eines Tages geschah etwas Merkwürdiges: Die Bäume bekamen schon Anfang August ihr Herbstkleid. Dieses Phänomen konnte sich Arnet nicht erklären. Bei seinen Beobachtungen bemerkte er, dass am Rande der Wiese ein Sendemast errichtet war. Er fotografierte nun die Entwicklung der Apfelbäume über Jahre hinweg.

Foto: Roland Arnet

Zunächst stellte Arnet fest, dass es sich bei der frühzeitigen Verfärbung der Blätter um Symptome handelte, die bei Pflanzen üblich sind, wenn diese in einer Sende-Strahl-Linie stehen.
Im Laufe der Jahre veränderten einige der Bäume ihr Blattgefüge, das heißt, sie bekamen festere Blätter. Andere Bäume gingen ganz ein. Jetzt stellte sich die Frage: Warum konnten sich manche Bäu-

me an die veränderten Lebensbedingungen anpassen, während andere abstarben? Bei seinen Untersuchungen stellte Arnet fest, dass bei jenen Pflanzen, die den Stress nicht überstanden hatten, der Boden sehr nährstoffarm war und zusätzlich noch geopathische Störfelder vorhanden waren. Das war zu viel für die Apfelbäume: Sie mussten die Errichtung eines Sendemastes mit ihrem Leben bezahlen. Jene Bäume, die auf fruchtbarem Boden, der frei von Wasseradern war standen, entwickelten sich gut. Diese Bäume haben ihre alte Vitalität wiedererlangt und tragen auch genauso viele Früchte wie vorher.

Aus diesem Beispiel geht eindeutig hervor: Wer sich an die neuen Umweltbedingungen, denen wir zur Zeit ausgesetzt sind, anpassen will, der muss möglichst auf eine „vernünftige" Ernährung, auf Stressfreiheit seiner Gedanken und auf störzonenfreie Schlafplätze achten.

Hier noch andere Beispiele von Bäumen und ihre Reaktionen auf Elektrosmog: Blautannen warfen im selben Jahr nach dem Aufstellen eines Sendemastes ihre Nadeln ab. Dann zogen sie sich ganz zurück und vermittelten den Eindruck des Absterbens. Viele Gartenbesitzer sägten die vermeintlich toten Bäume ab. Auf Veranlassung Arnets ließ man einige stehen, um weitere Beobachtungen anzustellen. Im Frühjahr zeigten sich vereinzelte kleine Nadelknospen, von denen ein Teil aufging, um jedoch bald darauf wieder zu vergilben. Nach einigen Jahren des Probierens erschienen die Bäume wie durch ein Wunder in einem vollkommen neuen Nadelkleid mit doppelt so langen und dicken Nadeln, die darüber hinaus auch noch anders angeordnet waren. Das gleiche Verhalten beobachtete und dokumentierte Arnet auch bei einer Reihe von Laubbäumen. Was war geschehen? Die Bäume hatten gelernt, ihre Struktur den neuen Umweltbedingungen anzupassen! Wir als Menschen, die wir, wie Pflanzen und Tiere ebenfalls ein Teil der Natur sind, können von der unglaublichen Intelligenz der Bäume folgendes lernen: **Es gibt die Möglichkeit des Überlebens durch Anpassung!** Ergebnis der Strategieforschungen

Roland Arnets in Hinblick auf uns Menschen:

- Loslassen jedweder Angst, da diese der größte Energieräuber ist und darüber hinaus mentale und emotionale Blockaden setzt, die die nötige Kraft zur Anpassung verhindern.
- Auf genügend erholsamen Schlaf ist unbedingt zu achten.
- Schlafstellen dürfen nicht über Störfelder errichtet werden.
- Exzesse auf jedem Gebiet sind zu vermeiden.
- Gesunde Ernährung ist unabdingbar.
- Mentale Zuwendung in Form von Respekt und Anerkennung allen Dingen des Lebens gegenüber schafft eine Harmonisierung.
- Durch das Segnen (Gebet) heben wir eigene und fremde Blockaden, mit denen Dinge in unserem Leben behaftet sind, auf. Darüber hinaus bewirken wir eine Umpolung - wir prägen Dingen eine neue Information auf.

Können differenzierte, schwingungsbedingte Einflüsse, die auf den menschlichen Körper einwirken, sichtbar gemacht werden?

Zunächst stellen wir fest, dass alle Formen in der Materie durch Schwingungen manifestiert werden. Dies geschieht, wie im Kapitel „Salz" berichtet, über Wasser und Salz. Jeder Mensch ist wie gesagt ein eigener Klangkörper und steht aus diesem Grund nur mit den klangspezifischen Schwingungen des Äthers in Resonanz. Diese arteigenen, mit uns korrespondierenden Frequenzen bilden nun jene kristallinen Formen aus, die unser Gefühl und somit unser gesamtes Denken und Handeln beeinflussen. Sichtbar werden diese kristallinen Formen mit der fototechnischen Methode von Masaru Emoto. Beispiele: Kristallabbildungen in diesem Buch, weitere können Sie den Schriften Emotos entnehmen. Kristalline Formbildungen durch Programmierung können eindrucksvoll beim Betrachten folgender Bilder demonstriert werden. Die erste Aufnahme des Kristalls stammt von unbehandeltem Wasser. Hier ist die hexagonale Form (Sechseck) im Ansatz gut zu erkennen, somit handelt es sich um ein relativ gutes Trinkwasser. Die zweite Aufnahme zeigt einen Wasserkristall des selben Wassers, nachdem dies mit einem Frequenzharmonisierungs-Stab (Organo) energetisiert wurde. Hierbei wird eindeutig sichtbar, dass die ordnende, harmonisierende Kraft positiv auf die kristalline Struktur des Wassers einwirkt, sich dadurch ein harmonisches Sechseck herausformt, das die erhöhte Wertigkeit des Wassers verdeutlicht.

Bild 1: Normales Trinkwasser

Dieses Gerät - bestehend aus einer Chrom-Nickel-Hülse - gefüllt mit Quarz- und Bergkristallgranulat und gekapselt mit Messing - wurde mit speziellen Schwingungsmustern programmiert. Diese bioenergetischen Frequenzen sollen deren Träger mit der Natur in

Einklang bringen sowie darüber hinaus Schutz vor Hochfrequenz und Elektrosmog bieten. Bisher musste man an die frequenzverändernde Wirkung und an den Schutz, den sie bietet, glauben oder durch Selbstversuche erfahren. Einen eindeutigen Nachweis hierfür gab es nicht. Der Wissenschaftler Dr. Emoto nahm einen Stab mit in sein Labor, untersuchte dessen Wirkungsweise. Das eindrucksvolle Ergebnis stellen die beiden Abbildungen auf der vorhergehenden Seite, Bild 1 und unten, Bild 2, dar.

Bild 2: Das gleiche Trinkwasser nach Behandlung mit dem Organo

Als ich diese Aufnahmen sah, stand für mich fest: Genauso wie dieser Stab auf das Clustering des Wassers verändernd einwirkt, können andere Impulsgeber ebenfalls in differenzierter Weise auf uns Einfluss nehmen. Die Auswirkung hängt nur von der Konditionierung ab. Mit den beiden vorliegenden Bildern ist eindeutig der Beweis erbracht: **Leben bedeutet Schwingung.** Licht ist Schwingung, somit Welle und Korpuskel zugleich. In Bezug auf uns als „Lichtwesen" bedeutet dies: **Die Frequenzen, von denen wir uns leiten lassen, bestimmen die Umstände unseres Lebens.** Und als denkende Wesen sind wir nur von uns selbst abhängig. Ein sich seiner Stärken bewusster Mensch baut Gedanken der Zuversicht, des Vertrauens auf und korrespondiert somit ausschließlich mit Schwingungsmustern dieser Art. Für die Erzeugung harmonisierender, schützender Frequenzen sind Geräte nicht unbedingt erforderlich. Wir können diese Resonanzfelder auch mental z.B. durch Gebet aufbauen.

Aber noch befinden wir uns in einer Übergangsphase des Wissens. Noch ist in den allermeisten Menschen das tiefe Vertrauen zur eigenen Kraft nicht so gefestigt, dass sie Umpolungen allein mit der Kraft ihrer Gedanken herbeiführen können. Solange wir diese Mentalkraft nicht verinnerlicht haben, solange bedeutet der Gebrauch technischer Hilfsmittel eine sehr gute Unterstützung. Auf den berühmten Punkt brachte der Wissenschaftler Professor Dr. Albert Popp das oben Geschilderte, mit seinen Worten: Der Mensch ist weder Vegetarier, noch Fleischesser,

DER MENSCH IST EIN LICHTSÄUGER

Einen Lebensstil, der sowohl die materielle als auch die geistige Seite mit einbezieht, pflegen die Anthroposophen.
Ihre Lebensphilosophie basiert auf der Lehre Rudolf Steiners. Der zentrale Punkt des Weltbildes der Anthroposophen ist das Konzept der Evolution: **Alles Leben steht in einem Prozess der Veränderung, Transformation und Metamorphose.**
Aus dem Verständnis der Geisteswissenschaft und dem Wissen um kosmische Kräfte haben Anthroposophen einen Lebensstil entwickelt, der sich an der Natur und ihren Gesetzen orientiert. Die Erzeugung von natürlichen Lebensmitteln ist genauso selbstverständlich wie gesunde Ernährung und ein Leben ohne Exzesse.
Mittlerweile haben schon Viele erkannt: Wer in seiner Arbeit nicht nur den materiellen Aspekt sieht, sondern auch die geistigen

Werte, der hat naturbedingt auch eine stabilere Psyche. Dieser Mensch lebt gesünder, sein Umfeld ist zwangsläufig friedlicher.

Dass die Einstellung dem Leben gegenüber und somit auch der Lebensstil Einfluss auf die Gesundheit haben, beweist eine Studie vom September 2001, die in Schweden gemacht wurde. Diese Studie belegt, dass Kinder aus Waldorfschulen weniger oft Infektionskrankheiten bekommen, als Kinder anderer Schulen.

Lebensstil und Allergieprävention von Jackie Swartz.

Um den informativen Rahmen dieses Buches nicht zu strapazieren, komme ich ganz kurz auf die Aussagen Steiners in Bezug auf die heutige Zeit.

Rudolf Steiner bezeichnet das aktuelle Zeitalter, als das Zeitalter der Bewusstseinsseele. Er meint damit eine Zeit, in der wir uns zunehmend unserer Seele, unserer Individualität, unserer Spiritualität bewusst werden. Diese neue Bewusstheit wird, so Steiner, eine Verbindung von Wissenschaft, Kunst und Religion auf höherer Ebene fördern.

Nach Steiner wird sich eine neue Wissenschaft zunehmend für geistige Kräfte und Wesen interessieren und weniger allein an den mechanischen, materiellen, statistischen Aspekten des Lebens verhaftet sein. Die geistige Seite, so wird man erkennen, ist die eigentliche Grundlage des wirklichen Lebens und somit auch die Grundlage unserer Gesundheit.

Betrachten wir in diesem Zusammenhang die in den unterschiedlichsten Kapiteln des vorliegenden Buches zitierten Wissenschaftler, so stellen wir verwundert fest: Die von Steiner vorhergesagte Zeit ist mit großen Schritten im Werden – freuen wir uns darüber.

Wer sich mit der Anthroposophie Rudolf Steiners näher befassen möchte, findet unter der Rubrik „Bezugsquellennachweis" eine Kontaktadresse. Wie wir im Kapitel „Wege aus der Krise" erfahren haben, sind unser Lebensstil zu 40 % und die persönlich passende Ernährung ebenfalls zu 40 % für unsere Gesundheit verantwortlich. In diesem Kapitel wurde bei der Überlebensstrategie der Apfelbäume sichtbar, dass die Chance der Anpassung an veränderte Umweltbedingungen durch die richtige Nahrung verbessert werden kann. Dies sollte uns zu denken geben, denn gerade in der heutigen Zeit kommen auf uns Menschen vermehrt Veränderungen - teils technischen, teils kosmischen - Ursprungs zu. Das bedeutet: Unsere Anpassungsfähigkeit wird auf eine harte Probe gestellt. Ein Zeichen dafür, dass wir uns an veränderte Umfeldbedingungen nicht genug angepasst haben, können Krankheiten sein. Wir werden durch sie aufmerksam gemacht, unser Verhalten und unsere Denkweise zu überprüfen, und wenn möglich, neu auszurichten.

Mit anderen Worten:

„Die Essenz des Lebens ist der Wandel"

Energie und Leben
Kräfte aus dem Kosmos tanken

Es gibt keinen Fortschritt
um uns
ohne Fortschritt
in uns

Franz Alt

Wir haben einen weiten Bogen gespannt von unserer Ernährung über BSE, Salz, Wasser und Apokalypse bis zur Philosophie, zu Lebensstil und Selbstbewusstsein. In jedem dieser Abschnitte wurde das Thema „Leben und Anpassung" aus einer anderen Perspektive definiert. Nun, am Schluss dieses Buches, haben wir einen größeren Überblick und wollen diesen nutzen, um die Frage

„Ist Leben Anpassung?" zu beantworten. Es steht fest: Alles um uns herum befindet sich in Fluss, bewegt sich also in Kreisläufen. Dauerhafte Statik gibt es nicht. Das gilt für alles in und um uns herum, selbst für unsere Umwelt. Diese Kreisläufe können unsere Gesundheit und unser Leben fördern, aber auch mindernde Inhalte ausweisen. Betrachten wir den jetzigen Erdenzustand, dann wird uns mit Entsetzen klar: In diesem Umfeld hat der Mensch keine Chance, weiter in der gewohnten Lebensweise zu existieren.

Das geht auch aus langjährigen Forschungsarbeiten der Universität Boston hervor. Diese sagen aus: Das Wasser unserer Erde ist je nach Ort und Lage bis zu 1000 Metern Tiefe mit bis zu 40 Schadstoffen belastet. Darunter befinden sich diverse Hormone und teilweise sogar bis zu 20 hochgiftige Dioxinvarianten. Als Hauptverursacher wurde der saure Regen ausgemacht. Das bedeutet: Bereits die erste Grundwasserstufe unserer Erde ist tangiert, und es ist kaum noch möglich, ein von Umwelteinflüssen unbelastetes Wasser zu bekommen. Entsprechend den Vorstellungen über ein gesundes Leben, ist reines Wasser die Lebensgrundlage schlechthin. Selbst Salz erhält erst seine Wertigkeit durch Wasser. Global durchgeführte Untersuchungen über den Elektrosmog brachten zutage, dass wir es auch auf diesem Gebiet mit erheblichen Strahlenbelastungen zu tun haben. Wir können betrachten, was wir wollen - überall die gleichen Parameter. Belastungen hier, Störungen da und Vergiftungen dort. Mittendrin der Mensch mit seinen realitäts- und lebensfeindlichen Vorstellungen. Unbewusst ahnen viele die Gefahr, in der wir uns befinden.
Ungeachtet aller Bedrohungen ist aber jeder bestrebt, seinen gewohnten Lebensstil beizubehalten, und geht von der Annahme aus, es werde schon nicht so schlimm kommen. Dieses Verhalten ist es, was uns daran hindert, aus den herrschenden Missständen problemloser heraus zu kommen. Dieses Verhalten ist auch der Grund dafür, dass so viele Menschen den Heilsversprechungen selbst ernannter Gurus folgen und glauben, dass diese einen mü-

helosen Weg aus allen Irrungen gefunden hätten. So können sich diese Lehren anhören: Du musst nur positiv denken, nur die eine oder andere Diät einnehmen, denke reich und du bist reich, ich habe das Salz oder das Wasser des Lebens gefunden usw.

Alle Heilsversprecher haben eines gemeinsam: Sie wollen selbstverständlich sehr viel Geld für ihre Versprechungen. Aber so einfach ist es eben nicht. Ohne Einsatz und Mühe ist der Erfolg - in diesem Fall unser Überleben - nicht zu bekommen. Wichtig ist, sich in den Fluss der kosmischen Energiekreisläufe einzuklinken. Für Energie im allgemeinen gilt, dass sie sich niemals verbraucht, sondern sich ständig neu formt. Dies gilt ebenso für kosmische Energie und somit auch für ein Leben nach unserem Verständnis. Wir können das auch so ausdrücken:

Leben ist auf Überleben ausgerichtet!

Wie die Natur mit derartigen Umständen umgeht, haben wir schon im Kapitel „Brennpunkt Zukunft" erfahren. Hier sollen noch einige weitere Beispiele zu einem besseren Verständnis für Anpassungsfähigkeit gegeben werden. Antibiotikum: ein Stoff, der gegen das Leben gerichtet sei - so wurde es stereotyp behauptet. Aber gegen welches Leben? Zum Erschrecken all jener, die unisono diese Behauptung verbreiteten, haben sich aufgrund jahrzehntelanger unkontrollierter Verabreichung dieses Medikaments Bakterienstämme entwickelt, die ausgerechnet diesen „gegen das Leben gerichteten" Stoff als Nahrung für **ihr Überleben** benötigen! Umweltforscher haben Bakterien - Aminosäureverbindungen - , also Eiweißstoffe, die wir als Leben bezeichnen, in 800°C heißen und vollkommen sauerstofffreien Schwefelquellen entdeckt. Also, Leben ist demnach auch in für unsere Begriffe unvorstellbar heißem Terrain und darüber hinaus auch noch ohne Sauerstoff möglich! Sonnenlicht, so wurde gelehrt, dringe nicht bis in die Tiefen der Meere vor. Wie überraschte es die Meeresbiologen, als diese noch in Tiefen von 6000 Metern auf Leben stießen! Nicht etwa auf winzige Einzeller, nein, auf große farbenprächtige Tiere und Pflanzen, die dort in Massen vorkommen.

Beispiele dieser Art gibt es noch viele, und es kommen täglich neue hinzu. Sie alle lassen eines ganz deutlich werden: Die heute noch vorherrschende Vorstellung über das Leben müssen wir revidieren. Die genannten Beispiele haben deutlich gemacht: Was für die eine Spezies Leben bedeutet, kann für die andere Lebensform das Gegenteil sein. Die Konsequenz aus den Ausführungen ist: Es gibt kein gegen das Leben gerichtetes Verhalten! Es gibt nur ein Verhalten, das Bedingungen, die wir zum Überleben benötigen, verändert! Anders ausgedrückt: Bleiben wir bei unserem derzeitigen Verhalten, werden neue Lebensformen kreiert. Ob es uns gelingen wird, uns diesen neuen Lebensbedingungen anzupassen, muss jeder für sich selbst beantworten. In unserer jetzigen physischen und psychischen Verfassung, so hat es den Anschein, wird es nicht gelingen. Interessant ist in diesem Zusammenhang nach Aussagen von Archäologen, sollen etwa 97 % aller je auf der Erde existierender Lebewesen wieder ausgestorben sein. Vermutlich hatten sie die Anpassung an sich verändernde Umweltbedingungen nicht geschafft. Wäre es zum Schaden der Natur, wenn der eigensinnige, zur Selbstsucht neigende „homo sapiens" wieder von der Bildfläche verschwinden würde?

Was ist zu tun?
Lernen wir auch in diesem Fall von der Natur. Wie diese die Anpassung an die von uns Menschen verursachten Veränderungen schafft, war im vorigen Kapitel zu lesen, über andere Maßnahmen berichteten wir gerade. Im Buch „Ernährungsgeheimnisse" wurde erwähnt, wie sich Bäume an Störfelder mit Hilfe der Formveränderung anpassen können. Darauf möchte ich kurz eingehen. Tatsache ist: Bäume können ihren Standort nicht wechseln und somit einem Störfeld nicht ausweichen. Hierbei kann es sich um eine Wasserader, eine Elektroleitung oder einen Richtfunkstrahl han-

deln. Wie sieht die Strategie dieser Bäume aus? Sie bilden mit ihren Ästen eine Ypsilon-Form. Mit dieser Form ist es ihnen möglich, vermehrt kosmische Lebensenergie zu empfangen, die ihnen
dabei hilft, Schwächungen zu kompensieren.

Bäume die auf störzonenfreiem Terrain wachsen und genügend Nahrung erhalten, bilden dagegen gut geformte, harmonische Kronen aus.

Übrigens: Was für Pflanzen gilt, ist auch dem Menschen möglich. Stellen Sie sich einmal in einer alten Kirche an den Altar. Bilden Sie mit erhobenen Armen eine Ypsilon - Form. In den Händen werden Sie eine fließende Kraft und/oder ein leichtes Prickeln verspüren.

Was die Natur mit den ihr zur Verfügung stehenden Mitteln kann, das können wir - teilweise - und vorübergehend - mit spezieller Technik erreichen. Wir können Geräte bauen, die harmonisierende Wirkung auf Frequenzen und somit auf uns ausüben. Viele namhafte, ernst zu nehmende Physiker haben auf diesem Gebiet Hervorragendes geleistet. Funktion und Wirkungsweise eines dieser Geräte wurden im vorigen Kapitel dargestellt und anhand von vergleichenden Wasserkristallaufnahmen demonstriert. Es wird immer eindeutiger, die gesamte Anpassung in der Natur läuft vermutlich über Formen ab. Erich Körbler hat dies ermittelt, indem er die differenzierte Wirkung unterschiedlichster Formen feststellte. Nach ihm übt z.B. das Achteck eine ordnende, das Sechseck eine harmonisierende und das gleichschenkelige Kreuz eine positive Wirkung aus. Körbler bezeichnet dagegen das ungleichschenkelige Kreuz als „Leidenskreuz". In der Antike wurde es Kreuz der Materie genannt. In seiner neuen Homöopathie stellt Körbler ein Heilverfahren vor, das mit Hilfe geometrischer Formen heilend auf Krankheiten einwirkt. Rupert Sheldrake kommt in seinen Forschungsarbeiten zu dem Schluss, dass das „Gedächtnis der Natur" über Veränderungen der Kristallgitterformen abläuft. Es ist durchaus vorstellbar, dass die Wirkung der Edelsteine unter anderem auf deren kristalliner Struktur beruht. Wie dies funktioniert, zeigen die Wasserkristallaufnahmen in eindrucksvoller Weise. Alles, selbst der „Äther", ist von einem „Kristallgitter" durchzogen, auf das wir bewusst oder unbewusst mit Worten und Gedanken verändernd einwirken. In diesem Geheimnis wird die unvorstellbare Kraft offenbar, die in uns liegt.

Als Menschen sind wir vermutlich die einzigen Wesen dieser Erde, die mit einer starken mentalen Kraft ausgestattet sind. Dieser Kraft wurde bisher wenig Bedeutung beigemessen. Die Verseuchung der Erde, scheint es erforderlich zu machen, diese Mentalkraft besser zu trainieren. Vermutlich werden wir zukünftig nur durch den aufbauenden Einsatz unserer Mentalkraft Überlebenschancen haben.

In Bezug auf diese Kräfte waren wir in der Vergangenheit auf den Glauben angewiesen. Blinder Glaube ist nicht unbedingt ein Fundament, auf das eine Lebensphilosophie aufgebaut werden kann. Glaube mit Wissen gepaart - das ist jene Kraft, die es uns ermöglicht, „Berge zu versetzen". Wenn wir vor diesem Hintergrund Wasserkristallaufnahmen betrachten, können wir mit eigenen Augen die manifestierenden Kräfte unserer Gedanken, Worte --- Gebete erleben. Hier wird blinder Glaube zu Wissen, und durch dieses Wissen entsteht in uns eine starke Überzeugung. Nun ist es auch möglich, die Frage **„Ist Leben Anpassung?"** zu beantworten. Weil Leben ein einziges Fließen ist, und - wie wir aus der Physik wissen - Fließen ein Ausweichen bei Widerständen ermöglicht, ist das Leben ein Anpassen an ständig wechselnde unterschiedliche Bedingungen. Ein sanftes, gewaltloses Anpassen, das im Einklang mit den Naturgesetzen steht - das ist der Königsweg, den wir zu beschreiten lernen müssen. Die Fertigkeit, diese Kunst zu beherrschen, erreichen wir unter anderem durch das Gebet.

Zum Einstimmen auf diese Kunst finden Sie auf der folgenden Seite ein uns allen vertrautes Gebet in eigener Interpretation. Es ist bekannt, dass dieses Gebet eine der höchsten Schwingungen erzeugt. Ich habe versucht dieses Gebet so zu gestalten, dass es jeder beten kann, egal welcher Konfession er angehört.

Gebet

Unser Vater der Du bist
Geheiligt werde Dein Name
Dein Reich komme
Dein Wille geschehe auf allen Ebenen des Seins

Gib uns unser tägliches Brot
Vergib uns unsere Schuld
So wie auch wir vergeben unseren Schuldnern

Führe uns in der Versuchung und
Befreie uns von allen Haftungen

In Dir ist die Macht und die Kraft der Erneuerung
In Ewigkeit.

Dieser wunderschöne Kristall formte sich nach dem Gebet eines Priesters.

Quelle: „Gebet" aus „Die Botschaft des Wassers" Band I, Masaru Emoto

Wer durch Gebet zu jener Kraft gelangt, alle äußeren Widerstände in sich zu integrieren, der hat die Meisterschaft des Lebens erreicht. Er hat jenen Stein der Weisen, den die Alchimisten seit Jahrtausenden im Außen suchen, in seinem Inneren gefunden.

Umfassender Rezeptteil
Küchenprofis und ihre Rezepte

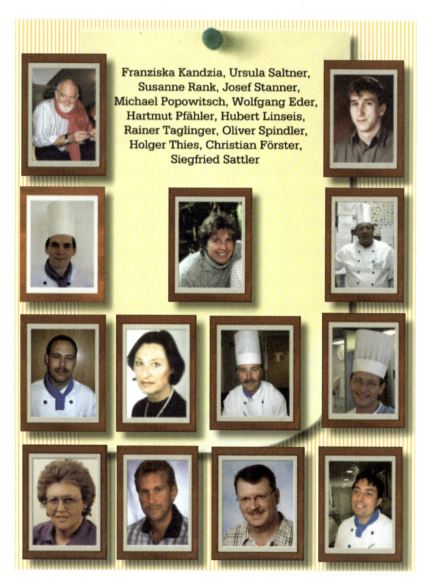

Franziska Kandzia, Ursula Saltner,
Susanne Rank, Josef Stanner,
Michael Popowitsch, Wolfgang Eder,
Hartmut Pfähler, Hubert Linseis,
Rainer Taglinger, Oliver Spindler,
Holger Thies, Christian Förster,
Siegfried Sattler

Wie wir im Kapitel „Die Weisheit des Kochens" gesehen haben, ist Kochen mehr als ein gedankenloses Zusammenstellen von Rohprodukten. Der Einfluss des Kochs über sein „Werk" auf den Gast ist, wie wir ebenfalls erfahren haben, von ausschlaggebender Bedeutung. Dieser Tatsache wird noch viel zu wenig Rechnung getragen. Dass wir es beim Kochen mit lebendigen Vorgängen, also mit Zusammenhängen des Lebens, zu tun haben, erkennen wir ganz deutlich beim Zubereiten eines Brot- oder Hefeteigs. Wird hier mit Missmut oder Hektik an die Arbeit gegangen, erzielen wir schlechte Ergebnisse. Zerstörend auf lebendige Vorgänge wirken wir ebenfalls beim Braten in zu heißem Fett oder beim Garen unter zu hohem Druck sowie in der Mikrowelle. Kochende Menschen fügen „Teile des Lebens" zu einem Ganzen zusammen. Sie sind an einem alchymischen Prozess beteiligt, bei dem die Essenz ihrer Emotionen über die Speisen auf den Verzehrer übergeht.

Wie Gerichte aussehen können, die von Köchinnen und Köchen kreiert wurden, die sich dieser Verantwortung bewusst sind, sehen Sie am Aufbau der nachfolgenden Rezepte.

Vorspeise
Ziegenquark im Paprikamantel mit Thymianhonig auf
Ruccola-Löwenzahnsalat.
Rezept für 4 Personen

Quark
350 g Ziegenquark
1 Zehe Knoblauch
2 rote Paprikaschoten
2 El kalt gepresstes Olivenöl
2 Msp Natursalz
1 Msp Galgant
etwas Mutterkümmel
gemischter Pfeffer aus der Mühle

Salat
140 g junge Löwenzahnblätter
110 g Ruccola
50 g Gänseblümchen

Salatdressing
1 El Mandelöl
1 Tl Honig
2 El Traubenkernöl
2 Tl Eisweinessig
1 El eingehackte Gartenkräuter
Natursalz
bunter Pfeffer aus der Mühle

Zubereitung

Dressing: Alle Zutaten in einer Schüssel gut verrühren und nach Geschmack herzhaft würzen

Quark: Paprikaschoten waschen, vierteln und Kerngehäuse entfernen. In kleinen Topf geben, mit Olivenöl beträufeln, Thymian und geschnittene Knoblauchzehe dazu geben, mit Natursalz und Gewürzen abschmecken. Im Backrohr bei 200°C ca. 30 Minuten im abgedeckten Topf schmoren lassen. Die harte Schale von der Paprika abziehen und 4 ausgefettete Timbale (kleine Tassen) damit auskleiden. Ziegenquark mit fein geschnittenem Thymian und Honig vermengen und mit der Schmorflüssigkeit verrühren. Die abgeschmeckte Masse in die Formen füllen und kalt stellen.

Salat: Salatmischung waschen, Löwenzahn- und Ruccolablätter auf einen Teller legen, mit Dressing beträufeln, den Ziegenquark darauf stürzen, mit Gänseblümchen dekorieren, die ebenfalls mit Dressing beträufelt werden.

Arbeitsschritte
1. Paprika zubereiten
2. Dressing herstellen
3. Quarkmasse herstellen und in Formen füllen
4. Salatmischung waschen und anrichten, mit Dressing beträufeln
5. Quark stürzen, mit Blüten dekorieren, mit Dressing beträufeln und servieren

Zubereitungszeit: 40 Minuten Schwierigkeitsgrad: mittelschwer

Tipp: Um die Paprika bekömmlicher zu machen, ½ Apfel mitkochen und unter den Quark geben.

Suppe
Fenchelkraftbrühe mit Flan von Meeresalgen
Rezept für 4 Personen

Fenchelbrühe
1 Ltr. Wasser
500 g Fenchelknollen mit Grünzeug
50 ml Pernod
2 Schalotten
50 g Liebstöckel
100 ml Weißwein
30 ml Olivenöl
150 g Palmfett (ungehärtet)
1/2 Tl Galgantpulver
1/2Tl Bertrampulver
Natursalz

Flan
100 g Dulse
100 g frische Sahne
2 Freilandeier

Zubereitung

Schalotten schälen und ganz fein würfeln. Fenchel waschen und putzen das grüne Kraut abschneiden und aufheben. Eine Fenchelknolle halbieren, in hauchdünne Scheiben schneiden und in der Pfanne bei 160°C im Palmenfett resch ausbacken.

Den restlichen Fenchel klein schneiden. Die Schalotten im Oliveröl anschwitzen, geschnittenen Fenchel und gehackten Liebstöckel hinzu fügen, mit Pernod und Weißwein ablöschen. Gewürze und Salz dazu geben, mit Wasser auffüllen, langsam köcheln und am Herdrand garen lassen. Dulse gut wässern und kurz blanchieren, mit kaltem Wasser abschrecken und zusammen mit der Sahne und den Eiern im Mixer pürieren. Die Masse in ausgebutterte Förmchen füllen und bei ca. 90°C im Wasserbad pochieren, bis sie fest ist. Suppe abschmecken, auf Teller anrichten, den Flan aus den Formen stürzen und in die Brühe geben. Die warmen Fenchelchips hineinstecken, das Ganze mit dem Fenchelkraut verzieren.

Arbeitsschritte
1. Suppe herstellen
2. Fenchelchips ausbacken und auf einem Tuch warm halten

3. Algen wässern
4. Sahne mit Eiern und Algen mixen
5. Formen ausfetten, Masse einfüllen und im Wasserbad pochieren
6. Suppe anrichten

Zubereitungszeit: 40 Minuten; Schwierigkeitsgrad: mittelschwer

Tipp: *Zur Geschmacksverbesserung empfehlen wir eine Würze ohne Glutamat und jodiertem Salz (z.B. Hügli Bio-Clarion)*

Hauptgericht
Gedämpftes Rotbarschfilet auf Brennnessel-Mangoldbett mit Zitronengrasschaum und Kartoffel-Mandelpüree
Rezept für 4 Personen

Fisch
4 Fischfilets a´ 180 – 200 g
1/2 Zitrone
1/8 Ltr. Weißwein
1/2 Zwiebel
Natursalz
1 Lorbeerblatt
Natursalz

Gemüsebett
400 g Brennnesseln
500 g Mangold
2 Schalotten
30 g Sauerrahmbutter
Pelargoniengewürz
Muskatnuss

Kartoffel-Mandelpüree
600 g mehlige Kartoffeln
80 g Mandelstifte
30 g Sauerrahmbutter
1/8 Ltr. süßer Rahm
Natursalz

Sauce
2 Stängel Zitronengras
Saft 1/4 Zitrone
2 El Dinkelmehl Type 1050
1/8 Ltr. Weißwein
2 El Mandelöl
1/16 Ltr. frische Sahne
1/2 Ltr. Wasser
1 Schalotte

Zubereitung
Kartoffeln, schälen und in wenig Wasser kochen, zwischenzeitlich Fischfilets marinieren und beiseite stellen. Gemüse waschen und grob

schneiden. Schalotten fein würfeln, in Butter anschwitzen, das Gemüse dazu geben, würzen und bei ganz schwacher Hitze im abgedeckten Topf langsam garen lassen. Die Zwiebel schneiden, zusammen mit dem Wein und dem Lorbeerblatt in eine Reine geben. Aufkochen und den marinierten Fisch drauflegen, abdecken und im Rohr bei 160°C ca. 30 Minuten garen. Zwischenzeitlich Mandelöl im Topf erhitzen, die Schalottenwürfel und das Zitronengras dazu geben, anschwitzen, Dinkelmehl hinein geben, solange anschwitzen bis ein kuchenähnlicher Duft aufsteigt. Dann mit Wasser auffüllen, gut durchkochen (8 Minuten), Weißwein hinzu fügen, durchrühren, Zitronengras entfernen, mit dem Mixstab gut durchmixen und ruhen lassen. In die fertigen Kartoffeln Butter und Sahne hinein geben. Mit dem Stab pürieren. Mandelstifte in der Pfanne bräunen und unter das fertige Püree heben. Sauce vollenden, indem unter Mixen mit dem Stab die Sahne darunter gemixt wird und zum Schluss der Zitronensaft.

Anrichten
Mangold-Brennnesselgemüse auf die eine Tellerhälfte geben, Fisch darauf legen und mit der Sauce übergießen. Püree auf die andere Tellerhälfte dressieren.

Arbeitsschritte
1. Kartoffeln schälen und auf den Herd setzen
2. Gemüse waschen, schneiden und aufsetzen
3. alle Schalotten und Zwiebel würfeln
4. Filets marinieren
5. Fisch in den vorgeheizten Ofen schieben
6. Sauce fertigen
7. Püree fertigen
8. Anrichten
9. Sauce vollenden und über den Fisch geben

Zubereitungszeit: 45 Minuten; Schwierigkeitsgrad: mittelschwer

Tipp: Dieses Gericht eignet sich gut zum salzlosen Kochen. Es muss nur mit dem Sole-Sprüher individuell am Tisch gesalzen werden.

Nachspeise
Papaya-Feigen-Strudel an Holundersauce
Rezept für 4 Personen

Strudelteig
300 g Dinkelmehl Type 1050
150 ml lauwarmes Wasser
2 El kalt gepresstes Mandelöl
80 g flüssige Butter
Natursalz

Füllung
2 ganze Papayas
8 Feigen
50 g Marzipanrohmasse
50 g Eiweiß
100 g Kokosflocken

Holundersauce
300 g frische Holunderbeeren
4 ganz süße, reife Feigen
100 ml roten Portwein
100 ml Madeira
100 g Zucker
100 ml Kefir
einige Minzeblätter

Zubereitung

Die Zutaten für den Strudelteig vermischen und so lange gut durcharbeiten, bis sich der Teig von der Tischplatte löst. In Tuch einpacken und an kühler Stelle ruhen lassen. Papaya schälen, entkernen, ½ Frucht als Garnitur beiseite legen. Den Rest würfeln. Die Feigen vierteln. Eiweiß mit einer Prise Salz steif schlagen und mit Marzipan zu einer Masse zusammenfügen. Dann Fruchtwürfel, Marzipan-Eimasse und Kokosflocken miteinander vermengen.

Teig mit dem Rollholz dünn auswalken. Anschließend mit beiden Handrücken auf einem Tuch hauchdünn ausziehen. Mit der flüssigen Butter einpinseln. Die Füllung darauf verteilen und das Ganze einrollen. Die Seiten einklappen, nochmals mit Butter bepinseln. Im vorgeheizten Backrohr bei 180°C ca. 30 Minuten backen. Dann die Feigen schälen und zusammen mit den Holunderbeeren, Portwein, Madeira und Zucker verkochen. Anschließend mittels Teigschaber durch ein Haarsieb passieren.

Anrichten

Holundersauce auf die Teller füllen, Strudel mit Puderzucker bestreuen und in Portionen geteilt auf die Sauce setzen. Die seitlich sichtbare Sauce mit dem Kefir marmorieren. Rest der Papaya in Fächer schneiden und dekorativ auf den Teller legen. Als Abschluss mit Minzeblättern belegen.

Asien-Power
Gebratene Riesenscampi auf Chinakohl-Gurkenbett,
Streifen aus frischen Algen
Rezept für 4 Personen

Salat	Dressing
250 g Chinakohl	2 EL pikante Sojasauce
1 Schlangengurke	1 El Zitronensaft
100 g frische Wakame	1 Tl Honig
1 Tl Sole	1 Knoblauchzehe
40 g frischer Schnittlauch	2 El Sesamöl
8 Speiselilienblüten	Natursalz, etwas Galgantpulver

4 Riesenscampis oder 250 g Garnelen
1 Prise Natursalz
etwas Zitronensaft
40 gr eingelegter Ingwer
1 El Olivenöl

Zubereitung

Salat: Gurke schälen, der Länge nach halbieren und in feine Scheiben schneiden, in eine Schüssel geben und mit der Sole begießen. Chinakohl waschen und in ganz feine Streifen geschnitten auf die Gurken geben. Wakame gut wässern, ca. 2 bis 3 Minuten in ganz wenig Wasser kochen lassen, kurz in kaltem Wasser (Eiswasser) abschrecken. Anschließend in feine Streifen schneiden und zu dem Salat hinzufügen. Die Dressingzutaten hinzugeben, den Salat gut durcharbeiten und ziehen lassen. Die Scampis oder Garnelen mit Natursalz und Zitronensaft marinieren, in nicht zu heißem Öl braten. Die Scampis aus der Pfanne entfernen und

den in Streifen geschnittenen Ingwer im Bratensud anschwenken.
Den Salat auf Teller anrichten, die Scampis darauf geben, mit dem Löffel etwas Ingwer darauf geben, mit dem feingehackten Schnittlauch bestreuen und mit den Blüten garnieren.

Arbeitsschritte
1. Gurke schälen und mit Sole begießen.
2. Chinakohl säubern, schneiden und zu den Gurken geben
3. Wakame wässern, kochen und schneiden
4. Salat anmachen
5. Scampis marinieren
6. Ingwer und Schnittlauch schneiden
7. Scampis braten
8. Anrichten

Zubereitungszeit: 45 Minuten; Schwierigkeitsgrad: leicht

Tipp: Anstelle der Wakame kann auch Meereslattich genommen werden. Diesen ohne zu kochen in Streifen schneiden. Anstelle der Lilienblüten können auch Speiseastern Verwendung finden.

Nachspeise
Gebackener „Kräutergarten" auf heißen Beeren
Rezept für 4 Personen

Kräuter	Weinteig
1 Bund echte Minze	100 g Dinkelmehl Type 815
1 Bund Salbei	100 ml Weißwein (halbtrocken)
1 Bund Zitronenmelisse	2 Freilandeier
8 Holunderblüten	30 g Vollrohrzucker
1 Ltr. Öl oder 1 kg Palmfett	1/2 Stange Vanille
	500 g frische Beeren
	Saft von 1/2 Limette
	10 g Puderzucker

Zubereitung

Die Beeren mit Limettensaft übergießen, mit Zucker bestreuen und 10 Minuten ziehen lassen. In der Zwischenzeit das Mehl durch ein Haarsieb sieben, mit Wein und den Eidottern verquirlen. Eiweiß mit etwas Natursalz steif schlagen und vorsichtig unter den Teig heben.

Die Beeren im Topf bei schwacher Hitze kurz erhitzen und am Herdrand ziehen lassen. Das Öl oder Palmfett in eine tief gezogene Pfanne geben und heiß werden lassen. Zwischenzeitlich die Kräuter zupfen, kurz unter fließendem Wasser waschen, durch Weinteig ziehen, abtropfen lassen und im heißen Fett gold-gelb ausbacken.

Anrichten

Die heißen Beeren in Tellermitte füllen, die gebackenen Blüten und Kräuter rund herum legen und mit dem Staubzucker bestäuben.

Arbeitsschritte
1. Beeren marinieren
2. Teig anrühren
3. Eiweiß schlagen und unter den Teig heben
4. Beeren erhitzen und Fett aufs Feuer stellen
5. Kräuter putzen, durch den Teig ziehen und ausbacken
6. Dessert anrichten

Tipp: Anstelle der frischen Früchte können auch tief gekühlte Beeren verwendet werden. Um zu testen, ob das Backfett die richtige Temperatur hat, hält man einen Zahnstocher aus Holz in das Fett. Bilden sich kleine Blasen, ist die richtige Hitze erreicht.

Vorspeise
Flugentenbrüstchen auf Ruccola-Dinkelsalat mit
gerösteten Mandeln und Galgantsauce
Rezept für 4 Personen

Salat	Sauce
300 g Ruccolablätter	1 Bund Frühlingszwiebeln
80 g Dinkelkörner	30 g frische Galgantwurzeln
1/2 Zitrone	1 El Mandelöl

3 El kalt gepresstes Mandelöl
30 g Küchenkräuter
50 g Rosinen (ungeschwefelt)
Natursalz, Pfeffer

1/2 El Dinkelmehl Type 1050
150 ml Rotwein
750 ml Wasser
etwas frischen Liebstöckel
etwas Sole

Entenbrüste
2 ausgelöste Flugentenbrüste (aus artgerechter Tierhaltung)
Pfeffer aus der Mühle
1 El ÖL
Sole aus dem Zerstäuber
100 g geröstete Mandelsplitter
4 essbare Blüten

Zubereitung

Dinkelkörner über Nacht in gutem Wasser quellen lassen, und am Tag darauf weich kochen. Rosinen in etwas Wasser kurz aufquellen und erkalten lassen. Dressingkräuter fein hacken, mit Zitronensaft, Öl, Salz und Pfeffer zu einem Dressing anrühren. Galgantwurzel, Liebstöckel und Frühlingszwiebeln waschen und klein schneiden, alles zusammen in einer Pfanne Öl leicht anrösten. Mit Rotwein ablöschen. Zweimal mit Wasser aufgießen und jedes Mal reduzieren. Zum Schluss das Mehl dazu geben, anschwitzen und mit dem restlichen Wasser aufgießen und durchkochen. Zwischenzeitlich die Entenbrüste in der Pfanne von beiden Seiten jeweils 2 bis 3 Minuten anbraten (Hautseite zuerst). Dann auf eine feuerfeste Form legen und im Backrohr bei 200°C auf mittlerer Schiene 10 bis 15 Minuten fertig braten. Während das Fleisch im Ofen gart, die Salatblätter mit den Dinkelkörnern und Rosinen locker auf den Teller legen, mit dem Dressing beträufeln und ziehen lassen. Die Sauce durchsieben, abschmecken und heiß stellen, die Mandeln rösten. Die Haut von den Brüsten lösen, in ganz feine Streifen schneiden und in der Pfanne unter ständigem Schwenken resch werden lassen.

Anrichten

Die Brüste in dünne Scheiben schneiden, auf den Salat legen, mit der Sauce überziehen, die Mandelsplitter und die Hautstreifen darüber streuen und mit den Blüten garnieren.

Arbeitsschritte
1. Dinkel quellen lassen
2. Dinkel und Rosinen kochen und erkalten lassen
3. Sauce anfertigen
4. Entenbrüste braten
5. Sauce passieren und heiß stellen
6. Mandeln rösten
7. Haut resch braten
8. Salat anrichten und marinieren
9. Anrichten

Tipp: *Zum Braten eine Pfanne mit Titanüberzug verwenden, dann wird alles rescher, und die Mandeln bräunen schonender. Das Fleisch nicht salzen, sondern über das angerichtete Fleisch einen Hauch Sole aus dem Zerstäuber sprühen - dies ergibt einen feinen Geschmack, und das Fleisch bleibt viel zarter.*

Suppe
Gemüserahmsuppe mit Tofuklößchen
Rezept für 4 Personen

Rahmsuppe
100 g Sauerrahmbutter
4 El Dinkelmehl Type 815
50 g Sellerie
50 g Karotten
50 g Fenchel
20 g Küchenkräuter
1/2 Zwiebel
150 ml süße Sahne
1 Ltr. Wasser
etwas Pelargonien-Gewürzmischung
Pfeffer aus der Mühle
Natursalz
60 g Schnittlauch

Klößchen
150 g Tofu
4 El Dinkelpaniermehl
2 Freilandeier
1/2 Knoblauchzehe
40 g frische Gartenkräuter
Natursalz
etwas Curry

Zubereitung

Tofu mit dem Mixer pürieren, den fein gehackten Knoblauch, die geschnittenen Kräuter, die Gewürze, Paniermehl und Eidotter gut darunter arbeiten. Eiweiß mit einer kleinen Prise Salz steif schlagen und vorsichtig unter die Masse heben. In einem kleinen Topf etwas leicht gesalzenes Wasser zum Wallen bringen, mit einem Teelöffel kleine Klößchen ausstechen, im Wasser kurz aufkochen und am Herdrand 8 Minuten ziehen lassen. Gewaschenes Gemüse in feine Streifen schneiden, mit etwas Butter in der Pfanne anschwenken, mit etwas Wasser auffüllen und bei schwacher Hitze köcheln lassen. Restliche Butter im Topf schmelzen lassen, Mehl dazu geben und so lange anschwitzen, bis ein kuchenähnlicher Duft aufsteigt. Dann mit dem restlichen Wasser auffüllen, durchkochen und die Gemüsestreifen hinzu fügen, das Ganze kurz aufkochen und die süße Sahne drunter ziehen, zum Schluss abschmecken.

Anrichten

Die Rahmsuppe in vorgewärmte Teller oder Tassen füllen, die Klößchen darauf setzen und mit dem fein geschnittenem Schnittlauch bestreuen.

Zubereitungsdauer: 30 Minuten; Schwierigkeitsgrad: mittelschwer

Tipp: Wenn Fenchel gegen Porree ausgetauscht wird, erhält die Suppe einen typisch deutschen Geschmack. Wer einen kräftigen Gemüsegeschmack bevorzugt, kann die Suppe mit Bio-Clarion ohne Glutamat und ohne jodiertes Salz (z. B. von Hügli) würzen.

Hauptgericht
Mit Tomaten und Käse gratiniertes Seelachsfilet,
dazu Spargelgemüse und Dinkelrisotto
Rezept für 4 Personen

Gemüse	Fisch
800 g ungeschälter Spargel	800 g frisches Seelachsfilet
50 g Butter	100 g geriebener Gauda
4 EL Dinkelmehl Type 815	20 g Butter
1/8 Ltr. süßer Rahm	1 Zitrone, 4 Tomaten, Salatblätter
Muskatnuss, Natursalz	5 g Mutterkümmel, Natursalz

Risotto
250 g Dinkel-Kernotto
1/2 Ltr. Spargelwasser
2 EL kalt gepresstes Öl
1 Zwiebel, Schnittlauch, Petersilie
Griechenklee, Natursalz

Zubereitung

Fischfilets mit Natursalz und Saft von 1/2 Zitrone marinieren und stehen lassen. Spargel schälen, in 4 cm lange Stücke schneiden und in einem Liter Salzwasser 10 Minuten leicht kochen, dann am Herdrand ziehen lassen. In der Zwischenzeit Öl im Topf erhitzen, Zwiebelwürfel leicht anschwitzen, Kernotto darauf geben. Beides zusammen weitere 3 Minuten anschwitzen, 1/2 Ltr. Spargelwasser darauf geben, würzen und bei ganz schwacher Hitze 20 Minuten garen. Zwischenzeitlich den Fisch in eine feuerfeste, ausgefettete Kokotte geben und in das auf 200°C vorgeheizte Backrohr schieben, auf „Grillen" stellen und dort 6 Minuten grillen. Danach mit Tomatenscheiben belegen. Den geriebenen Käse mit dem Mutterkümmel vermischen und über den Tomatenscheiben verteilen. Das Ganze wieder in den auf 160°C herunter gefahrenen Ofen schieben und 10 bis 15 Minuten gratinieren. In der Zwischenzeit Butter im Topf zerfließen lassen, Mehl darauf geben und anschwitzen, bis ein kuchenähnlicher Duft aufsteigt. Von dem restlichen Spargelwasser so viel auffüllen, bis eine gut sämige Sauce entsteht. Kurz durchkochen, mit Sahne, Salz und Muskat verfeinern und den Spargel hinein geben.

Anrichten

Filets auf vorgewärmte Teller geben, mit Salatblättern und Zitronenspalten garnieren. Dinkelrisotto und Spargel extra servieren. Alles mit gehackter Petersilie und Schnittlauch bestreuen.

Zubereitungsdauer: 35 Minuten; Schwierigkeitsgrad: leicht

Arbeitsschritte
1. Filets marinieren
2. Spargel schälen und zubereiten
3. Risotto herstellen

4. Fisch vorgrillen
5. Kräuter schneiden/hacken
6. Tomatenscheiben schneiden, Zitronenecken anfertigen
7. Filets mit Tomaten und Käse belegen
8. Anrichten

Tipp: *Anstelle des Spargels kann auch Topinambur verwendet werden. Zubereitungsart ist die gleiche.*

Nachspeise
Apfel-Quarkauflauf
Rezept für 4 Personen

500 g Magerquark	2 El Rum
500 g säuerliche Äpfel	1 unbehandelte Zitrone
50 g Sauerrahmbutter	100 g Dinkelflocken
150 g Vollrohrzucker	50 g Mandelblättchen
4 Freilandeier	etwas Natursalz
Puderzucker	

Zubereitung

Quark mit den Flocken verrühren und ruhen lassen. Butter mit Zucker, Rum, Eidotter, mit ganz wenig Natursalz und der abgeriebenen Schale der Zitrone mit Mixer schaumig schlagen. Anschließend die Quark-Flocken darunter mischen. Eiweiß mit einer Prise Natursalz steif schlagen und vorsichtig unter die Masse heben.

Äpfel schälen, in feine Scheiben schneiden und die gebräunten Mandelblättchen hinzu geben. In ausgebutterte feuerfeste Auflaufform schichtweise hinein geben - beginnend mit der Quarkmasse, gefolgt von den Apfelscheiben, den Abschluss bildet wiederum die Quarkmasse. Das Ganze im vorgeheizten Backrohr 1 Stunde bei 180°C backen. Vor dem Servieren den fertigen Auflauf mit Puderzucker bestäuben.

Arbeitsschritte
1. Quark-Flocken-Mischung fertigen
2. Masse aufmixen
3. Eiweiß schlagen

4. Masse miteinander verbinden
5. Mandeln rösten, Äpfel zubereiten
6. Form ausfetten
7. abwechselnd Masse und Äpfel in eine Form schichten
8. Anrichten
Zubereitungsdauer: 1 1/2 Stunden; Schwierigkeitsgrad: leicht

Tipp: Zum Auflauf passen sehr gut Fruchtsaucen oder halbgeschlagener Vanillerahm.

Vorspeise
Toskanische Teigtäschchen gefüllt mit püriertem Feta, Pinienkernen und Spinat, dazu Kräutersauce und geriebenen Pecorino
Rezept für 4 Personen

Füllung
250 g Feta
30 g Pinienkerne
100 g Spinat
2 Eigelb
50 ml Schafsmilch
2 El Stärkepulver
je eine Msp. Galgant,
Griechenklee, Mutterkümmel

Teig
300 g Dinkelmehl Type 815
3 Freilandeier
2 EL kalt gepresstes Olivenöl
etwas Natursalz

Kräutersauce
30 g Dinkelmehl
30 g Zwiebeln
40 g Sauerrahmbutter
60 g Wildkräuter (je nach Jahreszeit)
1/8 Ltr. Weißwein
1/4 Ltr Sahne
je 1 Msp. Bertram und Pelargonien-Gewürzmischung
100 g geriebener Pecorino

Füllung: Feta, Pinienkerne, Spinat, Eigelb, Gewürze und Milch ganz fein mixen. Anschließend die Stärke darunter arbeiten.

Teig: Mehl in Schüssel sieben, Eier und Öl dazu geben, alles miteinander gut vermischen und fest durchkneten. In zwei Hälften geteilt, in Tuch einschlagen, eine Stunde ruhen lassen. Danach jedes Teil für sich auf einem mit Mehl bestäubten Backbrett zu einer Fläche von 80 x 20 cm ausrollen. Auf die eine Teigfläche mit dem Teelöffel 20 kleine Häufchen Füllung geben. Die andere Teigfläche vorsichtig darüber legen und rundherum um die Häufchen den Teig gut andrücken. Anschließend mit dem Teigrädchen ausschneiden und im sprudelndem Wasser kochen. Täschchen, die an der Oberfläche schwimmen, mit der Gitterkelle herausheben und auf die Teller geben.

Kräutersauce: Butter im Topf erhitzen, die fein gewürfelten Zwiebeln darin anschwitzen, mit Mehl anstäuben, ca. 1 – 2 Minuten weiter schwitzen lassen, Gewürze hinzu fügen und mit Wein ablöschen. Unter kräftigem Rühren kochen lassen die Sahne langsam darunter ziehen und vom Feuer nehmen. Kurz vor dem Servieren die Kräuter in die Sauce geben.

Arbeitsschritte
1. Nudelteig herstellen
2. Kräutersauce kochen
3. Füllung herstellen
4. Käse reiben
5. Täschchen herstellen, kochen und auf 4 Teller verteilen
6. heisse Kräutersauce darüber geben
7. Käse darüber streuen

Zubereitungsdauer: 3 Stunden; Schwierigkeitsgrad: schwer

Tipp: Dem Kochwasser etwas Öl beigeben, verhindert das Zusammenkleben der Teigtaschen. Etwas Kurkuma-Pulver im Kochwasser verleiht den Teigtaschen eine heitere gelbe Farbe. Die Zwischenräume um die Füllungs-Häufchen herum mit Flüssigei einpinseln, dies verstärkt das Zusammenhalten der Teigränder.

Suppe
Klare Gemüsesuppe mit Dinkel-Wildkräuter-Flädle
Rezept für 4 Personen

Flädleteig
80 g Dinkelmehl Type 1050
2 Freilandeier
10 El Ziegenmilch
30 g Wildkräuter
20 g kalt gepr. Öl
1 Prise Bertram
1 Prise Natursalz

Gemüsebrühe
1 Karotte
80 g Sellerie
60 g Fenchel
30 g Bio-Gemüsebrühe
1 Ltr. Wasser
etwas Muskatblüte

Zubereitung

Flädleteig: Eier in die Schüssel schlagen, fein gesiebtes Mehl und Gewürze hinzu geben, alles zusammen mit dem Kochlöffel gut vermischen. Die Milch nach und nach dazugießen und so lange rühren, bis eine gleichmäßig fließende Masse entsteht. Kräuter fein hacken und unter die Masse heben. Anschließend den Teig in einer leicht mit Öl gefetteten Pfanne zu ganz dünnen Pfannkuchen ausbacken. Gut auskühlen lassen und in feine Streifen schneiden.

Brühe: das Gemüse gut säubern, in kleine Würfel schneiden und im kochenden Wasser 10 Minuten leicht kochen lassen. Mit Gemüsebrühe und Muskatblüte abschmecken.

In die fertige Suppe die geschnittenen Flädle geben und sofort servieren.

Arbeitsschritte
1. Teig herstellen
2. Pfannkuchen backen
3. Gemüse putzen, würfeln und in das kochende Wasser geben
4. Pfannkuchen zu feinen Flädle schneiden
5. in 4 Suppentellern/Tassen anrichten

Zubereitungsdauer: 40 Minuten; Schwierigkeitsgrad: leicht

Tipp: In einer mit Titan beschichteten Pfanne bleiben die Pfannkuchen nicht haften. Aus gesundheitlichen Gründen keine mit Teflon beschichteten Pfannen verwenden.

Hauptgang
Barschfilet auf feinem Gemüsebett
mit Bärlauchschaum, dazu Basmati-Duftreis
Rezept für 4 Personen

Fisch
800 g Flussbarschfilet
2 El kalt gepr. Olivenöl
50 g Schalotten
1/2 Zitrone
etwas Dinkelmehl Type 815

Gemüsebett
60 g Sauerrahmbutter
60 g Frühlingszwiebeln
50 g Pastinaken
150 g junge Möhren
90 g Kohlrabi
100 g Kaiserschoten
60 g Staudensellerie
3 El Weißwein
Natursalz, Pfeffer -Mühle

Bärlauchschaum
50 g Schalotten
40 g Butter
1/8 Ltr. Weißwein
1/2 Ltr. Gemüsefond
60 g Bärlauchblätter
1/4 Ltr. süßen Rahm
3 El geschlagene Sahne
1/2 Limette
Natursalz, Pfeffer aus der Mühle

Reis
1 1/2 Tassen Basmatireis
etwas Olivenöl
Galgant
Bertram
Griechenklee
3 Tassen Wasser

Zubereitung
Fischfilets entgräten, marinieren und ziehen lassen. Das Gemüse putzen, waschen und in kleine Würfel schneiden. In geschmolzener Butter leicht anschwenken, mit Weißwein ablöschen und bei schwacher Hitze garschmoren. Olivenöl im Topf erwärmen, Basmatireis leicht anschwitzen, würzen und mit Wasser auffüllen, abgedeckt ca. 20 Minuten leicht kö-

cheln lassen. Zwischenzeitlich Schalotten fein schneiden, in Butter gla-
sieren, mit Weißwein aufgießen und reduzieren. Dann mit Gemüsefond
auffüllen, zur Hälfte einkochen und den Bärlauch kurz mitkochen lassen. Abschmecken und mit Sahne verfeinern. Das Ganze mit dem Pürierstab so lange zerkleinern, bis es schaumig geworden ist. Am Herdrand warm stellen. Den Fisch im Mehl wenden und im Öl von beiden
Seiten gold-gelb in der Pfanne anbraten, abgedeckt bei schwacher Hitze
garen lassen.

Anrichten
Restsahne aufschlagen und unter den Bärlauchschaum geben. Gemüse
in der Mitte des Tellers anhäufeln. Fischfilet darauf geben. Einen Esslöffel Schaum auf den Fisch drapieren, den restlichen Schaum als Kranz
um das Gemüse legen. Den Reis extra servieren.

Arbeitsschritte
1. Filets marinieren
2. Gemüse herrichten und ansetzen
3. Reis zum Kochen aufstellen
4. Schaum zubereiten
5. Anrichten

Zuberreitungsdauer: 60 Minuten; Schwierigkeitsgrad: mittelschwer

*Tipp: Anstelle des Bärlauchs können auch Wildkräuter Verwendung
finden. Den Reis mit Pelargoniengewürzmischung würzen, dadurch erhält er einen ausgezeichneten Geschmack.*

Nachspeise
Ziegenfrischkäse mit Früchten
Rezept für 4 Personen

500 g Ziegenfrischkäse,
5 EL Vollrohrzucker
500 g Früchte (Himbeeren, Äpfel, Orangen usw.)
2 Limetten, 1/2 Bund Minze
4 Lilienblüten

Zubereitung

Frischkäse mit Limettensaft und Zucker verquirlen. Minze ganz fein hacken und darunter ziehen und nachschmecken. Früchte waschen, klein schneiden, leicht zuckern und so lange stehen lassen, bis sie Saft ziehen.

Anrichten

Obstsalat auf Teller verteilen, nach Belieben mit etwas Alkohol beträufeln. Einen Esslöffel in heißes Wasser tauchen, Käse in Nockerlform ausstechen und auf den Früchten anrichten. Mit Minzeblatt und Blüten dekorieren.

Arbeitsschritte
1. Käse zubereiten
2. Obst waschen und daraus Obstsalat fertigen
3. Minze hacken
4. Anrichten und Dekorieren

Zubereitungszeit: 30 Minuten; Schwierigkeitsgrad: leicht

Tipp: Wald- und Gartenbeeren eignen sich für dieses „Gesundheitsdessert" ebenso wie exotische Früchte. Kandierte Veilchen über die Nachspeise gestreut, verleihen dieser einen mystischen Charakter.

Vorspeise
Dinkelcrêpes mit Seelattich, gefüllt mit Wildkräuterquark
Rezept für 4 Personen

Crêpe
80 g Dinkelmehl Type 815
2 Freilandeier
10 g Sauerrahmbutter
1-2 Tassen Schafsmilch
1 Prise Natursalz
20 g Öl
40 g frischer Seelattich

Quarkfüllung
400 g Naturquark
50 g Wildkräuter
1/8 Ltr. Rohmilch
 Natursalz, Griechenklee, Galgant
8 Kapuzinerkresse-Blüten
10 Blätter vom Eichblattsalat

Zubereitung

Teig für Crêpe: Eier in die Schüssel schlagen, Mehl darauf sieben, Gewürze sowie die gewässerten und fein gehackten Algen hinzu fügen und gut vermischen. Die zerlaufene Butter darüber geben, mit dem Schneebesen verquirlen. Die Milch hinein gießen, alles so lange rühren, bis ein gleichmäßiger Teig entstanden ist. Den Teig 2 Stunden ruhen lassen. Dann in der Pfanne dünne Pfannkuchen ausbacken.

Füllung: Quark mit Milch zu einer geschmeidigen Masse verrühren. Die ganz fein gehackten Kräuter darunter heben. Abschmecken.

Anrichten

Die Quarkfüllung in die warmen Pfannkuchen füllen und rollen. Schräg durchschneiden und auf den Teller legen. Mit Salatblättern und Blüten dekorieren.

Suppe
Leichte Seelattich-Dinkelcremesuppe
mit Schafskäse-Steinpilztäschchen
Rezept für 4 Personen

Cremesuppe
50 g Sauerrahmbutter
50 g frischer Seelattich
2 Schalotten
100 g Dinkelmehl Type 1050
1/8 Ltr. Sahne
20 g Sellerie
20 g Karotten, 20 g Fenchel

Füllung
100 g Schafsfrischkäse
5 g Steinpilzpulver
20 g Sauerrahmbutter
2 Schalotten
1/2 Knoblauchzehe
Natursalz, Mutterkümmel, Muskatnuss

Teig
130 g Dinkelmehl Type 815
3 EL Wasser
1 TL Öl
1 Spritzer Sole
1 Freilandei zum Einpinseln

Zubereitung

130g Mehl in eine Schüssel sieben, mit Wasser, Öl und Sole gut durchkneten. Teig zur Rolle formen, in Tuch einschlagen und 4 Stunden ruhen lassen. Für die Füllung die Butter im Topf zerlaufen lassen und die fein gehackten Schalotten darin anschwitzen. Abkühlen lassen und den Schafskäse darunter heben. Mit Pilzpulver und Gewürzen abschmecken und zum Schluss den fein geriebenen Knoblauch unterrühren.

Den dünn ausgerollten Teig in zwei gleiche Hälften teilen. Die einzelnen Hälften mit Dinkelmehl bestäuben. Auf die eine Teighälfte mit dem Teelöffel kleine Häufchen Füllung verteilen. Die andere Teighälfte mit dem zerschlagenen Ei einpinseln und über den Teig mit der Füllung legen. Den Teig in den Zwischenräumen gut andrücken und mit einem Backring ausstechen. Die Täschchen in 11/2 Ltr. sprudelndem, leicht gesalzenem Wasser 2 bis 3 Minuten garen.

Für die Suppe Butter in einem Topf erhitzen, die Schalottenwürfel darin anschwitzen, die Gemüsewürfel sowie die in feine Streifen geschnittenen Algen hinzufügen und ebenfalls leicht anschwitzen. Das Mehl dazu geben und solange garen, bis ein kuchenähnlicher Duft aufsteigt. Dann mit dem Kochwasser der Teigtaschen aufgießen und gut durchkochen lassen. Zum Schluss abschmecken und mit der Sahne verfeinern.

Anrichten

Suppe in 4 Teller oder Suppentassen füllen und die Teigtaschen hinein geben.

Arbeitsschritte
1. Teig zubereiten
2. Füllung herstellen
3. Täschchen herstellen und kochen
4. Suppe zubereiten
5. Anrichten

Zubereitungsdauer: 40 Minuten; Schwierigkeitsgrad: mittelschwer

Tipp: *Wenn die Suppe kräftiger im Geschmack sein soll, kann mit Bio-Clarion nachgewürzt werden.*

Hauptgang
Auflauf von Topinambur, Karotten, Staudensellerie, Kartoffeln und Wakame mit pikantem Wildkräuter-Dip
Rezept für 4 Personen

Auflauf
200 g Topinambur
150 g Karotten
100 g Staudensellerie
200 g Kartoffeln
30 g frische Wakame
60 g Zwiebeln
40 g Butter
50 g Dinkelmehl Type 1050
50 g Rahm
Natursalz, Muskat

Wildkräuter-Dip
100 g Ziegenfrischkäse
100 g Schafskefir
50 g Wildkräuter
Griechenklee, Bertram, Sole
einen Hauch geriebene,
unbehandelte Limettenschale

30g Butter zum Ausfetten der Form. 150g geriebener Ziegenhartkäse zum Überbacken. Etwas Mutterkümmel zum Darüberstreuen.

Zubereitung
Auflauf: Wakame gut wässern, abtropfen lassen und in einem kleinen Topf 15 Minuten kochen, abkühlen und in Streifen schneiden. Gemüse putzen und kurz unter fließendem Wasser reinigen. Anschließend in dünne Scheiben schneiden, in wenig Wasser halb gar werden lassen. Zusammen mit den Wakamestreifen in eine feuerfeste ausgefettete Form geben. Butter im Topf zum Schäumen bringen, Zwiebelwürfel darin anschwitzen, mit dem Mehl bestäuben und leicht angehen lassen. Mit dem Gemüsewasser aufgießen und zu einer dicken Sauce verkochen. Abschmecken, mit der Sahne verfeinern und über das Gemüse geben. Reibekäse mit dem Mutterkümmel vermischen und über dem Auflauf verteilen. Im vorgeheiztem Backrohr bei 180°C ca. 40 Minuten goldgelb ausbacken.

Dip: Frischkäse und Kefir gemeinsam mit den anderen Zutaten sowie den ganz fein gehackten Kräutern in einer Schüssel gut verrühren.

Anrichten

Der Auflauf wird in der Form serviert. Den Dip extra reichen.

Arbeitsschritte
1. Algen wässern
2. Auflauf herstellen und in das Backrohr schieben
3. Kräuter hacken
4. Dip zubereiten und in Schalen füllen
5. Auflauf aus dem Ofen nehmen und servieren.

Zubereitungszeit: 1 Stunde; Schwierigkeitsgrad: mittelschwer

Tipp: *Anstatt der Wildkräuter können auch Gartenkräuter verwendet werden.*

Nachspeise
Bayrisch Creme mit Agar Agar und frischen Beeren
Rezept für 4 Personen

300 ml Sahne aus silagefreier Fütterung
1 Eigelb aus Freilandhaltung
2 Vanilleschoten
70 g Vollrohrzucker
1 El Kirschwasser
300 g frische Beeren

Zubereitung

Vanilleschoten der Länge nach halbieren und das Mark herausnehmen. Eigelb, Zucker und Vanillemark in einer Schüssel mit dem Handmixer so lange mixen, bis eine helle, schaumige Masse entstanden ist. Agar-Agar-Pulver mit 2 El Wasser verrühren, in einen kleinen Topf geben und mit 1 El kaltem Wasser und dem Kirschwasser auf kleiner Flamme auflösen. Sahne steif schlagen. Einen ganz kleinen Teil der geschlagenen Sahne mit dem flüssigen Agar Agar vermischen, sofort unter die restliche Sahne heben und in Formen füllen, die vorher mit kaltem Wasser ausgespült wurden. Nach 2 Stunden können die Formen gestürzt werden.

Anrichten

Beeren waschen und auf 4 Teller verteilen. Creme kurz in heißes Wasser halten, stürzen und zu den Beeren auf den Teller geben.

Arbeitsschritte
1. Vanille entmarken und mit Ei und Zucker schaumig schlagen
2. Agar Agar aufsetzen
3. Sahne schlagen und Agar Agar darunter ziehen
4. In Formen füllen

Zubereitungsdauer: 25 Minuten; Schwierigkeitsgrad: schwer

Tipp: Formen vor dem Stürzen kurz in heißes Wasser stellen, erleichtert das Herausnehmen. Anstelle von Agar Agar kann auch Gelatine genommen werden.

Vorspeise
Gemüse-Quiche mit Avocado-Salbei-Dip
Rezept für 4 Personen

Teig
160 g Dinkelmehl Type 815
70 g Sauerrahmbutter
3 El Wasser
1 Ei
einige Spitzer Sole
Galgant, Bertram,
Pelargonien-Gewürzmischung
etwas Öl zum Ausfetten

Gemüse
100 g ganz junge Möhren
100 g Zucchini
150 g Frühlingszwiebeln
60 g Blumenkohl
150 g Broccoli
60 g Ziegenhartkäse gerieben
100 ml Ziegenmilch
100 ml Gemüsefond
50 ml Sahne
3 Eier (Freiland)
80 g gelbe Paprikaschote
80 g rote Paprikaschote
Natursalz, Muskatnuss,
Griechenklee, Salatblätter,
Blüten zum Dekorieren

Dip

200 g vollreife Avocados (2 Stück)   1/2 Knoblauchzehe
je 1/2 El Zitronen- und normaler Salbei   Saft von 1/2 Zitrone
etwas Natursalz, bunter Pfeffer aus der Mühle

Zubereitung

Teig: Das Mehl auf eine Steinplatte oder Backbrett sieben. Die gekühlte Butter in kleinen Brocken darüber verteilen, mit den Händen zu einer bröseligen Masse verarbeiten. Ei, Salz, Gewürze und Wasser hinzufügen und sofort gut durchkneten. Den fertigen Teig mit einem Tuch abgedeckt 2 Stunden kühl ruhen lassen. Das geputzte und gewaschene Gemüse gefällig zerkleinern, kurz in ganz wenig Wasser blanchieren (Fond aufbewahren) und gut abtropfen lassen. Avocados halbieren, den Kern entfernen und mit dem Löffel das Fruchtfleisch vorsichtig herausholen. 2 El des Fleisches fein würfeln. Den Rest zusammen mit den Gewürzen, Zitronensaft und Knoblauch mit dem Mixstab pürieren. Anschließend den fein gehackten Salbei darunter heben. Teig ca. auf 5 mm Dicke ausrollen, mit dem Backring ausstechen und in 4 ausgefettete Quicheförmchen (à 11 cm Durchmesser) legen. Das Gemüse einfüllen und mit dem Reibekäse bestreuen. Milch, Gemüsefond, Eier und Gewürze gut verquirlen und über das Gemüse gießen. Im vorgeheiztem Backrohr bei 180°C 15 bis 20 Minuten backen.

Anrichten

Quiche auf Teller setzen, mit Salatblättern und Blüten dekorieren.
Den Dip extra servieren.

Arbeitsschritte
1. Teig herstellen
2. Gemüse reinigen, schneiden und blanchieren
3. Dip zubereiten
4. Teig ausrollen und in Formen legen
5. Gemüse in die Formen geben, Royal darüber gießen, mit Käse bestreuen
6. Backen und sofort servieren

Zubereitungszeit inkl. Teig: 2 3/4 Stunden; Schwierigkeitsgrad: leicht

Tipp: Anstelle von Salbei können auch andere Kräuter genommen werden. Den Teig am Vortag zubereiten, erspart 2 Stunden Zeit bei der Vorbereitung am darauf folgenden Tag.

Suppe
Kürbiskerncreme-Suppe
Rezept für 4 Personen

700 g Kürbis	70 ml Weißwein
100 g Karotten	600 ml Wasser
50 g Sellerie	Saft von ½ Limette
50 g Gemüsezwiebeln	50 g Kürbiskerne
2 Schalotten	2 El Kürbiskernöl
20 g Sauerrahmbutter	1 1/2 El Creme fraiche

200 ml Sahne, Galgant, Natursalz, Muskatnuss, bunter Pfeffer

Zubereitung
Kürbis und Gemüse schälen, in kleine Stücke schneiden. Butter im Topf zergehen lassen, Zwiebel- und Schalottenwürfel anschwitzen. Dann Gemüse hinein geben und ebenfalls mitschwitzen lassen. Mit Weißwein ablöschen und auf die Hälfte reduzieren. Mit Wasser auffüllen, Gemüse weich kochen. Gewürze hinein geben und mit dem Pürierstab ganz fein mixen, Limettensaft hinzu geben und die Sahne langsam darunter mixen. Anschließend durch ein Haarsieb seihen.

Anrichten
Auf 4 Teller oder Tassen verteilen. Als Abschluss mit einem Teelöffel Creme fraiche und Kürbiskernöl in Spiralenform dekorieren sowie mit gerösteten Kürbiskernen bestreuen.

Arbeitsschritte
1. Gemüse, Zwiebeln, Schalotten reinigen ,schneiden und anschwitzen
2. Kürbiskerne rösten
3. Suppe pürieren, würzen und durchseihen
4. In Teller füllen, dekorieren und servieren

Zubereitungszeit: 50 Minuten; Schwierigkeitsgrad: leicht

Hauptgang
Rehkoteletts in Mandelkruste, Birnensauce, Broccoliröschen und Maronen-Gnocchi
Rezept für 4 Personen

Mandelkruste
160 g fein geriebene Mandeln
2 Eigelb
9 cl Sahne
3 cl Weißwein
etwas Natursalz

Birnensauce
120 g Birnen gewürfelt
1 cl Birnenbranntwein
5 cl Rehfond
5 cl geschlagene Sahne
Pfeffer aus der Mühle,
Galgant, etwas Natursalz
30 g kalte Butter

Rehfond
500 g Rehknochen
1 Rosmarinzweiglein
1 ganz kleiner Fichtentrieb
1/8 Rotwein
1/2 Ltr. Wasser
50 g Mirepoixe (Karotten, Sellerie, Zwiebeln)

Maronen-Gnocchi
300 g Kartoffeln
130 g Dinkelmehl Type 1050
100 g Edelkastanienmehl
60 g Butter
2 Eigelb
Muskatnuss, etwas Natursalz

Koteletts
8 Rehkoteletts à 120 g
bunter Pfeffer aus der Mühle
15 g frischer Thymian
4 El kalt gepr. Öl
30 g Sauerrahmbutter

Broccoli
700 g frischer Broccoli
30 g Butter
Muskatnuss

Zubereitung

Rehknochen mit kaltem Wasser aufsetzen, Gemüse, Rosmarin und Fichtentrieb dazu geben. Kurz vor dem Kochen abschäumen. Bei schwacher Hitze einkochen lassen. In der Zwischenzeit Pellkartoffeln kochen, pellen und warm durch ein Sieb drücken. Sofort Mehl darauf sieben, Kastanienmehl, Gewürze und Eidotter hinzu fügen und das Ganze mit dem Holzlöffel gut durcharbeiten, mit dem Tuch abdecken und ½ Stunde kühl ruhen lassen. Dann in 3 cm lange und 1 cm dicke Rollen formen, mit der Gabel Muster aufdrücken und in kochendem, leicht gesalzenem Wasser so lange ziehen lassen, bis sie an die Oberfläche steigen. Mit der Gitterkelle heraus fischen und im kalten Wasser abschrecken. Mit dem Kochwasser den Rehfond auffüllen. Broccoli in Röschen portionieren und in ganz wenig Wasser garen. Rehkoteletts in der Pfanne von beiden Seiten kurz anbräunen und mit gehacktem Thymian bestreuen. Die Mandeln mit Eidotter, Sahne, Wein und Natursalz vermengen, auf die abgekühlten Koteletts streichen und bei 220°C im vorgeheizten Backrohr 3 bis 5 Minuten gratinieren.

In der Zwischenzeit den Sud in der Pfanne, in der die Koteletts gebraten wurden, erhitzen. Die Birnen darin garen, mit Rotwein aufgießen, leicht einkochen, mit Rehfond auffüllen, mit dem Pürierstab gut mixen, Butterflocken darunter ziehen und abschmecken.

Anrichten

Den geschlagenen Rahm unter die Sauce heben und auf die Teller verteilen. Je 2 Koteletts darauf legen. Broccoliröschen auf die eine Seite geben und mit etwas zerlassener Butter bepinseln. Auf die andere Seite die in etwas Butter geschwenkten Gnocchi legen.

Arbeitsschritte:
1. Koteletts schneiden
2. Gnocchiteig zubereiten
3. Broccoliröschen herrichten
4. Koteletts zubereiten
5. Broccoli kochen
6. Fond herstellen
7. Birnen würfeln
8. Gnocchi kochen
9. Sauce fertig stellen
10. Anrichten

Zubereitungszeit: 1 1/2 Stunden; Schwierigkeitsgrad: schwer

Tipp: Den Rehfond in kleine Portionen abfüllen und einfrieren

Nachspeise
Löwenzahn-Parfait mit Zwergorangenragout
Rezept für 4 Personen

Löwenzahnsirup
300 g Löwenzahnblüten
200 g Vollrohrzucker
1/4 Ltr. Wasser

Zwergorangen-Ragout
200 g Orangen
80 g Vollrohrzucker
2 cl Orangensaft
2 cl Grand Marnier

Parfait
2 ganze Eier, 1 Eigelb
50 g Vollrohrzucker
1/8 Ltr. Löwenzahnsirup
3 cl geschlagener Rahm
8 Hippenrollen, Minzeblätter und Orangenblüten zum Garnieren

Zubereitung

Wasser und Zucker bei schwacher Hitze zum Kochen bringen. Vom Feuer nehmen, leicht abkühlen, die gewaschenen Löwenzahnblüten hinein geben. Das Ganze 12 Stunden ziehen lassen. Durchseihen und zu einer dickflüssigen Konsistenz kochen. In der Zwischenzeit die Eier und Dotter mit dem Zucker im Wasserbad schaumig schlagen, kalt weiterschlagen und den Löwenzahnsirup sowie die geschlagene Sahne unter heben und in 4 Formen füllen und für mindestens 6 Stunden in die Tiefkühlung stellen. Für das Ragout Vollrohrzucker in der Pfanne karamellisieren, mit Orangensaft ablöschen, die in kleine Würfel geschnittenen Orangenfilets dazu geben und so lange köcheln lassen, bis eine leicht sirupartige Konsistenz entstanden ist. Mit Grand Marnier verfeinern.

Anrichten

Ragout auf 4 Dessertteller verteilen. Die Formen kurz in heißes Wasser halten und stürzen, das Eis auf die Teller setzen. Mit Orangenragout umgießen und mit Minzeblättern und Orangenblüten verzieren.

Zubereitungszeit: Ohne Wartezeiten 11/2 Stunden; Schwierigkeitsgrad: schwer

Vorspeise
Toskanische Fladen mit Meeresspaghetti, Pecorino und Rauke
Rezept für 4 Personen

Teig
500 g Dinkelmehl Type 1050
30 g Olivenöl erste Pressung
25 g Bierhefe
150 g Schafsmilch
50 g Algensud zum Salzen
etwas Griechenklee

Belag
400 g weicher Pecorino
120 g abgelagerter Pecorino
80 g frische Haricot vert de mer
1 Bündel Rauke

Zubereitung
Zunächst die Algen vorbereiten. Unter fließendem Wasser mit den Fingern die pelzige Schicht entfernen, dann mit ganz wenig Wasser 10 Minuten kochen lassen. Die Meeresbohnen herausnehmen, kurz in kaltes Wasser tauchen und in feine Stücke schneiden. Lauwarme Milch, Hefe, fein gesiebtes Mehl, Öl und Sud verarbeiten. So lange fest kneten, bis daraus ein weicher, elastischer Teig entsteht. In einer Schüssel abgedeckt mit einem Tuch an warmem Ort gehen lassen, bis sich der Teig verdoppelt hat. Den Teig in 4 gleiche Teile teilen und abgedeckt eine weitere Stunde an warmer Stelle gehen lassen. Anschließend ausrollen und eine feuerfeste Form damit auslegen. Nochmals 30 bis 35 Minuten gehen lassen. Vor dem Backen die Algen darauf streuen, mit dem in Scheiben geschnittenen weichen Käse und den Raukeblättern belegen, dann etwas Griechenklee darüberstreuen und abschließend mit dem in Scheiben geschnittenen abgelagerten Pecorino belegen. Für einen weichen Fladen sollte der Teig 1/2 cm hoch und 15 bis 20 Minuten bei 220° C gebacken werden, für einen knusprigen Fladen den Teig flacher ausrollen und nur 10 bis 15 Minuten backen.

Anrichten
Fladen in Dreiecke schneiden, mit frischen Raukeblättern garnieren und auf Platte servieren.

Arbeitsschritte
1. Algen säubern, kochen und schneiden

2. Teig herstellen
3. Käse schneiden
4. Teig ausrollen
5. Teig belegen
6. Backen und Anrichten

Zubereitungsdauer (ohne Ruhezeiten): 45 Minuten; Schwierigkeitsgrad: leicht

Tipp: *Den Teig ausstechen und in kleinen Formen backen*

Suppe
Klare Suppe von grünem Spargel
Rezept für 4 Personen

40 g Bio-Gemüsebrühe ohne Glutamat und jodiertes Salz (Hügli)
1 Ltr. Wasser
1 Tl kalt gepr. Mandelöl
etwas Muskat

Zubereitung
Spargel waschen, in 1 cm dicke Stücke schneiden, und im gewürztem Wasser 15 Minuten leicht köcheln lassen. Spargel mit der Gitterkelle herausnehmen und in 4 Teller/Tassen aufteilen. Suppe abschmecken und über die Spargelstücke gießen. Zum Schluss Mandelöl auf die Suppe geben.

Zubereitungszeit: 25 Minuten; Schwierigkeitsgrad: sehr leicht

Tipp: *Diese Suppe, aus frischem wildem Spargel zubereitet, ist eine Köstlichkeit*

298

Hauptgericht

Hado-Gemüse-Lasagne gefüllt mit Brennnesseln, Topinambur, Karotten, Bärlauch, dazu Schafskefir-Dip mit frischer Dulse

Rezept für 4 Personen

Gemüsefüllung
200 g Brennnesseln
150 g Topinambur
100 g Karotten
150 g Bärlauch
100 g Zwiebeln
50 g kalt gepr. Olivenöl
1/8 Ltr. Rotwein
Algensud zum Salzen
je eine Prise Galgant, Bertram, Muskatnuss

Teig
400g Dinkelmehl Type 815
4 Eier aus Freilandhaltung
3 Tl kalt gepr. Olivenöl
Algensud
10 g Butter zum Ausfetten

Bechamelsauce
40 g Dinkelmehl
40 g Butter
300 ml Schafsmilch
Algensud zum Salzen
etwas Pelargoniengewürzmischung
50 g Parmesan zum Überstreuen
4 Blüten von der Kapuzinerkresse

Dip
250 g Schafskefir
80 g frische Dulse
1 Knoblauchzehe
etwas Griechenklee

Zubereitung

Dip: Dulse 10 Minuten unter fließendem Wasser wässern, 5 Minuten in 100 ml Wasser kochen, mit der Gitterkelle herausheben und kurz unter kaltem Wasser abschrecken. Sud für die Teigherstellung aufbewahren. Algen hacken und zusammen mit dem fein gehackten Knoblauch unter den Kefir mischen. Mit Griechenklee abschmecken. Dann den Teig in Arbeit nehmen. Zuerst das Mehl auf ein Backbrett sieben, in der Mitte eine Vertiefung machen. Die aufgeschlagenen Eier und Öl hinein geben, mit den Fingern von der Mitte aus beginnend leicht verrühren. Nach und nach das Mehl vom Rand her unter die weiche Masse mischen und schließlich das Ganze zu einem Teig verkneten. Wenn der Teig zu trocken wird, etwas lauwarmen Algensud dazu geben. Das Brett etwas mit Mehl bestäuben und den Teig gut durchkneten, bis er sich schön elastisch anfühlt. Den fertigen Teig zu einer Kugel formen, in ein feuchtes Tuch einschlagen und 1 Stunde ruhen lassen.

Gemüsefüllung: Gemüse putzen und in feine Würfel schneiden. Öl in einer Reine oder Topf erhitzen und die Zwiebelwürfel darin anschwitzen. Gemüse hinein geben, ebenfalls anschwitzen, bis es halb gar ist, dann mit dem Wein ablöschen und die gewaschenen und grob zerteilten Brennnesseln und Bärlauch dazu geben, würzen, mit etwas Algensud angießen und bei ganz schwacher Hitze köcheln lassen, bis alles eine sämige, feste Konsistenz aufweist. Vom Feuer nehmen, Restflüssigkeit - falls vorhanden - abschütten, und für die Sauce aufheben.

Bechamel: Butter in einem Topf zerfließen lassen. Mehl einrühren und solange anschwitzen, bis ein kuchenähnlicher Duft aufsteigt. Die Hitze reduzieren, nach und nach die Milch unter ständigem Rühren hinzu gießen. Das Ganze aufkochen. Falls die Sauce zu dick wird, mit Algensud und Restgemüseflüssigkeit verdünnen.

Arbeitsschritte
1. Dip herstellen
2. Teig fertigen
3. Gemüse zubereiten
4. Bechamelsauce kochen
5. Feuerfeste Form ausfetten
6. Teig in drei Teile teilen, jedes Teil zu einer Lasagne-Platte ausrollen. Eine Platte auf den Boden legen, eine Schicht Gemüsefüllung darauf verteilen, Bechamel daraufgeben, darüber nächste Schicht Lasagne usw. Die letzte Schicht soll aus Sauce bestehen. Mit Parmesan bestreuen und im vorgeheizten Backrohr bei 200°C etwa 30 Minuten überbacken.

Anrichten

Die Lasagne wird in der feuerfesten Form serviert. Der Dip wird in einer separaten Schüssel angerichtet und mit den Blüten dekoriert.

Zubereitungszeit: 3 1/2 Stunden; Schwierigkeitsgrad: mittelschwer

- *Der Teig am Vortag hergestellt, leicht mit Öl bestrichen in ein feuchtes Tuch geschlagen, verringert die Herstellungsdauer um 1 Stunde*
- *Fertige Lasagne-Platten verwenden, erspart die Arbeitszeit am Vortag und reduziert die Herstellungszeit um weitere 20 Minuten*
- *Ziegen-Parmesan erhöht den gesundheitlichen Aspekt der Speise und verleiht ihr zusätzlich eine herzhafte Note*
- *Dem Streukäse etwas Mutterkümmel zugegeben, erhöht die Bekömmlichkeit des Gerichts, sodass es auch von Gästen mit Käseallergie vertragen wird*

Nachspeise
Apfelkücherl mit Holunderblütenschaum und Waldbeeren
Rezept für 4 Personen

Apfelringe und Beeren
3 säuerliche Äpfel
80 g Vollrohrzucker
20 g Mehl zum Melieren der Apfelscheiben
etwas Zimt
Je 60 g Himbeeren, Brombeeren, Heidelbeeren und Walderdbeeren
1/2 Ltr. Pflanzenöl oder Palmfett zum Ausbacken

Bierteig
100 ml dunkles Bier
1 El Vollrohrzucker
100 g Dinkelmehl Type 815
2 Eiweiß, 2 Eidotter
etwas Natursalz

Blütenschaum
3 Eidotter
50 ml Weißwein
25 ml Holunderblütensirup
etwas Limettensaft

Zubereitung
Das Mehl in eine Schüssel sieben. Mit Eidotter, Bier und Zucker zu einem dickflüssigen Teig verrühren. Eiweiß mit einer kleinen Prise Natursalz steif schlagen und vorsichtig unter den Teig heben. Äpfel schälen,

mit dem Ausstecher das Kerngehäuse entfernen und in ca. 2 cm dicke Scheiben schneiden. Fett in tief gezogene Pfanne erhitzen. Apfelscheiben im Mehl wälzen, durch den Teig ziehen, abtropfen lassen und im heißen Fett gold-gelb frittieren. Für den Blütenschaum die Eidotter mit dem Weißwein, dem Limettensaft und dem Holunderblütensirup in eine Schüssel geben, im Wasserbad bei ca. 75 bis 80°C zu Schaum schlagen.

Anrichten
Holunderschaum auf 4 Dessertteller verteilen, die warmen Apfelscheiben in Zimt-Zucker-Mischung wälzen und auf den Schaum setzen, die gewaschenen Beeren locker darum herum streuen.

Arbeitsschritte
1. Bierteig herstellen
2. Äpfel schälen, in Scheiben schneiden, ausbacken und warm stellen
3. Blütenschaum zubereiten, Zimt-Zucker mischen
4. Anrichten

Zubereitungszeit: 45 Minuten; Schwierigkeitsgrad: mittelschwer

Tipp: Der Holunderblütensirup wird nach dem gleichen Verfahren wie der Löwenzahnsirup hergestellt. Beide Siruparten eignen sich hervorragend als Brotaufstrich oder zum Süßen von Heiß- und Kaltgetränken.

Gemüse-Pizza
Rezept für 1 Pizza à 28 cm Durchmesser

Teig
250 g Dinkelmehl Type 1050
2 Tl Backhefe (Bio Vegan)
1/2 Tl Fenchelsamen gemahlen
20 g frischer Oregano
je 1 Tl Kümmel und Senfmehl
3 El kalt gepr. Olivenöl
etwas Sole

Gemüse
2 Tomaten, 1 Knoblauchzehe
1/2 gelbe Paprikaschote
1 kl. Karotte, 1 kl. Zucchini
2 El Öl
1 El Limettensaft
100 g geriebener Pecorino
etwas Sole, Kreuzkümmel,
Galgant, bunter Pfeffer aus der
Mühle

Zubereitung

Mehl auf Backbrett sieben, Backhefe in 100 ml lauwarmem Wasser auflösen und gemeinsam mit den Gewürzen, Öl und dem Mehl zu einem Teig verarbeiten. Gut durchkneten, bis ein elastischer Teig entstanden ist. Hände leicht befeuchten, den Teig so weit auseinanderziehen, bis er die Größe der Pizzaform aufweist. In die Form geben und ruhen lassen. Zwischenzeitlich das Gemüse putzen. Die Karotte, Paprikaschote und Zucchini mit Öl, Kreuzkümmel, Pfeffer, Galgant und Sole im Topf leicht angaren. Aus Tomaten und Knoblauch einen Brei kochen, dessen Konsistenz sich zum Bestreichen des Teiges eignen muss. Teig mit dem Tomatenbrei bestreichen, Gemüse darauf verteilen, feingehackten Oregano darüber geben, mit Limettensaft beträufeln und geriebenen Pecorino darauf streuen. Bei 200°C 15 bis 20 Minuten im vorgeheizten Rohr backen.

Niederbayerische Rupfhauben in Vanillesauce
Rezept für 2 Personen

Hauben
250 g Dinkelmehl Type 1050
1/8 Ltr. lauwarmes Wasser
1 Ltr. Milch
20 g Sauerrahmbutter
2 säuerliche Äpfel
50 g Vollrohrzucker

Sauce
1/2 Ltr. Milch
80 g Vollrohrzucker
1 Vanillestange
30 g Stärkepulver

Zubereitung

Mehl in eine Schüssel sieben, lauwarmes Wasser darunter geben und nach und nach das Öl mit einarbeiten. Das Ganze zu einem geschmeidigen Teig kneten und zu 6 runden Fladen auswalken. Auf Küchenpapier legen, mit einem Tuch abdecken und ca. 20 Minuten ruhen lassen. Zwischenzeitlich Äpfel schälen, vierteln, entkernen und in dünne Scheiben schneiden. In 2 große, flache Töpfe je 1/2 Ltr. Milch füllen, etwas Butter und Zucker mit hinein geben und mit den Apfelscheiben gemeinsam aufkochen. Die Fladen nehmen, in die Milch-Apfel-Flüssigkeit setzen und mit Daumen, Zeige- und Mittelfinger sofort zu kleinen zeltähnlichen Pyramiden formen, Topf mit dem Deckel schließen, und bei ganz schwacher Hitze 20 Minuten leicht vor sich hinköcheln lassen. In der Zwischenzeit die Vanillestange halbieren, das Mark mit dem Messer herauskratzen und gemeinsam mit dem Zucker und der Vanilleschale in der Milch erhitzen. Eine kleine Menge Milch vorher in eine Tasse geben, die Stärke darin anrühren und mit dem Schneebesen in die heisse Milch einrühren.

Anrichten
Vanillestangen aus der Sauce entfernen. Die Sauce auf Teller verteilen, die Rupfhauben darauf setzen und das Rahmerl (eingedickte Äpfel und Milch) rund herum verteilen.

Dinkel-Roggen-Brot
mit Sonnenblumen- und Kürbiskernen
Rezept für 2 kleine Brote

Brot
250 g Roggenmehl Type 1370
200 g Dinkelmehl Type 1050
40 g gequollene Dinkelkörner
50 g Sauerteig
350 ml warmes Wasser
50 ml Sole
1 El Vollrohrzucker
130 g Sonnenblumenkerne
125 g Kürbiskerne
etwas ganzer Kümmel und Koriander

Sauerteig
300 g Roggenmehl Type 1370
300 ml lauwarmes Wasser

Zubereitung
Sauerteig: 100g Mehl mit 100 ml lauwarmem Wasser vermischen und über Nacht an warmem Ort stehen lassen. Am nächsten Morgen weitere 100 g Mehl und 100 ml warmes Wasser untermengen. Abends die letzten 100g Mehl und Wasser hinein geben. Je nach Umgebungstemperatur wird der Teig früher oder später Blasen werfen. Ein säuerlicher Geschmack zeigt an, dass der Sauerteig backfertig ist.

Tipp: Ideal zum Aufbewahren des „Sauers" sind Weckgläser

Brote: Roggen- und Dinkelmehl in eine größere Schüssel sieben (einen Rest von 80g übriglassen) In der Mitte eine Mulde formen, in die Sauerteig, Backhefe und Zucker hinein kommen. Mit den Fingern nach und nach etwas lauwarmes Wasser hinein arbeiten, bis das Ganze ein geschmeidiger Teig geworden ist. Mit dem Tuch gut abdecken und an warmem Ort so lange gehen lassen, bis sich der Teig verdoppelt hat. Dann mit dem restlichen Mehl gut durchkneten und mit der Sole immer auf die richtige Konsistenz bringen (Teig muss sich gut lösen). Nun die Kerne, Gewürze und die über Nacht in Wasser gequollenen, gut abgetropften Dinkelkörner darunter arbeiten. Das Ganze unter ständigem Kneten zu einer Einheit zusammen fügen. Gegebenenfalls noch mit etwas Mehl nacharbeiten und weitere 20 Minuten abgedeckt an warmer Stelle gehen lassen. Danach Teig nochmals kneten, in 2 Teile teilen und in Formen geben und nochmals gehen lassen. Im vorgeheizten Backrohr 15 Minuten bei 220°C und 50 Minuten bei 180°C backen.

- *Um eine bessere Kruste zu erzielen, das Brot mit Wasser einpinseln und beim Backen ein kleines Metallgefäß mit Wasser mit ins Rohr stellen*
- *Vor dem Backen mit Holzstäbchen (Zahnstocher) Löcher in den Teig stechen, verhindert das Platzen des Brotes*
- *Wenn Sie öfter selber backen wollen, sollten Sie sich Bambusformen anschaffen, in ihnen gelingt das Brot sehr gut*

Fleischlose Sauce Bolognaise, als Topp für Nudelgerichte
oder als Füllung für Pasta und Lasagne

Grundrezept
250 g grob geschrotete Dinkelkörner
je 100 g Karotten, Sellerie, Fenchel, Zwiebeln
3 Tomaten
50 ml Olivenöl erste Pressung aus der Toskana
100 ml Bio-Tomatenpulp (La Selva)
1/8 Ltr. Rotwein, ½ Ltr. Wasser
30 g frischer Oregano, 20 g frischer Thymian
Galgant, Bertram, Griechenklee, Poleiminze
Sole

Zubereitung

Öl im Topf erhitzen, Zwiebelwürfel darin anschwitzen, fein gewürfeltes Gemüse dazu geben und ebenfalls mit anschwitzen. Dinkelschrot darauf geben und angehen lassen, Gewürze dazu geben, mit Rotwein ablöschen und andicken lassen. Mit Tomatenpulp auffüllen und so viel Wasser hinzu fügen, bis die gewünschte Konsistenz erreicht ist. Als Topp zu Nudelgerichten dünner, als Füllung für Pastagerichte umso dicker. Zum Schluss gehackte Kräuter unterheben und mit Sole abschmecken.

Tipp: Diese Universal-Grundmasse kann nach Belieben abgewandelt werden; z. B. mit einem Zusatz von gehacktem Knoblauch erhalten Sie eine pikante Note, mit diversen Algen werden mediterrane Geschmacks-noten erzielt. Durch Bestreuen der Speisen mit unterschiedlichen Reibe-käsesorten kann eine große Geschmacksvielfalt erreicht werden.

Frühlingssalat mit Putenbrust
Rezept für 4 Personen

250 g Putenbrust	Ausbackteig
Pfeffer, Natursalz	1 Eigelb, 1 Eiweiß
2 cl Wermutwein (Noilly Prat)	2 cl Weißwein
2 EL kalt gepr. Öl	50 g Mehl
1 Kopf Eichblattsalat	Öl zum Frittieren
1 Bund Ruccola	
200 g Zuckerschoten	Vinaigrette
200 g Himbeeren	3 getrocknete Tomaten
1 Pack. Mini-Mozzarella	3 El Traubenkernöl
20 mittelgroße Salbeiblätter	2 El Himbeeressig
	1/2 El Kürbiskernöl
	Natursalz, Pfeffer

Putenbrust in Streifen schneiden, würzen. Noilly Prat und Öl in Schüssel geben und Fleisch darin ca. 1 Std. marinieren. Eichblattsalat putzen und waschen, etwas zerpflücken; Ruccola verlesen, waschen und trocken schleudern. Zuckerschoten waschen, entfädeln und in Salzwasser biss-fest garen. Dann abschrecken und abtropfen lassen, große Schoten quer halbieren. Die Himbeeren waschen, putzen und halbieren oder vierteln.

Mozzarellakugeln abtropfen lassen. Die Salbeiblätter waschen und trocknen. Das Fleisch in der Ölmarinade braten und evtl. etwas nachwürzen. Fleisch aus der Pfanne nehmen und darin die Zutaten für die Salatvinaigrette verrühren (ohne Hitzezufuhr).
Für den Ausbackteig Eigelb, Weißwein, Gewürze und Mehl vermengen, das Eiweiß mit einer kleinen Prise Natursalz steif schlagen und unterheben. Die Salbeiblätter nacheinander durch den Teig ziehen, im heißen Öl ausbacken und auf Küchenkrepp abtropfen lassen. Die Salate auf vier großen Tellern anrichten. Zuckerschoten, Tomaten, Himbeeren, Putenstreifen und die Mozzarellakugeln darauf verteilen. Mit der Vinaigrette beträufeln und abschließend die ausgebackenen Salbeiblätter darauf verteilen.

Kabeljau in Kokossauce
Rezept für 4 Personen

500 g Kabeljaufilet	300 g Blattspinat
2 Limetten unbehandelt	10 Kirschtomaten
2 TL Speisestärke	2 EL Öl
1 Knoblauchzehe	Natursalz, Pfeffer
1/2 Chilischote	1 Dose Kokoscreme

Fisch abbrausen, trocken tupfen und in 2 cm große Würfel schneiden. Limetten heiß waschen, Schale abreiben und Saft auspressen. Fisch mit Limettensaft beträufeln, salzen, pfeffern und mit Speisestärke bestäuben. Knoblauch abziehen und durchpressen, die halbe Chilischote putzen und in feine Streifen schneiden. Spinat verlesen, waschen und abtropfen lassen. Tomaten waschen und halbieren (Stielansatz rausschneiden).
Fisch im Wok oder in großer Pfanne im heißen Öl rundum anbraten und herausnehmen. Kokoscreme zufügen und sämig einköcheln. Mit Knoblauch, Limettensaft und -schale, Chilischoten, Salz und Pfeffer würzen. Spinat, Tomaten und Fisch unterheben, 2 Min. köcheln und nochmals abschmecken. Dazu passt am besten Basmatireis.

Bärlauchsuppe
Rezept für 2 Personen

200 g Bärlauch
1 mittlere Gemüsezwiebel
1 Becher Schmand
1 EL Olivenöl aus erster Pressung
1 TL frisch geriebener Ingwer
Natursalz, Pfeffer, Muskatnuss
1/4 Ltr. Gemüsefond oder Wasser mit Bio-Clarion (Hügli)

Zubereitung

Olivenöl erhitzen, die fein geschnittene Gemüsezwiebel und das untere Drittel des Bärlauchs mit den fein geschnittenen Stielen (Messer oder Küchenschere) glasig dünsten. Die Gemüsebrühe dazu schütten, den Ingwer und die grob geschnittenen Bärlauchblätter dazu geben. Das Ganze 10 Minuten köcheln lassen, den Topf vom Feuer nehmen. Jetzt den Schmand unterrühren und mit Muskatnuss, Pfeffer und Natursalz abschmecken. Dazu schmeckt ein frisches italienisches Olivenbrot in Würfel geschnitten, in der Pfanne mit Olivenöl angeröstet und in einer kleinen Schüssel serviert.

Tipp: Als Alternative zum Bärlauch eignen sich auch frische Korianderblätter.

Kartoffelsuppe „Hardy
Rezept für 2 Personen

2 Kartoffeln, 1 Karotte, 1 Petersilienwurzel
1 rote Zwiebel, 2 Knoblauchzehen
1 dicke (2 cm) Scheibe Knollensellerie
2 Frühlingszwiebeln
1/8 Ltr. Wasser, 1/8 Ltr. Rotwein
1 gehäufter El Creme fraiche
1 gestrichener Tl Curry
Natursalz, Pfeffer, Muskatnuss
4 - 6 frische Basilikumblätter zum Garnieren

Zubereitung

Das Gemüse und die Kartoffeln waschen, schälen und grob schneiden. Wasser kochen lassen, das geschnittene Gemüse zufügen und mit geschlossenem Deckel ca. 15 Minuten kochen lassen. Zwischendurch den Rotwein zugießen. Das gare Gemüse mit dem Pürierstab pürieren und die Gewürze zugeben. Zum Schluss die Creme fraiche unterrühren. In einem tiefen Suppenteller servieren und mit den Basilikumblättern garnieren. Dazu passt ein Glas kräftiger Rotwein.

Kartoffel-Gemüsepfanne
Rezept für 2 Personen

4 mittlere Kartoffeln1	Petersilienwurzel
1 Karotte	1 Bund Ruccolasalat
1 Zwiebel	2 Knoblauchzehen
1 Tl frisch geriebener Ingwer	2 kleine Zweige Rosmarin
2 El Olivenöl	1/8 l trockener Rotwein
10 schwarze Oliven mit Kern	1 gestrichener Tl Galgant

1 Scheibe (2 cm dick) Knollensellerie, Natursalz, Pfeffer, Muskatnuss

Zubereitung

Sellerie, Petersilienwurzel, Karotte, Zwiebel und Knoblauch in Würfel schneiden und in einer Schüssel gut durchmischen, dann Ingwer, Muskatnuss, Pfeffer und Galgant darunter rühren. In einer Pfanne das Olivenöl erhitzen, die Gemüsemischung dazugeben und 10 Minuten vorgaren, hin und wieder umrühren. In der Zwischenzeit die Kartoffeln schälen und mit dem Gemüsehobel in dünne Scheiben in eine Schüssel mit kaltem Salzwasser hobeln. Die Kartoffeln gut durchwaschen, das Wasser abgießen und die Kartoffelscheiben mit Küchenpapier trocken tupfen. Den Ruccolasalat waschen und fein schneiden. Jetzt den Wein in die Pfanne gießen, nochmal alles gut umrühren und dann zuerst den Ruccolasalat darüber streuen, dann die Rosmarinzweige darauflegen und zum Schluss die Kartoffeln gleichmäßig darüber verteilen. Auf die Kartoffeln das Salz geben und noch ein bisschen Muskatnuss darüber reiben. Zum Schluss die Oliven darüber streuen. Mit einem Deckel abdecken und bei kleinster Hitze weitere 10 - 15 min köcheln lassen. Dazu schmeckt ein Glas Bier.

Spaghettipfannkuchen „Hardy"
Rezept für 2 Personen

200 g gekochte und erkaltete Spaghetti
200 g großblättriger Blattspinat
2 Stängel Stangensellerie
1 Zwiebel
2 Knoblauchzehen
100 g braune Champignons
3 El Olivenöl aus erster Pressung
1 Bund Blattpetersilie
1 Tl getrockneter Thymian
1 gestrichener TL schwarze Senfkörner
1 Prise Chili
Natursalz, Pfeffer, Muskatnuss

Zubereitung

Blattspinat waschen, die dicken Stiele abschneiden und in dünne Streifen geschnitten in eine Schüssel geben, Stangensellerie waschen, der Länge nach in dünne Streifen schneiden, diese in 3 - 4 cm lange Abschnitte geteilt ebenfalls in die Schüssel geben. Geputzte, in Scheiben geschnittene Champignons und gewaschene, vom Stängel gestreifte Petersilienblätter mit der Küchenschere grob zerkleinern und mit hinein geben. Alles zusammen gut durchmengen.

In einem Topf 2 El Olivenöl heiß machen, die Mischung ca. 10 Minuten andünsten und mit Salz, Pfeffer und Muskatnuss abschmecken. Zur Seite stellen.

In der Zwischenzeit in einer Pfanne 1 El Olivenöl anwärmen und getrockneten Thymian, Chili und die Senfkörnern hinein geben, sofort den Deckel auflegen, weil die Senfkörner spritzen!

Die Zwiebel grob und den Knoblauch fein schneiden und in die Pfanne geben. Das Ganze glasig dünsten.

Die kalten Spaghetti auf einem Brett in 3 - 4 cm lange Stücke schneiden die Hälfte davon in die Pfanne geben, so lange braten lassen, bis die Nudeln eine schöne braune Farbe haben. Das Gemüse aus dem Kochtopf auf die Spaghetti gleichmäßig verteilen. Nun mit der anderen Hälfte der Spaghetti das Gemüse abdecken und das ganze Paket umdrehen, sodass die gebratenen Nudeln oben und die frischen unten sind (dieses Drehen erfordert eine gewisse Geschicklichkeit, daher mein Rat: Machen Sie es am Anfang in einer kleinen Pfanne auf zwei mal, das gelingt immer). Jetzt wiederum die Nudeln schön anbraten, dabei die Hitze kontrollieren! Die Nudeln dürfen nicht zu braun und auf keinem Fall hart werden. Nach ca. 10 Minuten den „Pfannkuchen" auf einen Teller gleiten lassen. Dazu mag ich am liebsten gemischten Salat. Als Getränk ein Glas Bier.

Liebe/r Leser/in, beim Nachkochen dieser Gerichte wünschen wir Ihnen viel Freude. Denken Sie bitte immer daran, es sind letztendlich nicht nur die Rohprodukte, die den Ausschlag für ein zuträgliches bekömmliches Essen geben, sondern Ihre Gedanken und Emotionen sind für die Qualität der zubereiteten Speisen von großer Bedeutung.

Mit anderen Worten:

Wer die Gaben und die Fülle der Natur mit Freude und Liebe zu einer Speise komponiert und diese mit Heiterkeit und Lust genießen kann, der braucht sich um Gesundheit und Wohlergehen auf Erden nicht die geringsten Sorgen zu machen.

VITA
ULRICH TEICHERT

Der Autor und Prof. Dr. Masaru Emoto
im Gespräch über die Aussagekraft von Wasserkristallen.

Ulrich Teichert wurde am 16.02.1943 in Kiel geboren. Seit seiner Jugendzeit beschäftigen ihn die Themen Ernährung, Lebensgestaltung und Philosophie. Es war fast selbstverständlich, dass er den Beruf des Kochs ergriff. Seine Ausbildung als Koch nahm er mit Begeisterung an, sodass er 1959 bei einem internationalen Lehrlingswettbewerb in Frankfurt/Main die Goldmedaille für Deutschland gewann. Seine Lehrabschlussprüfung bestand er mit doppelter Auszeichnung. Während seiner Tätigkeit als Koch, die ihn in die bekanntesten Häuser Europas führte, besuchte er unterschiedlichste Fortbildungseinrichtungen. Im Jahre 1960 trat er in den Kreis der „Huter Freunde" ein. Hier vertiefte er sich in die Lehre der Menschenkenntnis nach Carl Huter. Ständig war Ulrich Teichert bestrebt, sein Wissen, das er außerhalb seiner Tätigkeit als Koch erwarb, mit seiner Lebensphilosophie zu verbinden. Über die beruflichen Anforderungen hinaus war er stets daran interessiert, wie sich Nahrung und deren Bestandteile in Verbindung mit Emotionen auf die Menschen und deren Umfeld auswirken. Dieses Wissen erlangte er durch Besuche von Seminaren, eigene Beobachtungen sowie Gespräche mit Gästen und Patienten. 1968 legte er die Meisterprüfung ab. Im gleichen Jahr gründete er als Küchenleiter gemeinsam mit einem Verwaltungsfachmann und einem Chefarzt eine Krebsnachbehandlungsklinik für Frauen. Hier entwickelte er gemeinsam mit Dr. Hilger Hertl eine Ernährungsform für Krebspatienten. Beide - Dr. Hilger Hertl wie Ulrich Teichert - versuchten in Gesprächen und Kochlehrgängen die Patientinnen von der positiven Wirkung dieser speziellen Ernährungsform zu überzeugen.

Die Tätigkeit in der Klinik wurde für U. Teichert zum Schlüsselerlebnis. Die Denk- und Ernährungsmuster der Patientinnen, mit denen er konfrontiert wurde, veranlassten ihn zum tiefen Nachdenken. Nachdem er begriffen hatte, dass die Zeit für eine Therapie über die Ernährung noch nicht reif war, ging er als Küchendirektor in eine Großgaststätte in der Münchner Innenstadt. Mitte der achtziger Jahre lernte er Dr. Wighard Strehlow kennen und durch ihn die Hildegard - Medizin. U. Teichert erkannte sofort die außerordentliche Bedeutung dieser visionären Aussagen in Bezug auf den Lebensstil und die Ernährung der heutigen Zeit. In heutiger beruflicher Position hat er täglich mit mehreren tausend Menschen zu tun, die er gemeinsam mit seinen Mitarbeitern und Partnern verköstigt. Durch den Kontakt, den er zu seinen Gästen pflegt, werden viele Fragen und Wünsche in Bezug auf Ernährung und das Leben im allgemeinen an ihn herangetragen. Seine Mitarbeiter, die ebenso wie er einer vollwertigen Verpflegungsform aufgeschlossen gegenüberstehen, sind ständig bemüht, die Speisen in optimaler Qualität anzubieten.

Sein Lebensziel: Ulrich Teichert möchte erreichen, dass auch in der Mitarbeiterverpflegung in erster Linic an die Gesundheit der Mitarbeiter gedacht wird. Dies bedeutet für ihn, dass dort Speisen mit einem höchstmöglichen Grad an Bioverfügbarkeit angeboten werden.

Dies heißt für ihn:

- Die Mitarbeiter in der Küche dahingehend zu motivieren, dass diese mit viel Freude und großer Zuwendung zum Gast ihre Arbeit verrichten.
- Lebensmittel müssen frisch zubereitet werden und aus ökologischer Erzeugung stammen.
- Das Ambiente des Gastraumes muss so gestaltet sein, dass es zum Erholen einlädt.

Um diese hochgesteckten Ziele zu erreichen, publiziert Teichert Bücher, hält Vorträge und veranstaltet gemeinsam mit seiner Frau Seminare, die das Thema Lebensgestaltung und Ernährungsphilosophie zur Grundlage haben. Sein erstes Buch, das er gemeinsam mit seiner Frau geschrieben hat, heißt:

„Ernährungsgeheimnisse"
Die verborgene Botschaft der Nahrung

Selbst in seiner Freizeit ist Ulrich Teichert bestrebt, seine Idee zu verwirklichen, indem er bei Pflanzenwanderungen in den Bergen den Teilnehmern die Heilkräfte sowie die Küchentauglichkeit der Wildpflanzen erklärt und demonstriert. Als passionierter Segler und auch weil er gerne mit netten Menschen kommuniziert, unternimmt er seit 1994 alternative Segeltörns (auf Crewcharter-Basis) in Kroatien, der Karibik und der Südsee.

Zu den Illustrationen
Vita Michael Fehring

Michael Fehring wurde am 09. April 1962 in Garmisch Partenkirchen geboren. Seine illustre Lebensgeschichte mit vielen Reisen und die frühe Berührung mit dem Thema „naturgesetzlich" ergaben den roten Faden für sein Leben. Forschen und Erkennen und auf Grundlage der Erkenntnisse weiter forschen, finden und erfahren. So wurde für ihn das Sein zum „Sinn" des Lebens! Sein heutiges Aufgabengebiet umfasst das Erstellen ganzheitlicher Werbekonzepte, energetische Logo-Gestaltung sowie Coaching und Schulungen von Vertriebsmannschaften und Mitarbeitern in kleinen und mittelständischen Betrieben.

Die Bilder der einzelnen Kapitel in diesem Buch sind kreiert worden um die energetische Botschaft zwischen den Zeilen zu offenbaren. Ihre Machart ist sehr strukturiert und basiert auf mathematischen und geometrischen Gesetzmäßigkeiten. Wer genau hinsieht wird die naturgesetzliche Symbolik entdecken. Wollte man es metaphysisch ausdrücken, so bestehen sie aus der Dreifaltigkeit im wahrsten Sinne des Wortes und dem Punkt, dem Sein.

Weiterführende Literatur

Brooke, E: Von Salbei, Klee und Löwenzahn. H. Bauer-Verlag, Freiburg

Emoto, M.: Wasserkristalle. Koha Verlag, Burgrain

Emoto, M.: Die Botschaft des Wassers. Koha Verlag, Burgrain

Farkas, V.: Zukunftsfalle, Zukunftschance. Umschau/Braus, Frankfurt/Main

Kraushaar, Y.: Sonnenheilmittel, Medizin der Zukunft. Miron Verlag, Adliswil

Kupfer A.: Grundlagen der Menschenkenntnis. Verlag für Carl Huters Werke, Nürnberg

Leben - das Beste aus der alternativen Presse vom 08.04.01

Linortner/Teichert, M/U.: Ernährungsgeheimnisse - die verborgene Botschaft der Nahrung. Alcyone Verlag, Oberaudorf

Matrix 3000, Band 7 u. 10. Michaels Verlag, Peiting

Nassall, K. D: Mittel zum Leben. Nassall, Prügen

Pahlow, M.: Kräuter u. Wildfrüchte. Gräfe u. Unzer Verlag, München

Raum & Zeit, Sonderausgabe/Körbler. Ehlers Verlag, Sauerlach

Rühner H.: Gesund Leben, sanft Heilen mit Ayurveda. Urania-Verlag, Schweiz

Sheldrake, R.: Das Gedächtnis der Natur. Scherz Verlag, München

Seifert, H.: Naturkraft Salzkristall. Selbstverlag, Ruhpolding

Strehlow, W: Ernährungstherapie. Strehlow, Allensbach

Higa, T.: Eine Revolution zur Rettung der Erde. ÖLV-Verlag, Xanten

Weise, D. O: Zur eigenen Kraft finden. Tabula Smaragdina, München

Will, R. D.: Geheimnis Wasser. Knaur Verlag, München

Bildnachweis: Gänseblümchen, Gräfe und Unzer-Verlag, München

acinetobacter: Spezieller in Säure lebender Bakterienstamm, der die Übersäuerung in organischen Systemen anzeigen kann.

Alcyone: Zentralsonne im Planetensystem der Plejaden

Aminosäuren: Stickstoffhaltige Grundbestandteile der das Leben tragenden Eiweißstoffe

anaerob: Unter Luftabschluss lebend

aerob: Unter Luftzutritt lebend

Amok: Panikartige Erregtheit, blindwütige Aggression

Anthroposophie: Die von Rudolf Steiner entwickelte Philosophie

Anomalie: Abweichung von der Regel

Antikörper: Eiweißmoleküle, die vom Organismus nach Kontakt mit Antigenen gebildet werden und diese unschädlich machen

assoziieren: Eine Person, eine Wahrnehmung oder ein Gefühl gedanklich mit etwas in Verbindung bringen

Assimilation: Anpassung, Ausgleich

aufoktroyieren: Zwingen

Attribut: Wesentliches Merkmal, Eigenschaft

Bakterium: Einzellig, winziges, selbstständiges Lebewesen

biologisch: Lebens-folgerichtig, den Lebensgesetzen entsprechend

biologisch-dynamisch: Die von der Anthroposophie entw. Landbauweise

Biologie: Die Lehre vom Leben

Detonation: Laute Explosion

dynamisch: Bewegungsfreudig, entwicklungsfreudig

Elixier: Getränk, das (auf magische Weise) Kraft gibt, Krankheiten heilt

Emotion: Starke seelische Erregung, wie Liebe, Hass usw.

Ethnologie: Völkerkunde

Evolution: Langsam und ständig fortschreitende Entwicklung

Facetten: Kleine, geschliffene Teile

Flexibilität: Fähigkeit, sich schnell an veränderte Bedingungen anpassen zu können, auf sie reagieren zu können

Frequenz: Anzahl der Schwingungen einer Welle

Homöostase: Stabilität von Körperfunktionen trotz innerer und äußerer Veränderungen

Hormone: Ausscheidungen von inneren Drüsen, welche die organischen Funktionen regulieren

Homöopathie: Heilverfahren, bei dem mit kleinsten Dosierungen behandelt wird

Hypochondrie: Unbegründete Krankheitsangst, Krankheitswahn

individuell: Auf die Einzelperson zugeschnitten

Diäthygiene: Gesunderhaltende Ernährung

Information: Sachliche, unvoreingenommene Auskunft, in der Erblichkeitslehre die in den Genen festgelegten Anlagen

Intuition: Das Ahnen oder Verstehen von Zusammenhängen. Eingebungen aus feinstofflichen Ebenen

Ion: Elektrisch geladenes Atom

konventionell: nach herkömmlichen Schulmethoden wirtschaften, herkömmlich

Manipulation: Undurchsichtige Machenschaften, Einflussnahme und willkürliche Lenkung von Menschen

Materialismus: Lehre von der alleinigen Herrschaft der Materie, Leugnung von Seele und Geist, im Gegensatz zum Idealismus, der Lehre der alleinigen Herrschaft des Geistes über die Materie

Medium: Funktionsüberträger der Informationsübertragung (Zeitschrift, Fernsehen, Radio), Menschen, die fähig sind übersinnliche Botschaften zu empfangen.

Materie: Stofflich, mit herkömmlichen Hilfsmitteln feststellbare Substanzen

Metaphysik: Philosophische Lehre von der Ursache, die über das stofflich Erfahrbare und Wahrnehmbare hinausgeht

Mikroben: Sammelnahme für mikroskopisch winzige Lebewesen, inklusive Bakterien und andere Einzeller

morphologisch: Von der Gestalt, der äußeren Form her gesehen

Mysterium: Geheimnis

Ökologie: System der (ungestörten) Wechselbeziehungen

Ökonomie: Struktur der schulmäßigen Wirtschaft, wirtschaftlich, sparsam

organisch: Der belebten Natur zugehörig. Chemisch Kohlenstoffverbindungen

Organismus: Lebende Einheit, Lebewesen

Osmose: Durchtritt von in Wasser gelösten Salzen durch die Zellwand mit dem Ausgleich der verschiedenen Konzentrationen

Oxidation: Verbindung eines Elements mit Sauerstoff, Entzug von Elektronen aus einem Atom, Entzug von Wasserstoff aus einer Verbindung, volkstümlich als Rost bezeichnet

Potenzierung: Um ein Vielfaches erhöhen. In der Homöopathie, Wirkung steigern durch verdünnen bei gleichzeitigem schütteln

Proteine: Eiweiße, komplizierte stickstoffhaltige Verbindungen aus Aminosäuren zusammengesetzt, sie entstehen nur in lebenden Zellen

physiologisch: Den inneren Lebensvorgängen entsprechend

Qualität: Maßstab für innere Güte

Quantität: Maßstab für Menge

Quintessenz: Die Hauptsache, der Inbegriff, das Feinste und Edelste einer Sache

radial: In Richtung des Radius - von einem Mittelpunkt ausgehend oder zu ihm hinführend

Rationalismus: die alleinige Erkenntnisquelle ist nur der Verstand, einseitige Philosophie

Ressource: Natürliche oder gesellschaftliche Quelle der Grundlagen, Bodenschätze, Arbeit usw.

Sensorik: In Bezug a. d. Sinnesorgane

Szenario: Vorstellen eines Geschehens, Lage, Gesellschaft

subtil: fein, zart

synchron: zeitgleich, gleichzeitig

Synthese: Zusammenfügung von Teilen zu einer höheren Einheit

Titerwert: Gehalt einer Lösung an gelöster Substanz

Transformation: Umformung, Umwandlung

Ayurveda-Zentrum, D-84387 Julbach-Buch, Frau H. Ellmer

Bergkristallbruch: Franz Saltner,
Frühlingsstraße 32, D-83052 Bruckmühl

Bio-Bavaria, 83104 Tuntenhausen

Demeter Brot und Backwaren - Gebäck mit Natursole: Bäckerei Steingraber,
Neuburgstraße 2, 83620 Vagen

Erntesegen - Feine Naturkost, Ursalz
Otto-Nagler-Straße 16, 97074 Würzburg

Hildegard Kurhaus, D-78476 Allensbach

Hildegard - Lebensmittel: Egon Binz,
Mühlenweg 11, D-78187 Geisingen

Hildegard - medizinische Präparate: Jura-Naturheilmittel,
Nestgasse 2, D– 78464 Konstanz

Himalaja-, Meer– und Bergkristallsalz, Salzlampen u. Ionisierbrunnen: Gesund
u. Fit Vertriebs Gbr, D-83052 Brückmühl

Mikroorganismen (EM): Herbert Plangger, A-6344 Walchsee, Durchholzen 32

EM: E M B R Umwelttechnik, Goldbachstraße 21, D-83620 Vagen

EM: Ingrid Hahn-Müller, Am Berge 7, D-29581 Groß Süstedt

Natur-, Stein– und Meersalz: Naturkostläden, Reformhäuser

Organo / Schwingungstechnik: Cinderella GmbH,
Am Fuchssteig 6, D-82067 Ebenhausen

Quellwasser: St. Leonhard´s Quelle GmbH,
Mühltalweg 47, D-83071 Stephanskirchen

Reinigungstuch: A. Schweiger,
Marblingstraße 18, 83088 Kiefersfelden

Vollrohrzucker: Reformhäuser, Naturkostläden

Geschenk an die Menschheit:

Steinsalz aus dem Ur-Meer

- ca. 200 Millionen Jahre alt
- frei von Verschmutzungen der heutigen Meere
- reich an Mineralstoffen
- mit naturbelassenem Jod
- ohne Zusätze
- bergmännisch abgebaut
- völlig unbehandelt

ERNTESEGEN
FEINE NATURKOST

Ur-Salz

mit naturbelassenem Jod

Steinsalz · Steinsalz · Steinsalz · Steinsalz · Stein

www.erntesegen.de · erntesegen@t-online.de

Ur-Salz ist in allen würzigen ERNTESEGEN-Produkten enthalten!

Ernährungsgeheimnisse

Die verborgene Botschaft der Nahrung

Margit Linortner & Ulrich Teichert

ALCYONE

Ganzheitlich gesehen ist die Ernährung weit mehr als die Versorgung des Körpers. Sie beeinflusst mit ihren Substanzen alle Bereiche des Menschen, außer seinem physischen Körper auch sein Fühlen und Denken. Nahrung übermittelt Informationen und verborgene Botschaften, die den Menschen in seiner Vitalität und in seinem Bewusstseinswachstum hemmen oder fördern können. Margit Linortner und Ulrich Teichert lüften in diesem bahnbrechenden Buch den Schleier vieler Ernährungsgeheimnisse. Sie enthüllen uns die Botschaften der Nahrung für das dritte Jahrtausend. Sie nennen die Lebensmittel, die vorherrschen sollten, wenn wir bewusstseinsmäßig wachsen und gesund bleiben, sowie den geliebten blauen Planeten heilen und ihn unseren Kindern als geschätzte Wohn-, Arbeits- und Erfahrungsstätte hinterlassen wollen.

Die Autoren kennen die Ernährung des Menschen als Heilpraktikerin, Gourmetkoch und Betriebsleiter in der Gemeinschaftsverpflegung. Sie haben in jahrelanger Erprobung die Geheimnisse ans Licht gefördert, die Sie hier und jetzt benötigen, um inmitten von Diätwirrwarr, Industrienahrung, Umweltgiften und Genmanipulation nicht nur zu überleben, sondern vor allem zu reifen und zu wachsen und Ihr Leben mit Gesundheit, Freude und Liebe erfüllen.

Mit 40 überwiegend farbigen Abbildungen, vielen praktischen Tipps und Rezepten.

ISBN 3-935124-00-7   Preis € 20,50

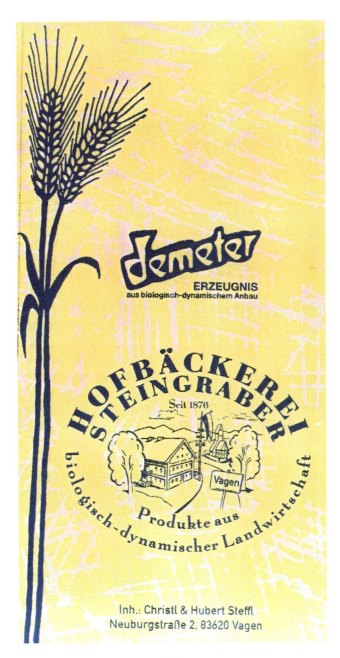

Inh.: Christl & Hubert Steffl
Neuburgstraße 2, 83620 Vagen

323

Unser Seminargebäude in der Toskana

In der ersten Oktoberwoche veranstalten wir jährlich auf einem wunderschönen „Bio-Landgut" in der südlichen Toskana (in der Nähe des Maremma-Nationalparks) Urlaubsseminare. Das Licht spielt im Leben der Menschen eine immer wichtigere Rolle. Aus diesem Grund erscheint uns die Toskana als idealer Ort, Seminare durchzuführen. Durch die sanfte Landschaft mit dem verzaubernd weichen Licht, die Nähe des Meeres sowie die unverfälschte Natur, werden auch Sie in die Lage versetzt, neue Kräfte aufzubauen und Lebensenergie zu tanken.
Die Themenauswahl ist unterschiedlich, betrifft aber grundsätzlich aktuelle Zeitfragen, Lebensgestaltung, Wellness, Gesundheit und Ernährung.

Information
Alcyone-Institut
Bad-Trissl-Straße 61 b
83080 Oberaudorf
Phon: +49 (0) 8033 - 23 41
Fax: +49 (0) 8033 - 30 91 32
email: ulrich-teichert@onlinehome.de
www.alcyone-verlag.de

JURA-Naturheilmittel

Einziger Hersteller der
Hildegard Originalzubereitungen nach Dr. Hertzka®,
dem Begründer der Hildegardmedizin

JURA-Naturheilmittel
Nestgasse 2, 78464 Konstanz
Tel. 0 75 31 / 3 14 87 + 3 10 05
Fax 0 75 31 / 3 34 03
Geschäftszeiten: Mo. – Do. 8 – 16 Uhr,
Fr. 8 – 12 Uhr

e-mail-Adresse: jura@hildegard.de

Unsere Präsentation im Internet:
http://www.hildegard.de

Auszug aus unserer Produktliste für die Hildegard-Küche:

Bärwurzgewürzmischung	Fencheltee
Bertrampulver	Flohsamen
Brombeertrank	Galgantpulver
Dinkelflocken	Gewürzplätzchenpulver
Dinkelkaffee	Hirschzungen-Kräutertrank
Dinkelkorn	Honig mit Edelkastanienmehl
Dinkelgrieß	Ingwergewürzmischung
Dinkelkleie	Muskateller-Salbeitrank
Dinkelmehl	Pelargoniengewürzmischung
Dinkelschrot	Petersilientrank
Dinkelsuppe mit Gemüse	Pflaumenaschen-Haarwasser
Edelkastanien	Quendelpulver
Edelkastanienmehl	Quendelnudeln
Fenchelgalgant-Kautabletten	Rebaschenzahnpflege
Fenchelkautabletten	Wermuttrank

Unsere Dinkelprodukte sind aus garantiert echtem Dinkelkorn der
alten Sorten Oberkulmer Rotkorn und Franckenkorn hergestellt.
Anbau und Verarbeitung werden vom Förderkreis Hildegard von
Bingen Konstanz ständig überwacht.

Alcyone - Kunstarchiv
SONDEREDITION

Zum außergewöhnliche Blickfang in Ihrem Heim können die
Kapitelbilder dieses Buches werden.

Die Bilder sind in unterschiedlichen Größen auf echter Leinwand,
strukturiertem Aquarellpapier sowie als normales Poster erhältlich.

Die Auflagen sind streng limitiert, nummeriert
und selbstverständlich handsigniert.

Nähere Informationen
Alcyone-Institut
Bad-Trissl-Straße 61b
83080 Oberaudorf
Phone: +49 (0) 8033-23 41
Fax: +49 (0) 8033-30 91 32
email: ulrich-teichert@onlimehome.de
www. alcyone-verlag.de

HAMBERGER
Der Großmarkt für Gastronomie & Handel

Darauf ist Verlaß

HAMBERGER-SORTIMENT:
55.000 Artikel aus aller Welt auf 14.000 m² für gewerbliche Kunden
von Standardware über Spezialitäten, Bio- und Naturware bis Functional Food

HAMBERGER-PREISE:
attraktivste Sonderpreise - alle 14 Tage neu

HAMBERGER-SERVICE:
Bedienungs-Service für Fisch, Fleisch, Käse, Obst und Gemüse sowie persönliche Beratung rund
um die Gastronomie

HAMBERGER-LIEFERSERVICE:
Tägliche Lieferung in München und ganz Südbayern für Großverbraucher

Wir freuen uns
auf Ihren Besuch!

Hamberger Großmarkt GmbH · Friedenstraße 16 · 81671 München · Tel. 089/41306-0 · Fax 089/41306-250
Öffnungszeiten: Mo. - Fr. 6.00 bis 20.30 Uhr, Sa 6.00 bis 15.00 Uhr · www.hamberger-cc.de

Für Ihre Notizen:

Für Ihre Notizen: